成都特殊地质条件下地铁盾构选型与施工关键技术

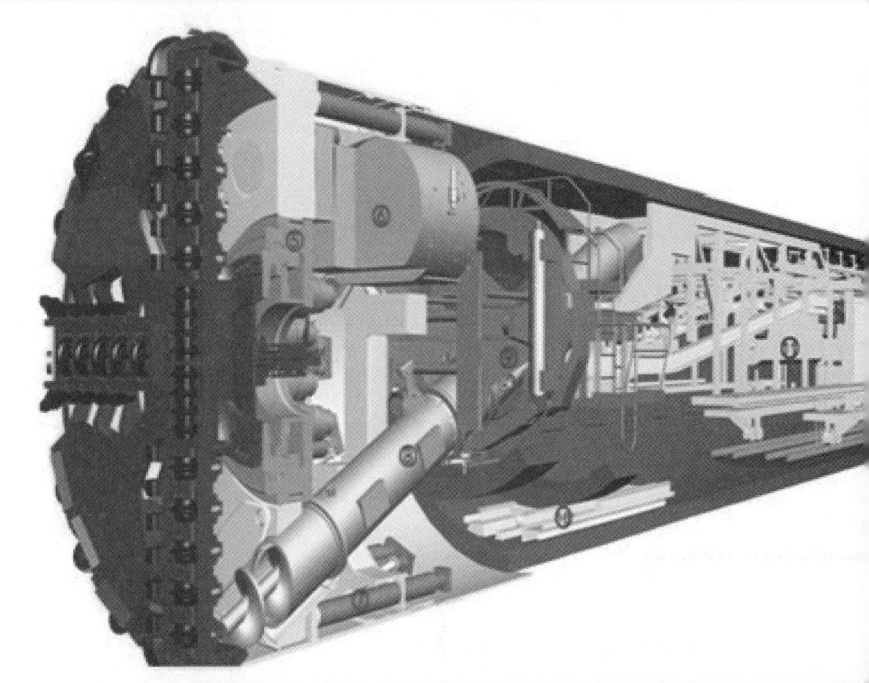

邓 勇　管会生　任 霄 编著

吴应明　李增良 主审

西南交通大学出版社
·成　都·

图书在版编目（CIP）数据

成都特殊地质条件下地铁盾构选型与施工关键技术 / 邓勇，管会生，任霄编著. —成都：西南交通大学出版社，2018.12
ISBN 978-7-5643-6641-4

Ⅰ. ①成… Ⅱ. ①邓… ②管… ③任… Ⅲ. ①地铁隧道–隧道施工–盾构法–研究 Ⅳ. ①U231.3

中国版本图书馆 CIP 数据核字（2018）第 279251 号

| 成都特殊地质条件下地铁盾构选型与施工关键技术 | 邓 勇 管会生 编著 任 霄 | 责任编辑 姜锡伟 封面设计 何东琳设计工作室 |

印张 15.75 字数 370 千	出版发行 西南交通大学出版社
成品尺寸 185 mm×260 mm	网址 http://www.xnjdcbs.com
版次 2018 年 12 月第 1 版	地址 四川省成都市二环路北一段111号 西南交通大学创新大厦21楼
印次 2018 年 12 月第 1 次	邮政编码 610031
印刷 四川煤田地质制图印刷厂	发行部电话 028-87600564 028-87600533
书号 ISBN 978-7-5643-6641-4	定价 86.00元

图书如有印装质量问题 本社负责退换
版权所有 盗版必究 举报电话：028-87600562

本书编委会

主　编　邓　勇　管会生　任　霄
副主编　吴青华　任高峰　米仕鹏
主　审　吴应明　李增良
编　委（排名不分先后）
　　　　薛俊峰　王　锋　朱朋刚　廖　江　谭孝锋　杨　骁
　　　　金开俊　熊兴国　郭李刚　谢贵明　王世军　史刚敏
　　　　刘　琦　张亚军　曹东阳　白树福　冉　波　谭军民

前 言

"成都海棠千万株，繁华盛丽天下无"，成都位于四川盆地西部，成都平原腹地，境内地势平坦、河网纵横。近年来，成都作为新一线城市的领军者，地铁事业的发展也相当迅猛。截至2018年9月，成都地铁在建线数达到9条，共计里程351 km，预计2020年年底前陆续开通运营里程达到515.72 km。

盾构法是一种使用盾构在地下掘进，一边防止软基开挖面土砂崩塌和保持开挖面稳定，一边在机内安全进行隧道的开挖作业和衬砌作业，从而构筑成隧道的施工法。盾构施工法具有开挖和衬砌安全，掘进速度快，盾构的推进、出土、拼装衬砌等全过程可实现自动化作业，施工劳动强度低，以及不影响地面交通与设施等优点，成为城市地铁建设的首选方法。

据调查，成都地铁穿越的地层主要有砂卵石地层和泥岩、砂岩地层。成都地层的特殊复杂性，给盾构法施工增加了不少困难，尤其是成都独特的富水、富含大漂石的砂卵石地层，在世界范围内也属罕见，对盾构施工的要求也极为特殊。因此，成都特殊复杂地质条件下的盾构施工方法成为诸多学者研究的主要方向。

本书立足于成都特殊复杂的地质条件，在借鉴成都各地铁线路的盾构施工经验及技术的基础上，总结提出成都特殊复杂地质条件下的盾构选型方法；针对成都地铁盾构施工过程遇到的各种困难问题，如盾构始发时漏浆及盾体翻转、刀盘卡停以及盾构连续下穿污水管施工质量难以保证等，本书亦提出相应的技术措施和工法等。

本书由中铁二十局集团有限公司董事长、党委书记邓勇策划、指导，并与管会生、任霄共同编著，参加课题研究和本书编写工作的还有吴青华、任高峰、米仕鹏、薛俊峰、王锋、朱朋刚、廖江、谭孝锋、杨骁等。本书的研究工作得到了国家重点研发计划项目（2017YFB305900）的资助。感谢西南交通大学、中铁二十局集团公司第三公司盾构事业部对本书编写的支持，感谢提供总结资料的编写人员，感谢编辑部老师的指导和为本书出版所付出的辛劳。

本书理论与实践并重，结合了经典理论、方法与现代新技术、新方法，可为类似工程建设提供参考，也可供工程技术人员和在校学生阅读参考。

由于时间仓促、水平有限，书中难免有不足之处，恳请专家和读者批评指正。

作者
2018年10月

目　录

第 1 章　成都特殊复杂地质条件 ·· 1
　　1.1　成都地质环境概况 ·· 1
　　1.2　成都地铁穿越地层特征及难点 ·· 5

第 2 章　盾构选型方法及适应性分析 ·· 9
　　2.1　盾构类型 ·· 9
　　2.2　盾构选型的原则与依据 ·· 13
　　2.3　盾构选型的主要步骤 ·· 15
　　2.4　盾构的适应性分析 ·· 16
　　2.5　成都地铁盾构适应性分析选型实例 ·· 22

第 3 章　关键部件选型及关键参数计算 ·· 35
　　3.1　盾构基本尺寸的确定 ·· 35
　　3.2　盾体选型设计 ·· 37
　　3.3　主驱动及密封 ·· 47
　　3.4　管片拼装系统 ·· 53
　　3.5　管片吊运系统 ·· 59
　　3.6　注浆系统 ·· 62
　　3.7　渣土改良系统 ·· 67
　　3.8　关键参数的计算 ·· 70

第 4 章　刀盘选型及刀具配置 ·· 77
　　4.1　刀盘结构选型 ·· 77
　　4.2　刀具配置 ·· 80
　　4.3　成都地铁盾构刀盘选型及刀具配置要点 ·· 85
　　4.4　成都地铁盾构刀盘选型及刀具配置实例 ·· 86
　　4.5　刀盘耐磨措施 ·· 92

第 5 章　边滚刀破岩特性及优化布置研究 ·· 95
　　5.1　边滚刀受力情况分析 ·· 96
　　5.2　滚刀破岩效率分析 ·· 99

  5.3 基于 ABAQUS 的边滚刀破岩仿真 ························· 104
  5.4 边滚刀破岩特性因素研究与优化 ························· 110
  5.5 边滚刀优化布置设计方法 ································· 121

第 6 章 **螺旋机的选型及适应性改进研究** ························· 129
  6.1 螺旋输送机的基本构造及工作原理 ····················· 129
  6.2 螺旋输送机的选型设计 ···································· 132
  6.3 盾构施工中螺旋输送机遇到的问题及解决措施 ······· 137
  6.4 螺旋轴变螺距设计 ··· 141

第 7 章 **滚刀及切刀磨损分析** ·· 148
  7.1 滚刀磨损机理及受力分析 ································· 148
  7.2 滚刀磨损分析 ··· 151
  7.3 切刀切削机理及磨损分析 ································· 154
  7.4 滚刀及切刀耐磨措施 ······································· 159

第 8 章 **特殊复杂地质条件下的盾构施工技术** ······················ 161
  8.1 盾构机始发掘进技术 ······································· 161
  8.2 盾构正常掘进施工技术 ···································· 165
  8.3 盾构管片拼装技术 ··· 167
  8.4 刀盘卡停防控技术 ··· 172
  8.5 刀具检查与开舱换刀技术 ································· 174
  8.6 渣土改良技术 ··· 181
  8.7 大漂石处理技术 ·· 184
  8.8 盾构机到达施工技术 ······································· 186
  8.9 连续下穿污水管盾构施工技术 ·························· 190
  8.10 地层下穿红光渠及桥梁施工技术 ···················· 195
  8.11 地表沉降控制 ·· 198

第 9 章 **盾构机掘进姿态描述及纠偏方法研究** ···················· 207
  9.1 盾构机姿态参数 ··· 207
  9.2 隧道设计轴线 ··· 211
  9.3 盾构机下坡掘进姿态问题 ································· 212
  9.4 最小纠偏半径 ··· 215
  9.5 纠偏力矩 ·· 219
  9.6 盾构机纠偏曲线分析 ······································· 220
  9.7 纠偏曲线仿真实例分析 ···································· 224

参考文献 ·· 237

后 记 ·· 243

第 1 章　成都特殊复杂地质条件

1.1　成都地质环境概况

1.1.1　气象水文特征

成都市属东部季风区及中亚热带湿润气候亚区，热量丰富，雨量充沛，四季分明，雨热同季。其气候特点是：冬季较暖少雨，无霜期较长；春季气温与同纬度地区相比，回升早，天气变化不稳定，降雨量偏少，春旱时有发生；夏季多暴雨、洪涝，亦常有干旱；秋季阴雨连绵。全年阴天多，为全国日照时数较少的地区之一。年平均降水量，大部分地区为 800～1 000 mm，西部多于东部。全年降水量，夏季最多，冬季最少，秋季略多于春季。年平均降水日数为 145～160 d，7 月、8 月多暴雨。年内平均降水量变化呈单峰型（图 1-1）。年平均日照时数为 1 200～1 300 h。全市年平均相对湿度可达 85%。平均年蒸发量可达 1 130 mm。

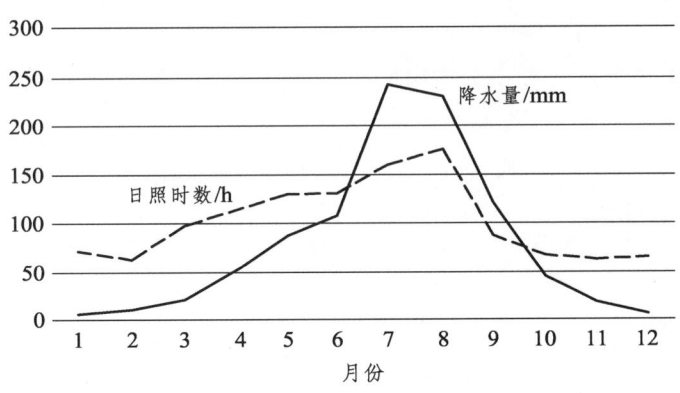

图 1-1　成都降水与日照时数分布

成都平原河流分属岷江、沱江、涪江水系。各水系从西北部各大小山口进入平原后呈扇状分流（图 1-2）。岷江水系流经平原西南部后汇于新津县流出区外；沱江水系流经平原东北部后汇于金堂赵镇流出区外；涪江水系流经平原东北部后流出区外。各水系在平原的分流密度平均每千米 2.5 条，与江河配套的各级渠系每千米为 2～4 条，是典型的水网化平原。都江堰自然地理条件优越，渠首处于岷江冲积扇顶点，可利用岷江丰沛的水量控灌整个成都平原。由于都江堰的灌溉，成都平原成为"水旱从人，不知饥馑"的天府之国。

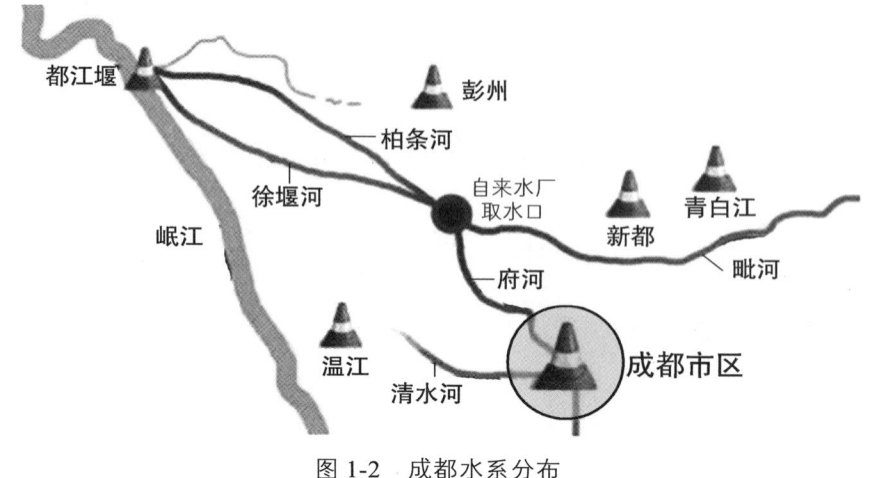

图 1-2　成都水系分布

1.1.2　地形、地貌特征

成都市位于岷江冲洪积扇的东南边缘。市区以西为川西平原岷江水系一、二级阶地，地形开阔、平坦；以东为成都市东部台地，地形起伏相对较大，坡度平缓。区内地形平坦，地势受扇状平原的控制，总体上西高东低、北高南低，海拔为 484～540 m。受区间内数条现代河流及古河道的影响，地形有一定起伏，但在市区内因长期的人类活动改造，原始地形已不甚清晰。

区内地貌类型单一，均为侵蚀、堆积地貌，其主体地貌单元为冰水堆积扇状平原二级阶地，受后期河流的切割改造，表现为东南展布的相互平行的条带状河间地块。其次为近代河流冲积一级阶地与古河道（或带形槽地），二者的关系是后者嵌入前者，地表表现为一级阶地与二级阶地以 1～2 m 的陡坎接触，古河道（带形槽地）与二级阶地呈缓坡接触。区内古河道主要为北段的沙河古河道。

1.1.3　地层岩性分布

成都区内地表第四系堆积层广泛分布，下伏白垩系泥岩、砂质泥岩、泥质粉砂岩。自上而下地层主要分布有：

1）第四系全新统（Q_4）

人工填筑土（Q_4^{ml}）：以杂填土为主，褐黄、灰黑等杂色，松散～稍密，稍湿～潮湿。由碎石、卵石、砂土、砖瓦碎块等建筑垃圾组成，其间充填黏性土。段内分布于地表，层厚一般为 0～6.3 m。

冲积层粉质黏土（Q_4^{al}）：灰黄色、灰褐色，可塑～硬塑，局部见少量朽木，呈透镜体状分布于卵石土上部，层厚一般为 0～1.7 m。

冲积层粉土（Q_4^{al}）：灰黄色、褐黄色，潮湿，松散，呈透镜体状分布于卵石土上部，层厚一般为 0~0.7 m。

冲积层细砂（Q_4^{al}）：深灰、灰黄色，潮湿~饱和，松散，呈透镜体状分布于卵石土上部或中间，局部含 20%~30%卵石，层厚为 0~3.4 m。

冲积层中砂（Q_4^{al}）：浅灰色、灰褐色，饱和，松散，部分地段含较多卵石，局部石英、云母含量较高，呈透镜体状分布于卵石土的中间，层厚为 0~4.2 m。

冲积层卵石土（Q_4^{al}）：灰色、黄灰色、灰褐色，潮湿~饱和。卵石成分以中等风化的岩浆岩、变质岩类岩石为主。磨圆度较好，以亚圆形为主，少量为圆形，分选性差。卵石含量一般为 55%~75%，粒径以 30~70 mm 为主，含少量漂石，沿线一级阶地广泛分布，层厚为 2.8~20.4 m，以松散~中密为主，部分密实。

2）第四系上更新统（Q_3）

冰水沉积、冲积层粉质黏土（Q_3^{fgl+al}）：灰黄色、黄色，硬塑，含大量钙质、铁质、锰质结核，呈透镜体状分布于卵石土顶部，层厚一般为 0~6.0 m。

冰水沉积、冲积层粉、细砂（Q_3^{fgl+al}）：灰黄色、褐黄色、灰绿色、蓝绿色，饱和，松散~稍密，砂质较纯，局部夹杂少量卵石，呈透镜体状分布于卵石土上部或中间，层厚为 0~4.0 m。

冰水沉积、冲积层中砂（Q_3^{fgl+al}）：灰色、青灰色，饱和，松散~稍密，含少量卵石及黏性土，呈透镜体状分布于卵石土的中间，层厚为 0~0.6 m。

冰水沉积、冲积层卵石土（Q_3^{fgl+al}）：褐黄色、灰黄色、灰色、黄绿色等，饱和，分选性差，卵石含量为 60%~75%，粒径以 20~150 mm 为主，卵石成分主要为中等风化及微风化花岗岩、灰岩、砂岩、石英岩等硬质岩；圆砾含量约 10%，余为中细砂、黏性土充填。沿线一、二级阶地广泛分布，层厚为 6.6~31.8 m，以中密~密实为主。

3）第四系中更新统（Q_2）

冰水沉积、冲积层软土（Q_2^{fgl+al}）：深灰色、灰黄色、灰绿色，软塑状，质较纯，局部夹杂少量钙质结核，层厚一般为 0~3.3 m。该土层天然孔隙比大、含水量高、力学性质差、压缩性高、荷重易变形，主要分布于场地内鱼塘和低洼潮湿地带表层，或以透镜状分布于下部。

冰水沉积、冲积层黏土（Q_2^{fgl+al}）：黄色、褐黄色、褐红色、灰白色，可塑~硬塑，含少量铁质、锰质、钙质结核，局部含大量卵石，广泛分布于成都东郊台地表层，层厚一般为 4.5~9.5 m，局部稍薄或缺失。

冰水沉积、冲积层粉质黏土（Q_2^{fgl+al}）：黄色、橘黄色、棕红色、紫红色夹灰白色，可塑~硬塑，含少量铁质、锰质、钙质结核，广泛分布于成都东郊台地表层，层厚一般为 5.8~16.95 m，局部稍薄或缺失。

冰水沉积、冲积层细砂（Q_2^{fgl+al}）：紫红色，潮湿，稍密~密实，含 10%~30%黏粒，局部夹杂少量卵石、圆砾，不连续分布于黏性土下部，层厚为 4.0~9.5 m。该层砂土具有明显沉积韵律和泥质、微钙质胶结构造，有一定的自稳性。

冰水沉积、冲积层中砂（Q_2^{fgl+al}）：紫红色，潮湿，中密~密实，含 10%~20%黏粒，局部夹少量卵石、圆砾，不连续分布于黏性土下部，层厚为 0~1.8 m。该层砂土具有明显沉积韵律和泥质、微钙质胶结结构，有一定的自稳性。

冰水沉积、冲积层卵石土（Q_2^{fgl+al}）：灰黄色，中密～密实，饱和，卵石约占50%，粒径以20～60 mm为主，圆砾约占15%，粒径为2～20 mm。磨圆度较好，呈亚原形，分选性差，石质成分多为岩浆岩及变质岩质，多为中等风化，余为黏粒充填，具有弱泥质胶结结构。呈透镜体状分布于成都东郊台地粉质黏土、黏土层中间，层厚为0～1.55 m。

4）白垩系上统灌口组（K_2g）

全风化泥岩、泥质粉砂岩（K_2g）：褐黄色、棕红色、紫红色，岩芯呈土柱状，主要由黏土矿物组成，岩质极软。本层埋藏于上部黏性土、卵石土下部，发育厚度不均匀，部分段缺失该层。层厚为0～9.8 m。

强风化泥岩（K_2g）：褐黄色、棕红色、紫红色，岩质软，裂隙较发育，岩芯多呈碎块状，少量呈短柱状，部分呈土状，岩芯碎块手可折断。本层埋藏于上部黏性土、卵石土下部，发育厚度不均匀。层厚为0.3～9.9 m。

中等风化泥岩（K_2g）：褐黄色、棕红色、紫红色，中厚层状，泥质或微钙质结构，泥质胶结。岩芯多呈柱状，少量呈碎块状。岩质较软～较硬，锤击声较脆，部分地段软弱夹层或差异风化明显，易风化，遇水易软化。

1.1.4 水文地质条件

成都市区根据地下水形成的自然条件和水文地质特征分为不同的两个水文地质单元：平原区和台地区。平原区和台地大部分地区均覆盖有第四系松散堆积层。平原区第四系松散堆积层分布广、厚度大，地下水类型为松散堆积砂砾卵石层孔隙潜水。台地区由于基岩埋藏浅，局部为基岩出露，上覆的少量第四系松散堆积层以黏土为主，所以地下水类型主要为白垩系砂泥岩裂隙孔隙水。市区广布第四孔隙潜水，自上而下由一套透水性不同、具有统一水力联系的孔隙含水岩组组成，即由上更新统上段（Q_3^2）含泥砂砾卵石层（渗透系数为15～20 m/d）及其之下的上更新统下段（Q_3^1）风化泥砂砾卵石层（渗透系数为10～15 m/d）构成含水层主体，并与沿府、南河或河渠故道呈条带状叠置于其上的全新统（Q_4）砂砾卵石层（渗透系数为20～40 m/d）共同组成区内第四系孔隙含水岩组。按松散堆积的成因类型、形成时代、埋藏分布特征、相互叠置关系，平原区松散堆积孔隙潜水可分为：平原河间二级阶地、冰水流水堆积层含泥砂砾卵石层孔隙潜水；河道漫滩、一级阶地冲洪积层砂砾卵石层孔隙潜水。区内地下水具有水流交替循环强烈、水位恢复迅速之特点。由于含水层具有西厚东薄、北厚南薄的特点，富水程度随含水层厚度的减薄而降低。区内基岩为白垩系灌口组紫红色泥岩、砂质泥岩、泥质砂岩，地下水赋存于基岩风化裂隙中，含水量一般较小，但在岩层较破碎的情况下，常形成局部富水段。根据成都地区水文资料，含水层渗透系数K为0.027～2.01 m/d，平均为0.44 m/d，属弱～中等透水层。

1.2 成都地铁穿越地层特征及难点

1.2.1 成都地铁穿越地层类型

截至 2018 年 9 月,成都地铁共开通 6 条线路,线路总长 196.477 km,共计 136 座车站投入运营(换乘站不重复计算),有 10 座换乘站。

截至 2018 年 9 月,成都地铁在建线数达到 9 条(成都地铁 3 号线二三期、成都地铁 5 号线一二期、成都地铁 6 号线一二三期、成都地铁 8 号线一期、成都地铁 9 号线一期、成都地铁 10 号线二期、成都地铁 17 号线一期、成都地铁 18 号线一二期、成都地铁 19 号线一期),共计里程 351 km,预计 2020 年年底前全部通车,开通里程达到 515.72 km。

根据成都已运行或在建地铁施工的地质勘测汇总统计,部分线路地层条件如表 1-1 所示:

表 1-1 成都地铁各线路地层条件

地铁线路	主要地层条件
成都地铁 1 号线	部分富水砂卵石地层以及部分泥岩地层
成都地铁 2 号线	卵石土及砂岩、泥岩地层
成都地铁 3 号线	卵石土和风化泥岩地层
成都地铁 4 号线	富水砂卵石地层(富含大漂石)
成都地铁 5 号线	富水砂卵石地层
成都地铁 6 号线	富水、富含大漂石的砂卵石地层,最大粒径达 600 mm
成都地铁 7 号线	砂卵石地层
成都地铁 8 号线	泥岩、砂岩地层
成都地铁 10 号线	富水砂卵石地层
成都地铁 18 号线	泥岩、砂岩地层

根据表 1-1 的统计可知,成都地铁穿越的地层大致分为两类:一是砂卵石地层,且往往富含地下水和大粒径漂石;二是泥岩、砂岩地层。

1.2.2 成都地层特征及施工难点

1)砂卵石地层特征及施工难点

砂卵石地层在地质上大多是由河流冲刷和堆积沉降作用形成的。源区岩石的不同和河道的变迁,导致砂卵石层的成分、厚度、分布区域多变,砂卵石层中砂层透镜体分布不均。在工程上,与黄土、软土及复合地层的工程特性和力学性质不同,砂卵石地层是具有地层岩体松散、无胶结、自稳能力差、单个石块强度高、颗粒之间空隙大、黏聚力小、渗透系数大等特点的典型力学不稳定地层。

成都地区砂卵石分布广泛，但在横向和纵向上变化很大，不同区域的砂卵石层在层厚、成分、结构、风化程度等方面差异很大。砂卵石地层中通常含砂层透镜体，砂卵石地层纵向和横向上具有不均一性，同时成都的砂卵石地层具有结构松散、卵石及漂石含量高、单个漂石强度高等特征。与其他城市的砂卵石地层相比，成都砂卵石地层分布范围更广，卵石含量与最大卵石直径均相对更大，且地下水位相对更浅，具有很强的区域性。成都地铁穿越的砂卵石层具有的以上特征，给盾构施工带来了较大的难题。特别是在盾构掘进过程中，由于对砂卵石层分布规律和工程性质不了解，极易发生超挖而导致地层损失，且注浆压力和注浆量不易控制，经常发生明显的滞后沉降现象，地表沉降不易控制，所以该类地层的盾构施工存在较多适应性问题，以下为成都砂卵石地层的一般特征及其相应造成的施工问题。

① 卵砾石多、粒径大、漂石含量高。

成都砂卵石地层的卵砾石含量较高，一般可达 90%，部分路线漂石粒径大，最大粒径可达 700 mm，卵石硬度高，不易被破碎（图 1-3）。

（a）砂卵石含量高　　　　　　　　　（b）大粒径卵石

图 1-3　成都卵石地层特点

② 地层内摩擦角大。

盾构机在该地层中掘进时经常会要求刀盘和螺旋输送机旋转具有较大扭矩，并且在施工中经常会发生卡刀盘和卡螺旋输送机的问题。

③ 地层砂砾磨损能力强。

该地层对盾构具有较强的磨损能力。盾构机在该地层中掘进时，刀盘、刀具、螺旋输送机及盾体的磨损程度较大，因此在盾构掘进时对刀盘、刀具及螺旋输送机的耐磨性要求较高。

④ 大水量、高水压。

成都地区砂卵石地层在含有大粒径卵石的同时，由于地层颗粒级配较差，卵石之间含有大量水分以保持地层的稳定。丰富的水分也就意味着该地层的水压较高，一旦盾构机对其进行扰动，易对地层的稳定性造成破坏，同时伴随着地下水喷涌现象的发生，此为该地层盾构施工的一大难题。

⑤ 地层透气性、流动性强，整体稳定性差。

在盾构掘进施工过程中，采用气体或液体添加剂进行开挖舱保压以确保地层稳定极为困难，且在盾构施工过程经常存在盾构排渣量超方、地表沉降值变化大的问题。

成都砂卵石地层存在着异于其他地层的各种独有的特征，正是由于这些特征的存在，盾构在该种地层下施工遇到了各种各样的问题及难点。上述五点特征均会对盾构施工造成影响，然而盾构在该种地层下施工所遇到的问题不仅限于此。以下是根据成都砂卵石地层盾构施工经验总结出的该地层特性下盾构施工普遍遇到的问题及难点：

① 砂卵石对盾构机刀盘、刀具、螺旋输送机的磨损速度快。
② 掘进中扭矩波动大，对主驱动提供的额定扭矩要求高。
③ 漂石含量多，易发生卡刀盘的现象，导致盾构机无法连续施工。
④ 卵石及漂石对刀盘、刀具和螺旋输送机的冲击破坏力强。
⑤ 地层遇水稳定性极差，盾构开舱换刀作业困难、风险高。
⑥ 盾构机掘进参数变化大，各项参数匹配难度高。
⑦ 地下汇水速度快，若停机后没有采取有效的措施，复推后易引起喷涌。
⑧ 对不能排出且无法破碎的大卵石或漂石必须进行开舱取石。
⑨ 盾构机螺旋输送机的排渣难度大，且对螺旋机轴强度考验较大。
⑩ 盾构掘进过程中易出现渣土超排和滞后沉降等问题。

2）泥岩地层特征及施工难点

泥岩地层按风化程度主要分为：全风化泥岩、强风化泥岩、中等风化泥岩。

全风化泥岩：褐黄色、褐红色、紫红色夹灰白色，主要由黏土矿物组成，岩质极软，岩芯呈土柱状，少量呈碎块状。

强风化泥岩：褐红色、紫红色，泥质结构，裂隙较发育，岩芯多呈碎块状、短柱状，岩质软，为极软岩，岩芯碎块可用手折断。岩体基本质量等级为Ⅴ类，层厚一般为 0.70~9.20 m。

中等风化泥岩：褐红色、紫红色，中厚层状，具有泥质或微钙质胶结结构。岩芯多呈柱状，少量呈碎块状，较完整，岩质较软，为极软岩，锤击易碎。部分地段存在软弱夹层或差异风化明显，易风化，遇水易软化，岩体基本质量等级为Ⅴ类，厚度一般为 1.50~14.10 m。

下列为成都泥岩地层的一般特征及施工难点：

① 泥岩属于易膨胀岩，具有弱膨胀性。强、中风化岩呈半岩半土、破碎块，软硬不匀，具有遇水软化、崩解、强度急剧下降的特点。中等风化泥岩呈中厚层状，具有泥质或微钙质胶结结构，岩芯多呈柱状，少量呈破块状，较为完整。

② 泥岩富含黏土矿物颗粒和粉末状颗粒，这些破碎粉末状的黏土颗粒是隧道施工过程中形成泥饼的基础材料。该类地层的地下水类型主要有赋存于第四系土层中的孔隙水和赋存于基岩风化层中的裂隙水两种，基层条件较好，自稳性较好，但是盾构穿越该地层的显著特点是开挖前硬度较高，开挖后遇水易黏结刀盘形成泥饼，若处理不当极易造成掘进困难现象的发生。这种情况下盾构掘进对土舱压力的设定、渣土改良和盾构机机械维保问题有一定要求。

③ 盾构机在通过泥岩地层时，刀盘开挖直径大于盾构的直径，泥岩地层渗透性较差，自稳能力强。盾构机外侧的土体与盾构机产生的摩擦力将会很小，盾构机滚动角变化快，刀盘前方的水以及一部分气体将会由盾构外侧流通到已拼装完成的管片背后，影响盾构施工的同步注浆质量。若管片背后空隙填充达不到饱满，浆液中的水得不到渗透，在短时间内浆液达

不到凝固状态，则管片不能稳定。在管片脱离盾尾后，也可能下部被各种液体包裹，上部只有少量液体或者没有，从而产生浮力，导致管片上浮、错台和破损。

综上所描述的泥岩地层所具有的特征，可知泥岩地层施工过程中主要出现的问题及难点有：

① 盾构刀盘在泥岩地层中容易发生结泥饼现象。

② 管片上浮在该地层施工中较为常见，从而引起管片错台或破损，造成较大的经济损失。

第 2 章　盾构选型方法及适应性分析

特殊复杂地质条件下盾构的选型至关重要，关系到盾构能否顺利在该地层下完成施工作业。本章首先简要介绍选型方法，然后以成都部分线路的盾构选型为实例，阐述成都特殊复杂地质条件下的盾构选型思路及方法，为今后类似地层的盾构选型提供参考及借鉴。

2.1　盾构类型

盾构的分类方法较多，可按盾构切削断面的形状，盾构自身构造的特征、尺寸的大小、功能，挖掘土体的方式，掘削面的挡土形式，稳定掘削面的加压方式，施工方法，适用何种土质等多种方式分类。

1）按挖掘土体的方式分类

按挖掘土体的方式，盾构可分为手掘式盾构、半机械式盾构及机械式盾构三种。
① 手掘式盾构：掘削和出土均靠人工操作进行的方式。
② 半机械盾构：大部分掘削和出土作业由机械装置完成，但另一部分仍靠人工完成。
③ 机械式盾构：掘削和出土等作业均由机械装备完成。

2）按掘削面的挡土形式分类

按掘削面的挡土形式，盾构可分为开放式、部分开放式及封闭式三种。
① 开放式：掘削面敞开，并可直接看到掘削面的掘削方式。
② 部分开放式：掘削面不是完全敞开，而是部分敞开的掘削方式。
③ 封闭式：掘削面封闭，不能直接看到掘削面，而是靠各种装置间接地掌握掘削面情况的方式。

3）按稳定掘削面的加压形式分类

按稳定掘削面的加压形式，盾构可分为压气式、泥水加压式及土加压式三种。
① 压气式：向掘削面施加压缩空气，用该气压稳定掘削面。
② 泥水加压式：用外加泥水向掘削面加压稳定掘削面。
③ 土加压式（也称土压平衡式）：用掘削下来的土体的土压稳定掘削面。
综合以上三种分类方式，盾构的具体划分如图 2-1 所示。

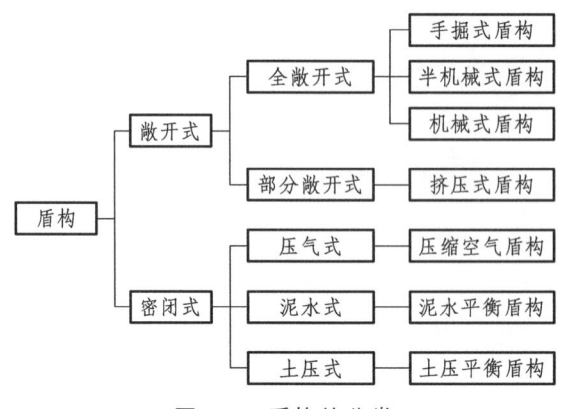

图 2-1 盾构的分类

目前，出于安全及其他各实用方面因素的考虑，敞开式盾构和压缩空气式盾构逐渐消失在人们的视野之中，已基本上被淘汰。土压平衡盾构和泥水平衡盾构由于综合优势较为明显，在当今隧道施工中应用最广，在实际运用中取得了良好的成效。因此，如今对盾构整体选型的研究主要也是集中于这两种盾构的对比。

2.1.1 土压平衡盾构机

土压平衡（earth pressure balance）盾构，简称 EPB 盾构。土压平衡盾构是在机械式盾构的前部设置隔板，使土舱内充满刀盘切削下来的渣土，随着盾构的推进，土舱内的渣土被加压，并作用于开挖面以使其稳定。土压平衡盾构的支护材料是刀盘开挖下来的渣土。

1）土压平衡盾构机的工作原理和基本组成

① 土压平衡盾构机的工作原理。

土压平衡盾构机工作原理如图 2-2 所示：土压平衡盾构机是在刀盘后面设置土舱，刀盘旋转切削下来的渣土充满土舱和排土用的螺旋输送机，依靠推进油缸的推力来给土舱内的开挖渣土加压，使土压作用于开挖面，承受地层的土压和地下水的水压，从而达到压力平衡。开挖下来的渣土通过螺旋输送机输送到皮带输送机上，然后由皮带输送机把渣土运输到停在轨

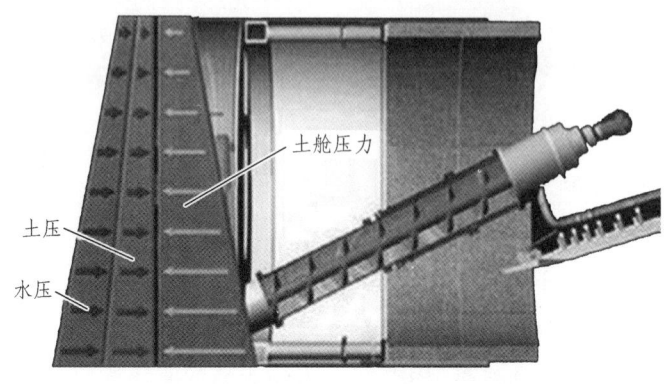

图 2-2 土压平衡盾构原理示意

道上的运渣小车上运出至地面。调节螺旋输送机的排土速度可以达到调节土舱压力的目的。土压平衡盾构机的掘进、排土、衬砌等作业都是在盾壳的支护下进行的,这给施工提供了安全保障。

② 土压平衡盾构机的基本构成。

土压平衡盾构机的组成包括刀盘、盾壳、推进及铰接系统、刀盘驱动系统、管片拼装机、螺旋输送机、盾尾密封、人舱、后配套设备(图中未表示)等,如图 2-3 所示。

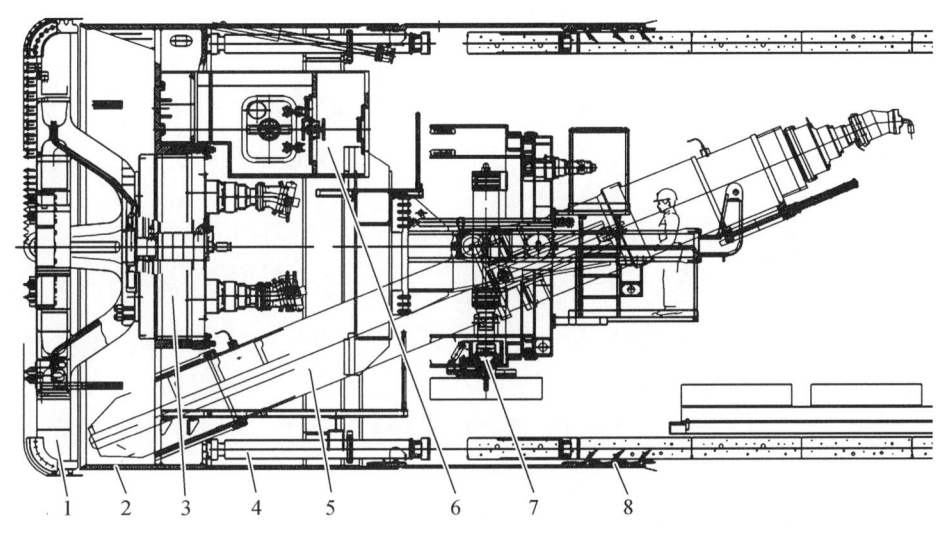

图 2-3　土压平衡盾构机的基本组成

1—刀盘;2—盾壳;3—刀盘驱动系统;4—推进系统;5—螺旋输送机;6—人舱;7—管片拼装机;8—盾尾密封

2)土压平衡盾构的优缺点

土压平衡盾构具有以下优点:

① 工程成本低。

② 出土效率高。

③ 适用的地层范围广。

土压平衡盾构具有以下几点缺陷:

① 刀盘掘削扭矩大,因此要求设备的装备扭矩足够大。

② 对地层的扰动较大,可能造成地表的沉降或隆起。

③ 开挖直径不宜过大。

2.1.2　泥水平衡盾构机

泥水平衡(slurry pressure balance)盾构或泥水加压盾构,简称 SPB 盾构。它是应用封闭型平衡原理进行开挖的新型盾构,用泥浆代替气压支护开挖面土层,施工质量好、效率高、技术先进、安全可靠。

但由于泥水平衡盾构需要一套较复杂的泥水处理设备,因此投资较大(费用大约占了整个泥水盾构系统的三分之一），同时盾构施工占地面积较大，在城市市区施工有一定困难。然而在某些特定条件下的工程，如存在大量含水砂砾层，存在无黏聚力、极不稳定土层和覆土浅的工程，以及使用超大直径盾构和对地面变形要求特别高的工程，泥水平衡盾构就能显示其优越性。另外，对某些施工场地较宽敞，有丰富的水源和较好的泥浆排放条件或泥浆仅需进行沉淀处理的工程，使用泥水平衡盾构施工可大幅度降低施工费用。

1）泥水平衡盾构机的工作原理和基本组成

① 泥水平衡盾构的工作原理。

泥水平衡盾构利用向密封泥水舱中注入压力泥浆来支护开挖面土层（图 2-4），使盾构在保持开挖面地层稳定的条件下向前掘进，从而大大提高了隧道施工质量和施工效率。泥浆的主要功用为：

a. 利用泥浆静压力平衡开挖面土层水土压；

b. 在开挖面土层表面，形成一层不透水泥膜，使泥浆压力发挥有效的支护作用；

c. 泥浆中细微黏粒在极短时间内渗入土层一定深度，进一步改善土层承压能力。

输入盾构的泥浆必须具有适当的黏度和比重，泥浆压力要保持高于土层地下水压 0.02 MPa 左右。

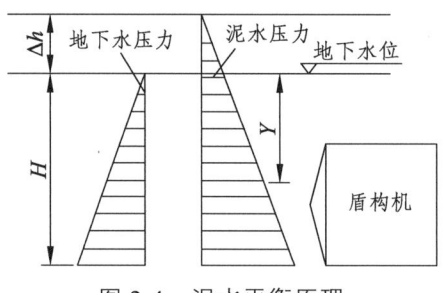

图 2-4 泥水平衡原理

② 泥水平衡盾构机的基本组成。

泥水平衡盾构的基本构造如图 2-5 所示，主要由盾壳、刀盘、密封泥水舱、推进油缸、管片拼装机以及盾尾密封等结构组成。概括而言，泥水加压盾构是在盾构前部增设一道密封隔板，把盾构开挖面与盾构后面和隧道空间截然分开，使密封隔板与开挖面土层之间形成密封泥水舱。在泥水舱内充以压力泥浆，刀盘浸没在泥水舱中工作，刀盘开挖下的泥土进入泥水舱后，经刀盘和搅拌机搅拌后形成稠泥浆，通过管道排送到地面。排出的泥浆作分离处理，排除土渣后，对余下的浆液进行黏度、比重调整，重新送入盾构密封泥水舱循环使用。

2）泥水平衡盾构的优缺点

泥水平衡盾构的优点是：

① 对地层的扰动小。

② 适用于特殊的高地下水压，如江底、河底和海底隧道的施工。

③ 适用于大直径化施工。

图 2-5 泥水平衡盾构的组成

1—切削刀盘；2—泥水舱；3—刀盘驱动系统；4—推进系统；5—泥水输送系统；6—管片拼装机；
7—管片；8—后配套台车；9—盾尾密封；10—盾尾；11—人舱；
12—气垫室；13—隔板；14—切削刀具

④ 由于泥水的冷却和润滑作用，刀具磨损小，有利于长距离施工。

⑤ 适用地层广泛。

泥水平衡盾构的缺陷是：

① 需要设置泥水管理和处理设备，使得设备复杂，成本高。

② 施工场地大，且影响交通。

③ 对周围环境的污染较为严重。

2.2 盾构选型的原则与依据

2.2.1 盾构选型的原则

根据工程需求（隧道尺寸、长度、覆土厚度、地层状况、环境条件需求等）选定盾构机类型（具体构造、稳定掘削面方式、施工方式等）的工作，简称盾构选型。

盾构选型时主要遵循下列原则：

① 选用与工程地质相匹配的盾构机型，确保施工绝对安全。

② 选定机型的掘进能力需要与后续设备、始发基地等施工设备相匹配。

③ 适应隧道外径、长度、埋深、施工场地、周围环境等条件。

④ 可以采取合理的辅助工法。

⑤ 选定机型的性能应满足施工长度和线形要求。

⑥ 选定机型对周围环境的影响小。

2.2.2 盾构选型的依据

盾构选型应以工程地质、水文地质为依据，综合考虑周围环境条件、隧道断面尺寸、施工长度、埋深、线路的曲率半径、沿线地形、地面及地下构筑物等环境条件，以及周围环境对地面变形的控制要求、工期、环保等因素。

1）工程地质

根据隧道工程地质资料，综合分析隧道岩性和围岩类别，选择合适的盾构类型，确保施工安全可靠，确保地面建筑物的安全，确保施工进度目标的实现。不同类型的盾构适应的地质范围不同，所选择的盾构应能适应地质条件，能保持开挖面稳定。

土压平衡盾构依靠推进油缸的推力给土舱内的开挖渣土加压，使土压作用于开挖面使其稳定，主要适用于粉土、粉质黏土、淤泥质粉土、粉砂层等黏稠土壤的施工。掘进时，由刀盘切削下来的土体进入土舱后由螺旋输送机输出，在螺旋机内形成压力梯降，保持土舱压力稳定，使开挖面土层处于稳定状态。盾构向前推进的同时，螺旋机排土，使排土量等于开挖量，即可使开挖面的地层始终保持稳定。当渣土中的含砂量超过某一限度时，泥土的流塑性明显变差，土舱内的土体因固结作用而被压密，导致渣土难以排送，此时需向土舱内添加膨润土、泡沫或聚合物等添加剂，以改善土体的流塑性。对于砂卵石地层，由于粉砂土及黏土含量少，开挖面在刀盘的扰动下易坍塌，采用一般的土压平衡盾构机已经不能满足这种地层的需要，必须采取辅助措施，注入足够数量的添加剂，进行渣土改良，或者选择泥水平衡式盾构机。

泥水盾构利用循环悬浮液的体积对泥浆压力进行调节和控制，采用膨润土悬浮液（俗称泥浆）作为支护材料。开挖面的稳定是通过将泥浆送入泥水舱内，在开挖面上形成不透水的泥膜，通过泥膜表面扩张作用，平衡作用于开挖面的土压力和水压力。开挖的土砂以泥浆形式输送到地面，通过泥水处理设备进行分离，分离后的泥水进行质量调整，再输送到开挖面。泥水平衡盾构机从某种意义上说在隧道掌子面平衡方面比土压平衡盾构机更为优越。

2）水文地质

隧道盾构施工另外一个重要选型依据就是隧道围岩水文地质因素。围岩渗水系数是盾构选型常用的一个参数指标。

对于渗水系数大的隧道，若采用土压平衡盾构施工，螺旋输送机"土塞效应"难以形成，螺旋输送机出渣易发生大量"喷涌"现象，这样对施工是非常不利的，同时会造成土舱压力波动大，地面沉降不易控制；如果采用泥水平衡盾构，或者采用气垫等措施，泥水舱压力波动可以控制在很小的范围内，欧洲设备采用的气垫，泥水舱压力波动一般可以控制在 20 kPa 左右。

对于渗水系数较小的隧道，如果采用泥水平衡盾构施工，主要制约的因素是：隧道渣土排放需要较长的管道，同时需要昂贵的泥水处理设备，在环境要求高的场合还必须采用渣土压滤设备，同时会耗费大量的膨润土，增加了经济成本。

3）尽量少的辅助施工工法

对于盾构施工，一个重要概念即掘进快速、工序少、人员程序化施工。过多的辅助工法会给隧道施工带来很多不便，如材料耗费大、工序复杂、工人技术能力要求高、管理困难等。因此进行盾构选型，应该综合分析施工成本，尽量采取少的辅助施工工法，保证隧道稳定高速掘进。

4）环保要求

对于现代化隧道施工盾构机类型的选择，环保要求应该引起施工界的高度重视，应综合考虑盾构施工带来的有形污染物、噪声、水源污染等。

适合工程的盾构类型应在满足以上几个方面工程如地质和水文地质关键技术需要的情况下，兼顾尽量少地采用辅助工法、环保要求等因素，多方面调研综合确定。

2.3 盾构选型的主要步骤

盾构机选型的主要步骤如下：

① 在对工程地质、水文地质条件、周围环境、工期要求、经济性等充分研究的基础上初步选定盾构的类型。

② 根据地层的渗透系数、颗粒级配、地下水压等地质条件以及环保、辅助施工方法、施工方法、安全性等因素对盾构施工的适应性进行分析，选择较为适合该地层及该段施工的盾构工法以及盾构的类型。

③ 根据详细的地质勘查报告及相关资料，对盾构各主要功能部件进行选择和设计（如刀盘驱动形式，刀盘结构形式、开口率，刀具种类与配置，螺旋输送机的形式与尺寸等），并根据地质条件等确定盾构的主要技术参数。盾构的主要技术参数在选型时应进行详细的计算，主要包括刀盘直径、刀盘开口率、刀盘驱动功率、螺旋输送机结构、螺旋输送机直径以及长度等。

④ 经过②和③点的选型分析与计算，所选盾构机已基本能够满足在该地层下施工，但是由于所选的盾构机型并不可能完全符合上述所有条件，有时会有所取舍。如果用此盾构施工将会出现不适应的现象，所造成的后果为出现施工故障，因此对该盾构的部分部件进行适应性改造必不可少，以提高该盾构对地层的适应性，减少施工过程中事故的发生，大大降低施工成本。

⑤ 根据地质条件分析得出与该地层相匹配的掘进参数，从而能有效减少因盾构施工不当而造成的施工事故。

2.4 盾构的适应性分析

适应性是指事物适应客观条件和内外部各种环境和需要的能力。

在系统科学中，适应性是指系统主体能够适应外界环境因素，并与之保持一致、协调发展的能力。系统是由若干个相互区别、相互联系，而又相互作用和制约的要素（或部件）所组成，并能实现一定整体功能的有机集合体。系统中某一要素（以及表明其特征的指标）的变化，既受系统中其余要素的影响和制约，又对它们发生影响和作用，若要保持系统的整体功能，则要求其中各要素之间相互适应。

本书所指的适应性是指盾构机与地层以及其相关影响因素之间相互适应的现象。若想盾构能很好地完成隧道施工任务，盾构对地层的适应性成为关键，因此通过对此进行分析，得出盾构施工在该地层下可能引起哪些施工问题，从而能够给盾构的选型提供依据及要求，以选出更加符合地层的盾构机型，更好地完成施工任务。当然，在满足对地层适应性的条件下兼顾环保、安全以及经济，同样是盾构适应性的相关要求。

2.4.1 适应性分析的主要地层因素

1) 地层粒径分布

通过许多施工经验可得知，同段施工区间的粒径大小并不是一成不变的，粒径往往呈一定规律分布，如成都地铁 4 号西延线总体上表现为从西向东漂石含量越来越低、漂石粒径从西向东越来越小、漂石粒径从浅到深越来越大的特征，成都地铁 6 号线土建 3 标施工段也有其类似的分布特征。

地层粒径分布不均，意味着盾构在每一处的状态并不是始终如一的，粒径的大小对盾构的地层适应性主要有以下几方面要求：

① 刀盘开口率。刀盘的开口率必须保证大粒径卵石能顺利通过刀盘的开口。

② 螺旋输送机的直径。从刀盘进入的卵石必须能很好地通过螺旋输送机。

③ 盾构各部件的耐磨性。土体粒径大小分布不均，导致在盾构掘进过程中地层与盾构之间的摩擦系数也随之发生改变。卵石粒径对摩擦系数的影响主要在于：大粒径卵石与盾构之间的摩擦主要为滑动摩擦，由于卵石粒径大，卵石在盾构的作用下无法实现很好的滚动；而小粒径颗粒在盾构的作用下实现滚动。如果卵石成分相同，那么卵石与盾构之间的滑动摩擦带来的阻力将会远大于滚动摩擦所带来的阻力，因此大粒径卵石地层相比于小粒径地层摩擦阻力更大，磨损量也随之增大。

④ 渣土改良。大粒径卵石的存在大大提高了渣土的改良难度，大粒径卵石由于空间条件限制，即使在渣土改良剂的润滑作用下减小摩擦系数，仍无法在渣土中实现很好的流动，因此渣土改良效果不明显。因此，存在大漂石的地层对渣土改良的方法及效果提出了较高的要求。

⑤ 掘进参数的匹配。由于粒径的大小分布会影响到盾构与地层之间的摩擦系数，进而影

响盾构掘进的扭矩、阻力等；同时由于大粒径卵石所占空间较大，在盾构各种力作用下强制实现转动，将会在一定范围内对周围土体进行大范围扰动；再加上卵石地层本身较为松散，如果在盾构施工过程中，掘进参数的设置不能很好地匹配该地层的地质情况，将会发生一定范围的塌陷，增加施工难度。因此，赋予其合适的掘进参数，才能使盾构掘进更好地适应该地层。

以此针对地层的粒径分布提出其盾构适应性的分析过程如图 2-6 所示：

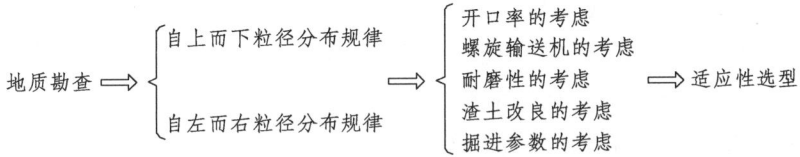

图 2-6 盾构适应性分析过程

2）颗粒级配

土体颗粒的级配通常用级配曲线来表示，图 2-7 所示是两种土体级配曲线。

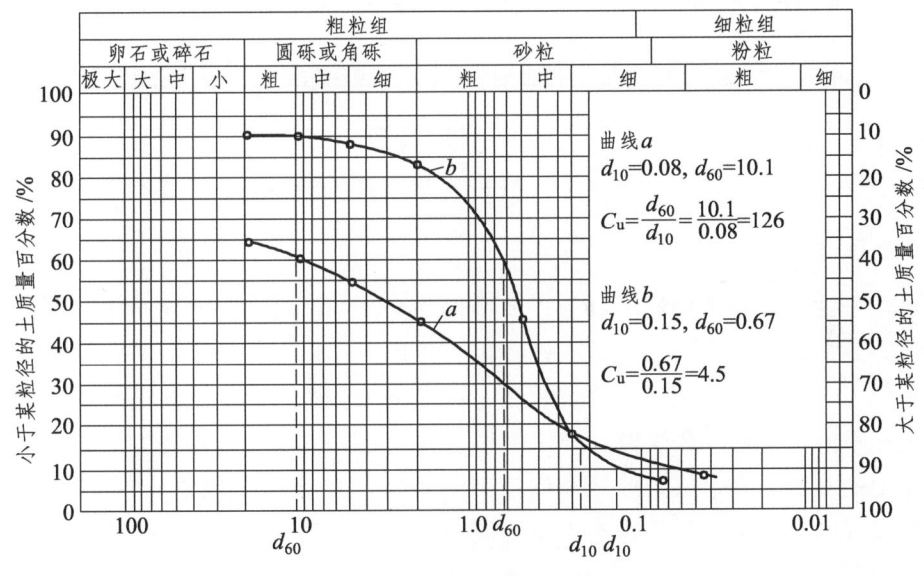

图 2-7 土体的级配曲线

土体的级配曲线决定了土体粒径的一个大体分布：曲线越陡则表示土体在此部分粒径更为集中，所以土体较为均匀；而曲线平缓则表示此处的粒径含量较少甚至于缺失，土体不均匀。

在工程上，土体级配的均匀程度通常采用不均匀系数 C_u 来定量地分析。

$$C_u = \frac{d_{60}}{d_{10}} \tag{2-1}$$

另一个描述土体特征的量叫作土的曲率系数，用 C_c 来定量表示，描述的是整个土体颗粒粒径分布的一个指标。

$$C_c = \frac{d_{30}^2}{d_{60} d_{10}} \tag{2-2}$$

式中 d_{10}——累计百分含量为10%的粒径,也叫有效粒径(mm);
　　　d_{30}——累计百分含量为30%的粒径(mm);
　　　d_{60}——累计百分含量为60%的粒径,也叫限制粒径(mm)。

我国《土的工程分类标准》(GB/T 50145—2007)规定:对于细粒含量<5%的砾石类土和砂类土,级配满足$C_u \geq 5$且$1 \leq C_c \leq 3$为级配良好,否则为级配不良。对于级配不良的土体,由于缺失某一粒径土体,大粒径土体孔隙不能很好地被小粒径土体所填充,因此该地层开挖时容易导致基坑坍塌或者成孔壁坍塌及漏浆。此种情况便是盾构对该地层的不适应性所造成的后果。因此,此种地层主要对盾构的适应性提出以下几点要求:

① 开挖面需要得到很好的支护,因此对渣土改良的选择配比有较高要求。
② 盾构掘进的扰动不宜太大,掘进参数需要控制平稳。
③ 由于级配不良,螺旋输送机处不能形成良好的土塞,容易发生喷涌,因此对防喷涌措施提出要求。

以此针对地层的颗粒级配提出其盾构适应性的分析过程如图2-8所示:

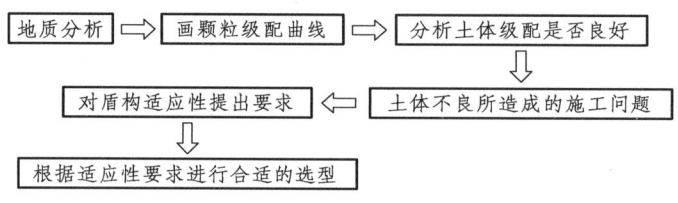

图2-8　盾构适应性分析过程

3)渗透系数

地下水在土的连通孔隙中流动并通过的特性称为土的渗透性。水在土中流动除因土孔隙连通外,还因为有水位差的存在。地下水在重力作用下,由高处向低处流动。例如,基坑开挖至地下水位以下,基坑周围地下水位较高,则地下水会源源不断地流向基坑。渗透性表明了水通过土孔隙的难易程度和快慢。

土孔隙中的自由水在水头差或压力梯度下流动时,由于土的孔隙通道很小,且很曲折,流动过程中载滞阻力很大,所以水在土中的流速缓慢,通常的情况下属于层流,即水流流线互相平行。因此,其流动规律符合层流渗透,并可以按照水力学中的达西定律来描述。如图2-9所示装置的试验,A、B是两根竖直测压管,两管的水平距离为l。水从左侧流经土样后从右端流出。由于水流过土样时受到土的阻力,能量有所损耗,因此,测压管B的水头高度较A的低,两者水头差$\Delta h = h_1 - h_2$。实验证明,水在土中的渗透速度与Δh成正比而与l成反比,即:

$$v = k\frac{\Delta h}{l} = ki \quad (2\text{-}3)$$

式中 i——水头梯度,即土中两点间的水头差Δh与渗流长度l之比:

$$i = \frac{h_1 - h_2}{l} \quad (2\text{-}4)$$

　　　v——端面平均渗流速度(cm/s 或 m/d);

k——反映土的透水性能的比例系数,称为土的渗透系数(cm/s 或 m/d),它相当于水头梯度 $i=1$ 时的渗流速度,故其量纲与流速相同。渗透系数与土的性质有关,可以在试验室内或在野外测定。

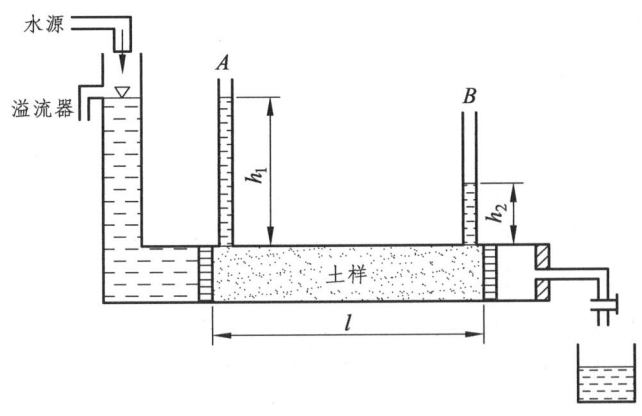

图 2-9 水在土中的渗透

由以上的达西定律可知地层的渗透速度与渗透系数成正比。地层的渗透性对于盾构是否适应地层起着非常重要的作用,根据经验可知,当地层的渗透系数小于 10^{-7} m/s 时,选择土压平衡盾构可以较好地适应该地层,选用泥水盾构会出现不适应的现象,具体表现为土体流动性差,盾构运渣效率低。当地层的渗透参数大于 10^{-4} m/s 时,选用土压平衡盾构便不能很好地适应该地层,选用泥水盾构更为合适,如若坚持选用土压平衡盾构,除了容易出现刀盘、螺旋输送机扭矩过高,磨损严重等现象外,还极易造成螺旋输送机喷涌,酿成工程事故,因此,需要对砂卵石层进行改良以保证盾构施工的安全,提高土压平衡对地层的适应性。地层渗透性与盾构适应性关系如图 2-10 所示。

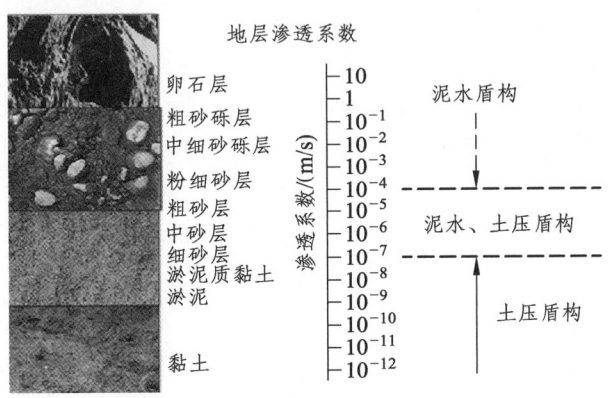

图 2-10 地层渗透性与盾构适应性关系

4)地下水压

地下水压的大小往往与地层水的渗透性紧密相关。对于富水地层,当水压大于 0.3 MPa 时,如若选用土压平衡盾构,螺旋输送机往往难以形成有效的土塞效应,在螺旋输送机排土闸门处易发生渣土喷涌现象,引起土舱中土压力下降,导致开挖面坍塌。因此,在水压大于

0.3 MPa 时，适宜采用泥水平衡盾构。

当水压大于 0.3 MPa 时，显然土压平衡盾构不适应该地层，如因其他各种原因需采用土压平衡盾构，则需增大螺旋输送机的长度或采用二级螺旋输送机，或采用保压泵提高盾构对地层的适应性等措施防止盾构喷涌和造成安全事故及经济损失。

5）单轴饱和抗压强度

单轴抗压强度是指岩石试件在单向受压至破坏时，单位面积上所能承受的荷载，简称抗压强度，据其含水状态按压坏标准试件测得，又有干燥抗压强度、天然抗压强度与饱和抗压强度之分。单轴抗压强度的测定一般使用单轴抗压强度仪器进行。将岩石试样放在压力机的上下压板之间进行加压，直至试样被压坏时测得的压力强度值即为单轴抗压强度。

岩石的坚硬程度的定量指标，通常采用岩石单轴饱和抗压强度 R_c 来衡量。R_c 应采用实测值。当不具备条件获得实测值时，也可采用实测的岩石点荷载强度指数 $I_{s(50)}$ 的换算值，按下列公式进行换算：

$$R_c = 22.82 I_{s(50)}^{0.75} \tag{2-5}$$

卵石单轴抗压强度反映的是卵石抗破坏的能力，而大粒径卵石如果不能被破坏碾碎，将会对盾构的正常掘进造成很大的影响。对于盾构施工来说，岩石单轴抗压强度若是在 50 MPa 以上，便难以破坏。因此，盾构应当根据对应的单轴抗压强度采取相应的对策，从而能很好地破碎大卵石，增强盾构对地层的适应性。

6）密实度

密实度通常用动力触探试验来测量（图 2-11），动力触探试验具有勘察与测试的双重功能。根据穿心锤质量和提升高度的不同，国内常用的落锤质量为 10 kg、63.5 kg 和 120 kg，分别称为轻型、重型和超重型动力触探。轻型动力触探适用于黏性土和粉土，常用来检测浅基础地基承载力和基坑验槽；重型动力触探适用于砂土和砾卵石；超重型动力触探适用于砾卵石；标准贯入试验适用于黏性土、粉土和砂土。

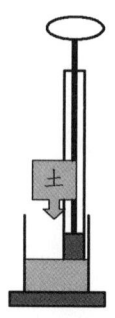

图 2-11 密实度测量试验示意

动力触探的锤击能量（重锤重量与落距的乘积），一部分用于克服土对探头的贯入阻力，称为有效能；另一部分消耗于锤与触探杆的碰撞、探杆的弹性变形、克服探杆与孔壁土的摩擦，以及触探器贯入时地基土产生塑性变形所消耗能量、贯入时土的弹性变形消耗的能量等。

假设锤击效率为 η，有效锤击能量可表示为 ηMgH，则：

$$\eta MgH = R_{d} A e \tag{2-6}$$

式中 R_{d}——探头单位贯入阻力（N/m³）；

e——每击贯入度（m）；

M——锤的质量（kg）；

H——重锤落距（m）；

g——重力加速度（m/s²）；

A——探头截面积（m²）。

我国多采用贯入一定深度的锤击数 $N_{63.5}$（击/10 cm）与土的力学指标建立经验相关关系来确定地基土的力学性质。$N_{63.5}$ 一般用来衡量碎石土的密实度，以超重型动力触探为例：$N_{63.5} \leq 5$ 则为松散；$5 < N_{63.5} \leq 10$ 则为稍密；$10 < N_{63.5} \leq 20$ 则为中密；$N_{63.5} > 20$ 则为密实。

密实的土体地层未经扰动时具有较强的自稳性，当盾构施工参数控制合理且隧道埋深满足一定要求时，地层不会下落成拱，地表沉降控制相对较为容易，同时后续沉降较小；不密实地层经过盾构掘进作业对地层的扰动后，土体迅速松散。但是随着密实度值增大，盾构的推进阻力会增大，刀盘磨损也会变严重。因此，不同密实度的地层对盾构提出了不同的适应性要求。当盾构通过密实度较低的土体时，可能造成土体塌陷从而造成地表沉降，因此在盾构掘进该地层时应充分做好相应的准备。盾构在高密实度地层中掘进时，由于阻力会增大，只有提供更大的推力，才能使盾构适应当前的地质情况。

2.4.2 适应性分析的其他主要因素

盾构施工除了和地层条件相适应以外，必须同时考虑环保、工作环境、安全等因素，盾构的选型也应充分符合这几种因素的条件。在实际盾构选型时，还需解决理论的合理性与实际的可行性之间的矛盾，充分考虑各种影响因素的利与弊，选择最符合要求的盾构形式。

1）环保及经济因素

对泥水平衡盾构而言，虽然经过筛、旋流、沉淀等程序，可以将弃土浆液中的一些粗颗粒分离出来，并通过汽车、船等工具运输弃渣，但泥浆中的悬浮或半悬浮状态的细土颗粒仍不能完全分离出来，而这些物质又不能随意处置，就形成了使用泥水盾构的一大难题。降低污染、保护环境是选择泥水盾构面临的十分重要的课题，需要解决的是如何防止将这些泥浆弃置于江河湖海等水体中造成范围更大、更严重的污染。

要将弃土泥浆彻底处理成可以作为固体物料运输的程度也是可以做到的，国内外都有许多成功的事例。但做到这点并不容易，原因如下：

① 处理设备贵，增加了工程投资。

② 用来安装这些处理设备需要的场地较大。

③ 处理时间长。

正是出于对环保及经济性因素的考虑,许多工程局更倾向于选用土压平衡盾构作为隧道施工设备,即便是该地层可能不太适合该盾构的掘进。因此,环保与经济因素是在盾构适应性选型过程中所需考虑的一个非常重要的因素。

2)工作环境因素

盾构的选型还应考虑盾构施工对工作环境的影响。比如,盾构的刀盘驱动是液压驱动还是电动驱动。液压驱动效率低,噪声大,洞内温度上升快,而电动驱动效率高,洞内环境好(噪声小、温度低)。这些考虑均是出于对盾构施工人员的保护,是盾构适应性选型中必不可少的一个环节。

3)安全因素

从保持工作面稳定、控制地面沉降的角度来看,当隧道断面较大时,使用泥水平衡盾构要比使用土压平衡盾构的效果好一些,特别是在河湖等水体下、在密集的建筑物或构建物下以及上软下硬和松散的砂卵石地层中施工时。在这些特殊的施工环境中,施工过程的安全性将是盾构选型时的一项极其重要的考虑。

从以上各种影响因素的分析可知,盾构选型不仅仅是单因素之间的简单匹配关系,更需要综合考虑盾构施工中的种种影响因素,并根据这些影响因素判断所选盾构方案能否满足其施工要求,以及如若不满足,将会对盾构施工造成何种不适应的影响。全面考虑这些影响因素的影响程度,才能选出一种尽可能适应该地层地质条件且满足基本盾构施工要求的盾构机形式。

当然,经过分析可知,没有任何一种盾构机形式能够完全符合所有施工条件的要求,也没有任何一台盾构能够保证在隧道施工中不出现任何问题,因此没有一台盾构机是十全十美的。在盾构选型中,"抓大头放小头"是盾构选型的一个原则,抓住各种问题的主要矛盾,解决了大矛盾问题,再针对小矛盾进行修改,使其尽可能满足盾构施工的要求,此为盾构选型的一个思路。盾构的适应性分析的目的,就是针对影响盾构施工的因素,分析其对盾构施工造成的影响,进一步得出该因素对盾构选型提出的要求,从而再根据这些要求选择合适的盾构机形式。

2.5 成都地铁盾构适应性分析选型实例

2.5.1 成都地铁泥水和土压平衡盾构施工法的适应性分析

成都地层是世界罕见的富水砂卵石含大漂石地层,以地下水位高、卵石含量多及硬度大、漂石含量高且局部密集成群著称,盾构施工难度大、风险大。

为了研究盾构法施工在富水砂卵石地层中的适应性问题,成都地铁1号线一期工程4个盾构合同段分别采用 1 台泥水平衡盾构和 7 台土压平衡盾构施工。不同类型盾构的使用，为后续地铁工程的施工积累了丰富的经验。

1）泥水平衡盾构的适应性

① 泥水平衡盾构采用面板式刀盘，控制进入泥水舱的卵石粒径，对开挖面起到一定的支撑作用，具备良好的稳定地层能力；泥水平衡盾构提高了刀盘、刀具的耐磨损性能，具备长距离掘进的能力。

② 在砂卵石地层中，由于卵石是移动的，无法为刀具破岩提供足够的反力，卵石从剥离开挖面到被破碎费时较多，加剧了刀具的磨损，进而造成刀盘和刀座的磨损。在施工过程中，施工单位多次进行了刀座的修复（图 2-12）。

图 2-12　修复刀盘刀座

③ 地层渗透系数是盾构适应性分析的一个重要因素。当地层的渗透系数 $<10^{-7}$ m/s 时，可以选用土压平衡盾构；当地层渗透系数为 $10^{-7} \sim 10^{-4}$ m/s 时，可以选用土压平衡盾构或者泥水平衡盾构；当地层渗透系数 $>10^{-4}$ m/s 时，应该选用泥水平衡盾构。泥水平衡盾构需要设置泥水管理和处理设备，占用施工场地大，影响交通，且对周围环境污染严重。同时，泥水平衡盾构在砂卵石地层中掘进较困难，尤其是很难处理大粒径砂卵石，容易导致刀盘被卡、掌子面坍塌；而土压平衡盾构可以较好地处理大粒径的砂卵石，可以降低发生故障的概率，避免坍塌。隧道沿线穿越成都市较繁华地带，地面交通设施与建筑物较多，交通繁忙，难以布设庞大泥水处理设施。

由于碎石机在砂卵石地层中的使用强度远远超过其他地层，施工中碎石机的润滑系统、密封系统以及钢结构等多次受到不同程度的损坏。

2）土压平衡盾构的适应性

土压平衡盾构不受出渣限制，掘进速度快，维护方便，使用成本较低。从成都地铁 1 号线一期工程使用效果看，使用土压平衡盾构施工主要存在以下问题：

① 刀盘均为面板式结构，开口率在 25% ~ 28%。由于刀盘采用中心支撑方式，刀盘中心部位无开口，在泥岩中掘进时易形成泥饼，造成中心刀具磨损严重。刀盘开口率相对较小，不利于卵石顺利进舱，造成卵石需多次破碎，增大了对刀盘面板的磨损，另外，刀盘轮缘磨损比较严重。

② 刀具主要采用单刃滚刀破岩，由于卵石随着刀盘的转动而移动，卵石破碎比较困难，加剧了刀具的磨损和异常损坏。

③ 螺旋输送机采用双螺旋设计，可以有效避免富水地层掘进时的喷涌现象。由于隧道埋深浅，水压较低，大多数标段只保留了 1 号螺旋输送机机，未再安装 2 号螺旋输送机。另外，1 号螺旋机仅前端 1/3 段焊接了耐磨块，造成螺旋叶片磨损严重，施工中多次进行了螺旋机叶片的修复。

3）掘进效果对比

泥水平衡盾构自 2007 年 1 月 21 日始发，2009 年 2 月 3 日贯通，累计掘进 1 883 m，单月最高掘进 196.5 m，月平均掘进仅 80 m，施工面临着很大的困难。

土压平衡盾构 2007 年 9 月 8 日始发，经历桐梓林站、倪家桥站两次过站，提前半年实现了左线隧道贯通，于 2008 年 9 月 3 日到达省体育馆站，这是成都地铁 1 号线首条贯通的盾构隧道。土压盾构累计掘进 2 327 m，最高日掘进 24 m、周掘进 118.5 m、月掘进 357 m，平均月进度 237 m，大大高于 150 m/mon 的设计要求。

从地表沉降监测数据分析，泥水平衡盾构地表沉降控制效果比土压盾构好，在通过重要建（构）筑物时安全可靠性较高。

经济指标比较：泥水平衡盾构功率高于土压平衡盾构，还需配置专门的泥水处理设备，要求有足够大的场地面积，施工投入大。本项目泥水平衡盾构每米掘进成本比土压盾构约高 38%。

4）设备性能对比

① 刀盘设计：两台盾构均采用面板式刀盘，对开挖面起到良好的支撑作用，开口率在 28%～30%。刀盘总体使用效果较好，耐磨性需要进一步提高。

② 刀具选型及磨耗：泥水平衡盾构配置 6 把双刃中心滚刀、13 把双刃正滚刀、64 把小齿刀、16 把刮刀，土压平衡盾构配置 4 把双刃中心滚刀、32 把单刃滚刀、28 把宽齿刀、8 把刮刀。泥水平衡盾构利用泥浆携渣、护壁，更有利于保护刀具，但实际上泥水平衡盾构刀具消耗远大于土压平衡盾构，主要原因是排渣效率低，卵石不能顺利进入泥水舱，在刀盘前方反复破碎，增加了刀具的磨损破坏。

③ 刀盘驱动扭矩：泥水盾构刀盘驱动扭矩为 3 050 kN·m，脱困扭矩为 3 500 kN·m。由于砂卵石地层渗透性强，泥浆极易冒出地面，开挖面坍塌的卵石堵满泥水舱，由于刀盘脱困扭矩明显不足，刀盘被卡难以转动，只能加固地层后人工清舱，大大降低了掘进效率。土压平衡盾构刀盘扭矩为 6 000 kN·m，脱困扭矩达到 7 150 kN·m，施工中未发生刀盘被卡现象。

④ 排渣效率：从统计数据看，泥水平衡盾构每环掘进时间只有 40～60 min，由于砂卵石地层排渣效率低，每环出渣时间一般耗时 2.5～3.5 h，甚至为 5～7 h。施工中不断调整泥浆配比，并增加了排渣泵，但是效果一直不甚理想。土压平衡盾构采用螺旋机出渣，最大出土量达 285 m³/h，每环掘进时间为 40～60 min，掘进效率较高。

5）盾构选型建议

经过实践对比，土压平衡盾构较适应富水砂卵石地层的施工，盾构选型建议如下：

① 卵石以排为主，破碎为辅。刀盘采用中间支撑方式、辐条加小面板式结构，刀盘开口

率在 35% 左右，同时加大刀盘中心部位的开口率。采用直径为 900 mm 轴式螺旋输送机，节距为 630 mm，螺旋带高度为 340 mm，可以直接排放大部分的卵石。预留二级螺旋机接口，分段设置检查窗口，以便及时检查修复磨损的螺旋机叶片。

② 卵石不破碎，直接排放。采用辐条式刀盘，开口率在 65% 左右，采用带式螺旋机排渣。日本在这方面成功经验较多，但成都地铁地下水位较高，带式螺旋机不易形成土塞效应，实际效果还有待于验证。

③ 刀盘、螺旋机的耐磨性能必须在 1 号线的基础上大幅提高。

从成都地铁 1 号的施工实践对比得知，土压平衡盾构相较于泥水平衡盾构更加适应于成都的富水砂卵石地层的施工。但是通过分析，土压平衡盾构也存在诸多不适应现象，且会造成各种施工问题，这些施工问题对盾构设计提出了新的要求。

2.5.2 成都地铁 4 号线二期工程实例分析

1）隧道的基本介绍

成都 4 号线二期工程总共分为三大标段，各标段内隧道基本的情况大致如下：

① 东三环站（不含）—蜀王大道站（含）标段：纵向长度约 433.8 m。本区间隧道顶板埋深为 8.5 ~ 12.6 m，底板埋深为 15.5 ~ 19.6 m。

② 蜀王大道站（不含）—十陵站（含）标段：纵向长度约 724.9 m。本区间隧道顶板埋深为 7.3 ~ 15.5 m，底板埋深为 14.3 ~ 22.5 m。

③ 二期工程西延线标段：连接市区至西部温江区的线路，全长 10.804 km，隧道埋深 10 ~ 30 m。

2）地质概况

① 地质特征。

隧道主要穿越地层为黏土夹卵石、卵石土、全风化泥岩层，卵石层为中密~密实状，呈层状分布于隧道结构范围内，该卵石层主要由黏粒充填，局部由中砂充填，透水性中等。在二期工程西延线标段，隧道基本位于密实砂卵石层中，且含有粒径 30 cm 以上的大漂石，如图 2-13 所示，地质勘测基坑中卵石含量很大，同时伴随有粒径很大的卵石。

（a）基坑小卵石情况

（b）大粒径卵石

图 2-13 地质勘测基坑卵石情况

② 水文特征。

该工程范围内地下水主要有三种类型：一是赋存于黏土层之上的上层滞水；二是赋存于黏土、卵石土中的孔隙水，该层卵石主要由黏粒充填，工点范围内卵石土层渗透系数 k 取 1.74×10^{-5} m/s；三是基岩裂隙水（基岩溶孔溶隙裂隙潜水）。表层杂填土为弱透水层，地表不发育，对隧道工程影响较小。

综上所述，本工程有以下施工难点：

a. 砂卵石尤其是富含漂石地层掘进主驱动扭矩问题。

中密、密实卵石层细颗粒成分含量少，渣土的摩擦阻力大，刀盘需要较大的搅拌力矩。当渣土改良不佳时，土舱一旦建立压力则刀盘扭矩急剧增大，导致堵转。如果不建立压力，地面又会发生沉降。

而二期工程西延线，与中心城区相比，本段工程具有漂石粒径及含量更大的特点。大粒径漂石卡死刀盘的风险更高，同时主轴承可能承受较大的偏载。

b. 砂卵石尤其是富含漂石地层掘进刀盘、刀具磨损严重及换刀困难等问题。

在砂卵石地层掘进，由于卵石不能被破碎，常常对刀盘刀具进行二次磨损甚至多次磨损，且整个刀盘盘体及刀具本身直接与卵石接触，卵石不仅对刀具刃口有磨损，甚至对整个刀体和刀盘盘体发生磨损。而二期工程西延线所含漂石粒径较大，数量较多，对刀盘、刀具的磨损更加严重。

同时由于砂卵石层细颗粒含量少、透气性好，在需要带压进舱换刀时很难保住气压，产生换刀困难的问题。

c. 螺旋机的磨损及卡螺旋机问题。

盾构在卵石土层中掘进时，螺旋机叶片和筒体常常出现很严重的磨损，另外，由于卵石在螺旋机内堆积，特别是输送大卵石时，容易卡住螺旋机，严重时甚至会发生断轴现象。

d. 强透水地层的喷涌问题。

穿越的砂卵石层为强透水层，由于圆砾及砾砂层细颗粒成分含量少，不易自然形成能够止水的流塑状渣土，在渣土改良不到位时极易发生喷涌，导致土舱失压引起地层沉降，严重时会发生"塌坑"现象。

e. 地面沉降难以控制问题。

在密实卵砾层条件下，有时可能会欠压掘进，此时会产生较大沉降。另外，当在卵石层中掘进时，常常由于刀盘掘进扰动地层产生超挖，此时同步注浆尚不能补充，容易形成空洞。故即使当时不会发生沉降，但盾构过后地面也会陆续发生沉降。

f. 结泥饼问题。

有部分区间穿越强风化泥岩、中等风化泥岩层，刀盘中心区域容易形成"泥饼"，导致设备切削效率降低甚至发生堵舱。

g. 精确的方向控制问题。

盾构施工的区间平纵面上有几处曲线，且平面最小曲线半径只有 300 m，这对盾构的导向系统精度要求更高，因为只有高精度的导向系统才能保证线路方向的正确性。

3）盾构适应性设计

针对工程重难点，盾构机进行如下适应性设计：

① 刀盘。

需要安装足够数量的滚刀以保证破岩，同时又具有较大的开口率，以便通过一定粒径的卵石。刀盘必须保证足够的刚度、强度。要求刀盘的刀具具有较强的耐冲击、耐磨损、耐二次磨损能力。配置滚刀时，滚刀并不以滚压破岩方式而以扰松开挖面的方式起作用，因此滚刀的刃口要厚，刃口的数量要足够多。

② 刀盘驱动系统。

刀盘驱动系统应满足在对扭矩要求较高的地层中掘进，最高转速为 3.35 r/min，可以满足在风化岩中较快转速的掘进要求。

主驱动采用中间支承方式，可有效防止中心泥饼产生。利用刀盘（旋转）和承压隔板（固定）的相对运动进行搅拌，并在隔板上焊接被动搅拌棒及高压水冲刷装置，可有效防止中心泥饼产生。

③ 螺旋输送机。

有相应的耐磨设计：叶片周边镶焊合金块，叶片侧面及螺旋轴堆焊耐磨层，筒体内壁焊接耐磨复合钢板。

防喷设计：螺旋轴设计 3 道闸门，分别是土舱入口处 1 道闸门和螺旋机尾部的 2 道闸门。当盾构通过富水区间时可通过调节不同闸门开度来降低不利影响。

同时，螺旋机出渣口位置预留保压泵接口，必要时可关闭出渣门，将保压泵接口与保压泵连接，通过保压泵控制出渣，进一步控制土舱内压力。

观察窗设计：螺旋机观察窗盖板采用插板方式，检查螺旋机情况时便可方便开关。

④ 其他。

盾构设计时还应配备泡沫系统、膨润土系统、聚合物注入系统、同步注浆系统、双液二次补强注浆系统、超前注浆系统，配备人舱。

2.5.3 成都地铁 6 号线土建 3 标盾构适应性分析实例

1）粒径分布规律

根据成都地铁 6 号线土建 3 标地质勘查报告可得知，盾构施工主要穿越的地层为<2-3-9>卵石地层（图 2-14）。下面主要分析卵石在该地层中的分布规律。

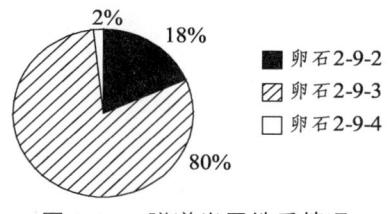

图 2-14　隧道岩层地质情况

① 卵石粒径纵向分布规律。

根据该地段地质勘查报告结合钻孔情况，沿线路 3 个区间段的卵石平均粒径沿深度分布情况见图 2-15。从图 2-15 可以直观地看出各区间的卵石平均粒径分布与深度的关系情况，可以看出 3 个区段的卵石粒径沿深度方向是逐步增大的，且 3 个区段在盾构埋深的深度主要分布着 300～400 mm 的大粒径卵石，最大粒径可达 600 mm。盾构在向更大埋深的方向驶进时，应充分考虑到粒径增大的现象，并采取相应的应对措施。由于粒径大于 300 mm 的卵石对盾构掘进会产生较大影响，设计施工时应充分考虑不同区域大粒径漂石的深度范围对施工的影响。

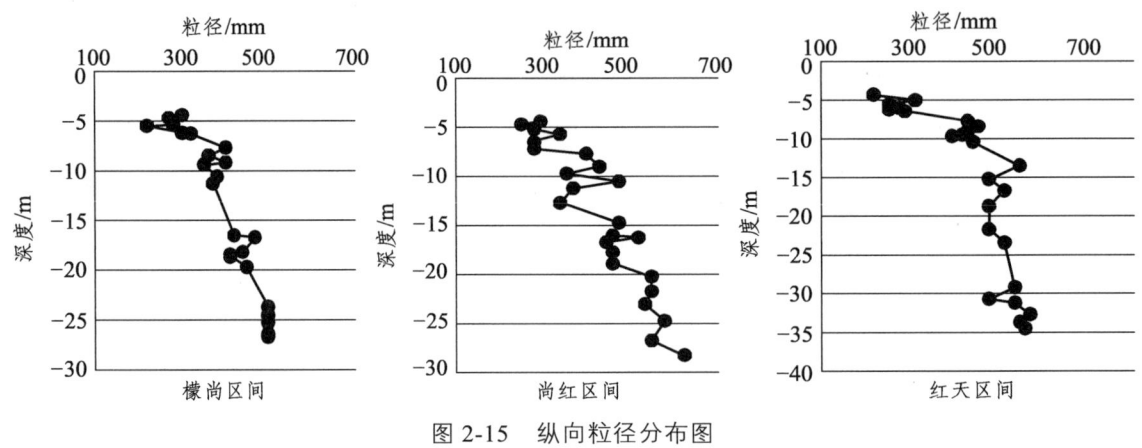

图 2-15　纵向粒径分布图

② 卵石粒径横向分布规律。

根据详细勘查资料结合钻孔情况，我们对卵石平均粒径沿线路分布的规律进行了分析，沿线路各段的漂石最大粒径分布情况见图 2-16。由图 2-16 可知，卵石平均粒径沿线路分布不均匀，根据檬梓向天宇站卵石粒径呈逐步下降的特征，使用其数据点用二次多项式拟合结果为 $y = 4 \times 10^{-7} x^2 - 0.0051 x + 44.837$，根据此拟合曲线可对沿途的卵石粒径进行预测，并随时更改盾构掘进参数以适应地层的变化。盾构掘进方向是由红高站向两侧掘进，由于卵石粒径分布呈一定的规律，所以可在盾构掘进过程中不断改变掘进参数以适应不同的地层环境。

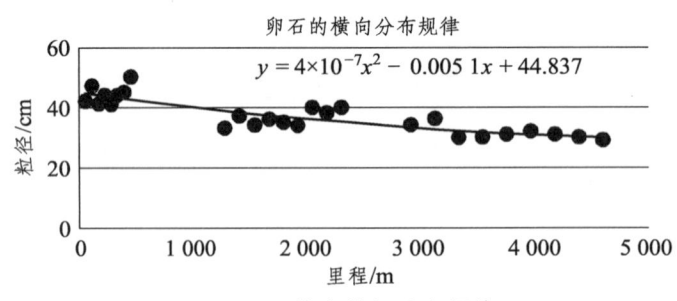

图 2-16　横向粒径分布规律

根据以上数据的统计分析，大致可得出 6 号线土建 3 标卵石粒径分布的一个总体趋势：总体上表现为从檬梓站到天宇站<2-9-3>卵石平均粒径越来越大，卵漂石粒径从浅到深越来越大的特征。

根据以上地层粒径分布规律分析，充分考虑盾构对地层的适应性，我们对盾构的选型提出了如下适应性要求：

① 刀盘开口，刀盘的开口需要保证大粒径卵石能顺利通过刀盘，刀盘开口的设置应该能让大部分卵石顺利通过，而一些过大卵石则不能让其通过，以免影响螺旋输送机的运输。

② 刀盘刀具的选择，由于存在大粒径漂石，应适当配置能破碎大漂石的刀具，如撕裂刀。

③ 螺旋输送机的直径，从刀盘进入的卵石必须能很好地通过螺旋输送机。

④ 盾构各部件的耐磨性，由于该地层粒径的大小会随着掘进的进行而发生改变，因此在不同地段对盾构各部分的耐磨性提出不同的要求。

⑤ 掘进参数的匹配，由于粒径的大小分布会影响到盾构掘进的扭矩、阻力等，因此赋予其合适的掘进参数，才能使盾构掘进能更好地适应该地层。

2）砂卵石的颗粒级配

根据成都地铁 6 号线土建 3 标檬尚区间地质勘查数据，针对某一有代表性数据（表 2-1）做出分析。

表 2-1 粒径统计表

粒径/mm		>60	60～40	40～20	20～2	2～0.5	0.5～0.25	0.25～0.075	<0.075
颗粒组成百分比/%		21.0	31.5	13.5	9	8.4	7.7	5.3	3.6
小于某粒径之土重百分比/%	粒径/mm		60	40	20	2	0.5	0.25	0.075
		100.0	79	47.5	34	25	16.6	8.9	3.6

其中求得：有效粒径 $d_{10}=0.25$，平均粒径 $d_{50}=42$，界限粒径 $d_{60}=47$，不均匀系数 $C_u=174.1$，曲率系数 $C_c=5.0$。

画级配曲线（图 2-17）：

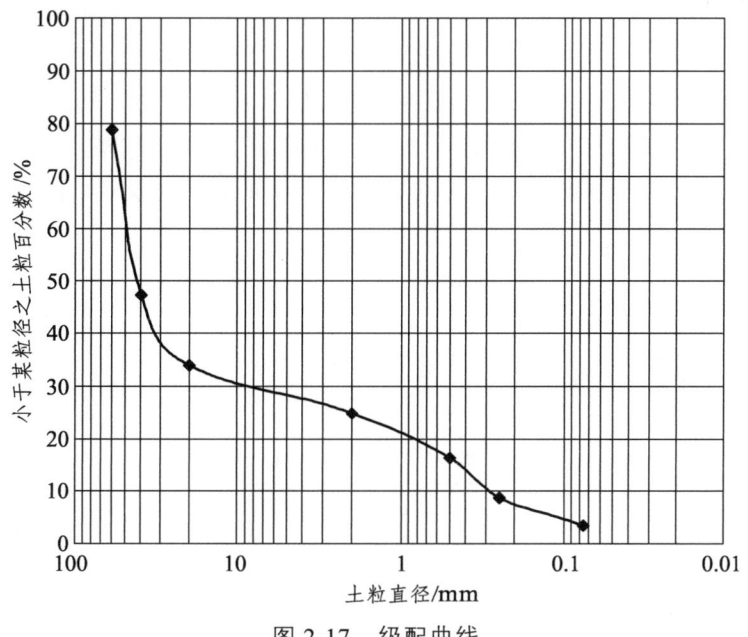

图 2-17 级配曲线

根据上述粒径分布表以及其级配曲线可知，成都地铁 6 号线地层的颗粒级配曲线大致呈

"L"形，不均匀系数根据式（2-1）求得：$C_u = d_{60}/d_{10} = 174.1$、曲率系数 $C_c = 5.0$。我国《土的工程分类标准》(GB/T 50145—2007)规定：对于细粒含量<5%的砾石类土和砂类土，级配满足 $C_u \geqslant 5$ 且 $1 \leqslant C_c \leqslant 3$ 为级配良好，否则为级配不良。

成都地铁 6 号线地层土体级配曲线反映出的不均匀系数虽然较大，但是由于缺少中间颗粒，造成曲率系数较大，综合评判为粒径级配不良，同时小粒径卵石含量也比较少，大卵石孔隙不能很好地被小卵石所填充，因此该卵石地层开挖时容易导致基坑坍塌或者成孔壁坍塌及漏浆。成都地铁 6 号线土建 3 标所采用的复合式土压平衡盾构由于开口率较大，掌子面无法很好地支撑开挖面，容易造成开挖面坍塌，此为该盾构对该地层的不适应性所造成的后果。

3）卵石的单轴饱和抗压强度

卵石的单轴饱和抗压强度分布见表 2-2。

表 2-2 单轴饱和抗压强度分布（MPa）

区间	1	2	3	4	5	6	平均值
檬尚区间	61.86	71.33	80.05	64.79	73.19		70.04
尚红区间	54.21	59.76	56.51	63.94	56.00	61.99	58.74
红天区间	73.08	72.96	72.50	60.88	68.14	66.83	69.19

根据表 2-2 可知各个区间的卵石单轴饱和抗压强度 R_c 存在差异。其中：檬尚区间最小抗压强度为 61.86 MPa，最大抗压强度为 80.05 MPa，平均抗压强度为 70.04 MPa；尚红区间最小抗压强度为 54.21 MPa，最大抗压强度为 63.94 MPa，平均抗压强度为 58.74 MPa；红天区间最小抗压强度为 60.88 MPa，最大抗压强度为 73.08 MPa，平均抗压强度为 69.19 MPa。

根据以上数据分析，成都地铁 6 号线土建 3 标富水砂卵石地层卵石的抗压强度大致分布在 50~70 MPa，其中尚红区间卵石抗压强度相比于其他两区间较小，总体上呈先下降后上升的趋势。卵石单轴抗压强度反映的是卵石抗破坏的能力，而大粒径卵石如果不能被破坏碾碎，将会对盾构的正常掘进造成很大的影响，单轴抗压强度在 50~70 MPa，较难被破坏，因此盾构应当根据对应的单轴抗压强度做出相应的对策，从而能很好地破碎大卵石，增强盾构对地层的适应性。

4）密实度

表 2-3 是根据成都地铁 6 号线土建 3 标各区间<2-9-3>地层的超重型动力触探试验得到的实测击数的试验数据：

表 2-3 超重型动力触探试验数据

区间	实测击数		
	最大值	最小值	平均值
檬尚区间	17.1	9.5	14.5
尚红区间	16.7	13.9	15.2
红天区间	15.7	14	15.2

根据表 2-3 可知 6 号线 3 标施工区间穿越的<2-9-3>地层为中密地层，密实的砂卵石地层未经扰动时具有较强的自稳性，当盾构施工参数控制合理且隧道埋深满足一定要求时，砂卵石会下落成拱，地表沉降控制相对较为容易，同时后续沉降较小，不密实地层经过盾构掘进作业对地层的扰动后，土体迅速松散。由分析可知 6 号线 3 标施工段在盾构施工时，由于该地层属于中密地层，如果对地层扰动较小，该地层具有一定自稳性；如果对地层扰动较大，则会造成卵石迅速松散，造成掌子面塌陷以及地表沉降，对施工以及地表活动造成很大的影响。因此，在盾构施工时应尽量减少盾构对地层的扰动，合理地控制盾构掘进参数，提高盾构对地层的适应性。

但是随着密实度值的增大，盾构的推进阻力会增大，刀盘磨损也会变严重。因此需要对各区间的密实度进行统计。勘探点密实度实测数据见表 2-4。

表 2-4 勘探点试验数据

勘探点编号	试验次数	实测击数平均值
M6XZ-MS-004	15	14.7
M6XZ-MS-004	52	14.9
M6XZ-MS-007	51	9.5
M6XZ-MS-009	58	14.6
M6XZ-TJL-032	63	14.4
M6XZ-ZQL-001	33	17.1
M6XZ-ZQL-002	32	16.6

根据图 2-18 可知，檬尚区间整体密实度在平均值附近波动，但在 M6XZ-MS-007 探测点附近盾构穿过地层的土的密实度急剧下降又急剧上升。如若仍按前面的掘进模式掘进，很有可能造成土体塌陷，从而造成地表沉降；从低密实度向高密实度掘进时，由于阻力会增大，只有提供更大的推力，才能使盾构适应当前的地质情况。因此，盾构在经过此段时应先降低盾构推力，做好掌子面崩塌的防护措施，随后应适当增加盾构机推力，使盾构掘进充分适应该部分地层。

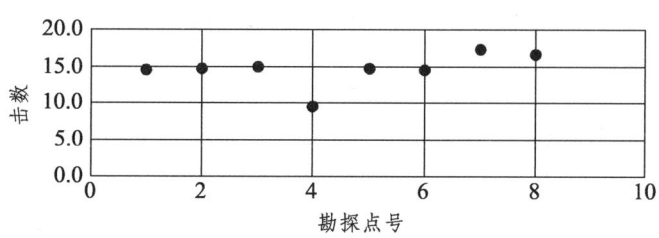

图 2-18 密实度分布

由数据可知尚红区间与红天区间密实度波动不大，较为平稳，地层较为密实，盾构阻力更大，刀盘刀具磨损更为严重，此为盾构对该地层的一种不适应性，设置适当的掘进参数以及控制好刀具更换时间，能有效地提高盾构对地层的适应性。

5）渗透性

地层的渗透性对于盾构是否适应地层起着非常重要的作用。成都地铁 6 号线土建 3 标采用的是两台土压平衡盾构机,根据施工经验,当地层的渗透系数小于 $10^{-7}\mathrm{m/s}$ 时,选择土压平衡盾构可以较好地适应该参数。当地层的渗透系数大于 $10^{-4}\mathrm{m/s}$ 时,选用土压平衡盾构便不能很好地适应该地层,具体表现为除容易出现刀盘、螺旋输送机扭矩过高,磨损严重等现象外,还极易造成螺旋输送机喷涌,酿成工程事故。因此,需要对砂卵石层进行渣土改良以保证盾构施工的安全,提高土压平衡盾构对地层的适应性。

根据该施工段的地质勘测报告得知其渗透系数为 22 m/d,换算成米每秒为 $22\div24\div3\,600=2.55\times10^{-4}\mathrm{m/s}$,可知该地层渗透系数大于 $10^{-4}\mathrm{m/s}$,因此,土压平衡盾构不能很好地适应该地层,容易发生以上螺旋输送机喷涌等一些问题及事故,此为土压平衡盾构对该地层的一种不适应性。所以对土压平衡盾构进行适应性改造是必不可少的,特别是螺旋输送机喷涌问题以及砂卵石渣土改良问题成了研究的关键问题。

2.5.3 成都地铁 8 号线泥岩地层盾构适应性分析实例

本节主要针对成都地铁 8 号线东光站—东大路站泥岩地层盾构施工区间对盾构进行适应性分析,首先从盾构施工区间的工程情况出发,分析这些因素会给盾构施工带来什么样的难题。通过分析盾构施工的重难点,对盾构的适应性提出要求。

1)工程概况

① 区间线路及盾构穿越地层的地质条件。

成都地铁 8 号线一期工程 5 标有两段盾构区间,分别为东光站—净居寺站、净居寺站—东大路站盾构区间。其中:净居寺站—东大路站盾构区间左线起点里程为 ZDK38+285.099,终点里程为 ZDK39+455.176,长度为 1169.730 m;右线起点里程为 YDK38+285.989,终点里程为 YDK39+514.176,长度为 1288.187 m。隧道埋深在 15.7~25.3 m,最大坡度为 24‰,线路含有两个半径为 450 m、1500 m 的曲线。在 YDK38+685.212 处设置 1 处联络通道兼废水泵房,另一座联络通道中心里程为 YDK39+120.000。盾构区间主要穿越中风化泥岩地层<5-3>。

东光站—净居寺站盾构区间左线起点里程为 ZDK37+520.789,终点里程为 ZDK38+097.597,长度为 562.597 m;右线起点里程为 YDK37+520.629,终点里程为 YDK38+097.597,长度为 579.968 m。隧道埋深在 15.86~17.4 m,最大坡度为 8‰,线路唯一曲线半径为 450 m。盾构区间主要穿越中风化泥岩地层<5-3>。

该区间两段穿越的主要地层为中等风化泥岩地层。中等风化泥岩呈暗红色、紫红色,泥质结构,块状构造,岩质较软,锤击声哑~半哑,节理、裂缝较发育,局部裂缝面可见黑色氧化物膜。岩体 RQD 值为 70%~90%,岩体较完整,岩芯多呈短柱状,少量呈长柱状及破碎状。岩质较软,为极软岩,锤击易碎,岩体基本质量为Ⅴ级。本层未揭穿,层底标高 445.44~465.79 m。

② 水文情况。

a. 地表水及地下水。

本段地处岷江水系Ⅱ级阶地,无地表水经过。

区间地下水主要为赋存于黏性土层之上填土层中的上层滞水，第四系砂、卵石层的孔隙潜水和基岩裂隙水，其中对工程影响较大的为卵石层的孔隙潜水和基岩裂隙水。

上层滞水主要分布于地表，赋存于黏性土层之上填土层中，大气降水和附近居民的生活用水为主要补给源，水量变化大，且不稳定。

本工程场地基岩为白垩系灌口组紫红色泥岩，地下水赋存于基岩裂缝中，含水量一般较小，但在岩层较破碎的情况下，常形成局部富水段。相关水文地质资料及已有工程资料显示，渗透系数 k 为 0.028~2.01 m/d，平均为 0.44 m/d，属于弱~中等透水层。

b. 地下水补给、径流、排泄及动态特征

成都属中亚热带季风气候区，终年气候温湿，四季分明，多年平均降雨量为 947.0 mm。全年降雨量天数达 140 d，大气降水是主要的地下水补给来源，此外，地表的河流及沟渠也是局部的地下水补给来源。

根据资料可知，形成地下水补给的有效降雨量为 10~50 mm，当降雨量在 80 mm 以上时，多形成地表径流，不利于渗入地下。

地形、地貌及包气带岩性、厚度对降水入渗补给有明显的控制作用。区内上部土层为黏土，结构较为紧密，不利于降水入渗补给。

地下水径流、排泄主要受地形、水系等因素的控制。其地下水径流方向主要受地形及裂缝发育程度的控制，大多流向地势低洼地带或裂隙下渗。

本工点详勘时间为 2017 年 2 月。勘察期间处于枯水期，在钻孔中测得场地地下水位埋深为 5.0~8.5 m，高程 484.87~488.08 m。根据区间水文地质资料，成都地区丰水期一般出现在 7、8、9 月份，枯水期多为 1、2、3 月份。丰水期历史最高地下水位埋深一般位于 2.00~3.00 m，水位年变化幅度为 2~3 m。

2）工程重难点

① 盾构小半径掘进。盾构区间最小曲线半径为 450 m，最大坡度为 24‰；盾构以小半径曲线掘进时，由于盾构机本身为直线形刚体，不能与曲线完全拟合，曲线半径越小纠偏量越大，纠偏灵敏度越低，轴线就比较难控制。并且由于转弯关系，左右侧油缸需要形成一个很大的推力差才能满足转弯推进要求，管片容易在水平分离作用下发生较大的移位，造成管片侵线、破损、漏水等现象，同时对地层扰动大，容易产生较大的地面沉降。

② 盾构下穿构筑物，控制难度大。由于掘进过程会对地层产生扰动，可能造成地表建筑物沉降、开裂、倾斜，直接影响到地面建筑物正常、安全使用，会对建筑物内工作人员或周边人群的生活秩序、人身安全、财产安全造成一定危害。

③ 常压换刀危险大，且易造成地表沉降。根据成都地铁的相关施工经验，此地层掘进约 500 m 需要换刀，泥岩地层中换刀施工作业危险性较大。首先是掌子面水位较高；其次是开舱时间较长，掌子面有不稳定情况容易坍塌；最后是关舱掘进后，换刀位置容易发生滞后沉降，严重影响周围地层中管线及建（构）筑物的使用情况，给周围居民带来一定的不便。

④ 泥岩地层下，刀盘易形成泥饼。泥岩地层富含黏土矿物颗粒屑和粉末，盾构刀盘切削下来的细小砂土颗粒、碎屑在土舱内重新聚集而成半固结和固结状的块状体，从而形成泥饼。

⑤ 管片上浮、错台和破损。对于泥岩这种软地层，上部松软地层土的自稳性差，会因为自重、存在空隙而有相对的下沉，从而使因注浆不饱满造成的管片和土层之间的剩余空隙基本消失。

3）盾构的适应性要求

① 基本功能。盾构机具有开挖系统、出渣系统、渣土改良系统、管片安装系统、注浆系统、动力系统、控制系统、测量导向系统、视频监控系统确保连续掘进等基本功能。

② 具备精确控制方向的能力。本区间盾构的最小曲线半径为 450 m，为确保顺利始发和接收，要求盾构的导向系统具有很高的精度，以保证线路方向的正确性。

③ 具备在泥岩地层中掘进的功能。盾构在泥岩地层中掘进刀盘易结泥饼，为了保证盾构能在泥岩地层连续有效地掘进，就应该采取相应的措施来预防刀盘结泥饼：泥岩渣土改良；掘进参数设置合理；连续快速施工；控制循环水温度；定期开舱处理。

④ 具备防止管片上浮的能力。由于在泥岩地层中管片上浮问题较为常见，在盾构进行适应性分析中必须将其作为一重要考虑对象。防止管片上浮措施主要有：同步注浆量以及注浆压力控制得当；螺栓需要进行多次复紧，重点针对 K 块螺栓，提高管片整体抗浮能力；对脱出盾尾的管环及时进行姿态测量，把握管片姿态的变化规律，及时采取针对性措施，控制上浮量；在变坡点处，控制盾构机的推进速度，做好管片选型，避免因选型失误造成上浮内力；及时进行二次注浆，采用多次量少的原则，尽快稳定管片壁后浆液凝结情况。

⑤ 具有合理的刀盘及出渣系统的设计，同时能够加注辅助材料如泡沫、膨润土等进行渣土改良，能够在有效地控制掌子面及地表稳定的同时减少刀盘、刀具及螺旋带的磨损，防止渣土喷涌。

⑥ 具备合理的掘进参数设置及施工方案，有效地延长刀具寿命，降低换刀风险。

⑦ 具有局部气压平衡系统及人员舱，能够有效地降低换刀的风险，并避免地面加固带来的麻烦。

⑧ 满足环境保护的要求。盾构法施工的环境保护包括两个方面：首先是盾构施工对周围环境的保护，即地面沉、隆满足要求，无大的噪声、震动等；其次是要求盾构施工时的弃土和使用的辅助材料如油脂、泡沫、注浆浆液等不能对环境造成污染。

⑨ 掘进速度满足计划工期要求。根据施工组织工期安排，盾构掘进的平均速度为 135 m/月，（平均每日掘进 4.5 m，拼装 3 环），盾构的掘进速度必须满足计划工期的要求。

⑩ 盾构机的耐久性满足要求。刀盘、刀具磨损需要满足掘进长度要求，区间隧道具备换刀条件，因此刀具必须满足掘进不低于 700 m 的要求，净居寺站—东大路站区间计划主动安排一次刀具检修及更换工作（始发后 500 m 左右）。各大密封系统耐久性是保证掘进安全的关键，主轴承密封是盾构机的核心，盾尾密封是安全控制的关键，因此两大密封必须满足长距离掘进的要求。螺旋输送机的耐久性满足 1 800 m 的掘进要求。

第3章 关键部件选型及关键参数计算

3.1 盾构基本尺寸的确定

盾构的基本尺寸如盾构外径的大小等决定了隧道成型尺寸的大小，隧道成型尺寸的大小与隧道用途紧紧相关，因而盾构基本外形尺寸的确定必定要遵循一定的标准以及要具有丰富的经验，不能仅凭主观来臆测。下面介绍盾构三个基本尺寸的确定方法，并以成都地铁6号线土建3标盾构选型实例予以说明。

3.1.1 盾壳外径确定

盾壳外径尺寸一般根据隧道管片的外径来选择，管片的尺寸由国家标准规定。根据实际施工要求确定合适的管片类型及尺寸，然后根据管片外径、盾尾壳体厚度、盾尾间隙之和来求取盾尾外径。

盾尾外径：

$$D_3 = D_g + 2(\delta + h) \tag{3-1}$$

式中 D_g——管片外径（mm）；

h——盾尾壳体的厚度（mm）；

δ——盾尾间隙（mm）。

管片外径 D_g 可参考国家标准《预制混凝土衬砌管片》（GB/T 22082—2017）的规定，具体数值要根据实际施工要求来确定。

根据以上设计分析，成都地铁6号线3标段采用的管片外径为 6000 mm，内径为 5400 mm，盾尾间隙 δ 根据修正蛇行时的最小余量分析取 30 mm，盾尾壳体的厚度 h 为 40 mm。根据公式（3-1）以及实际施工中的一些考虑，成都地铁6号线3标前盾外径为 $\phi6250$，中盾外径为 $\phi6240$，尾盾外径为 $\phi6230$。从前盾到尾盾外径逐级减少，主要是为了防止岩层变形速度快导致盾构卡壳，给予充分的时间来稳定地层。前盾直径、中盾直径、盾尾直径一般有前盾直径>中盾直径>盾尾直径的关系，从而使盾构外形形成一锥形，进一步减小盾构由于地层沉降而被卡的风险。

3.1.2 刀盘直径确定

刀盘直径原则上应该与盾尾直径保持一致，但是实际施工中，若刀盘直径与盾体直径相等，由于盾构在掘进过程中地层以一定的速率发生变形，盾体掘进到刀盘所在位置时，开挖直径已经小于盾体直径，容易造成盾体被困。为了防止盾构被卡，所以实际设计中刀盘直径应大于后部的盾壳直径，刀盘直径一般大于前盾直径 10~30 mm，因此取刀盘直径 D_0 为：

$$D_0 = D_1 + (10\sim30) \tag{3-2}$$

由上面可知前盾外径取为 $\phi 6250$，根据上述公式（3-2），在成都地铁的该段隧道施工中采用的刀盘直径为 $\phi 6280$。

3.1.3 主机长度确定

盾构主机主要位于盾壳内，因此主机长度 L 可由前盾、中盾、盾尾三部分组成，计算公式为：

$$L = L_1 + L_2 + L_3 \tag{3-3}$$

式中　L_1、L_2、L_3——前盾、中盾、盾尾的长度（m）。

前盾的长度 L_1 对全（半）敞开式盾构而言，应根据切口贯入掘削地层的深度、挡土油缸的最大伸缩量、掘削作业空间的长度等因素确定；对封闭式盾构而言，应根据刀盘厚度、刀盘后面搅拌装置的纵向长度、土舱的容量（长度）等条件确定。

中盾的长度 L_2 取决于盾构推进油缸、排土装置、管片拼装机举重臂支承机构等设备的规格大小，不应小于推进油缸最大伸长状态的长度。

盾尾长度 L_3 可按下式确定：

$$L_3 = L_D + B + C_F + C_R \tag{3-4}$$

式中　L_D——盾构推进油缸撑挡的长度（m）；

　　　B——管片的宽度（m）；

　　　C_F——组装管片的余度（m），通常取 $C_F = (0.25\sim0.33)B$；

　　　C_R——包括安装尾封材在内的后部余度（m）。

盾构主机长度 L 与盾构直径 D 的比值一般称作盾构的灵敏度系数，L/D 的比值大小可以反映出盾构主机在开挖曲线隧道时的方向控制能力。L/D 越小，操作越方便。大直径盾构 $D \geq 6$ m 时，取 $L/D=0.7\sim0.8$（多取 0.75）；中直径盾构（3.5 m $\leq D \leq 6$ m）时，取 $L/D=0.8\sim1.2$（多取 1.0）；小直径盾构（$D \leq 3.5$ m）时，取 $L/D=1.2\sim1.5$（多取 1.5）。

成都地铁 6 号线土建 3 标盾构根据以上设计要求结合工程实践，再根据以上公式的计算，最终确定盾构的主机长度为 8.945 m。

3.2 盾体选型设计

成都盾构施工穿越砂卵石及泥岩等特殊复杂地层，盾构在掘进过程中承受巨大的水土压力，盾体作为盾构核心零部件的重要一环，起着保护盾构内部部件及系统的重要作用。盾体的选型设计从盾壳的强度刚度、推进系统油缸的排布以及盾体的密封方案几个方面加以考虑，保证盾构在成都特殊复杂地层下能够顺利掘进。

3.2.1 盾壳选型设计

盾构机作为一种特种装备，与常规设备有所不同，其结构需根据具体的施工对象量身定做，针对不同施工地质条件和盾构几何尺寸，需重新进行结构设计制造，其对可靠性的要求极高。盾壳作为支撑围岩的核心部件，要保证其强度能够承受围岩所带来的压力，其变形必须满足一定的范围。

1）盾壳所受荷载分析

要分析壳体能否满足强度与刚度的要求，首先要对壳体所受荷载进行分析（图 3-1）。

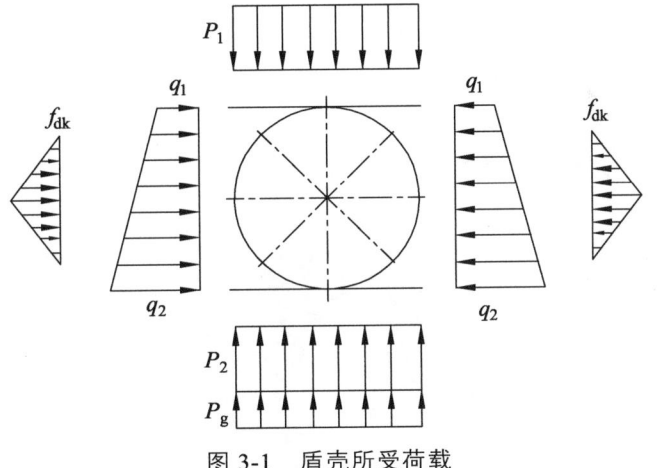

图 3-1 盾壳所受荷载

P_1、P_2—垂直方向的土、水压力；P_g—盾壳的自重反力；q_1—水平土压、水压在隧道上端的合力；
q_2—水平土压、水压在隧道下端的合力；f_{dk}—地基抗力

① 土压力：土压力是盾壳设计时所考虑的重要荷载之一，垂直土压力可视为作用于盾壳顶部的均布荷载。水平土压力作用在盾壳两侧，可视为水平作用的分布荷载。水平土压力的大小根据垂直土压力与侧向土压力系数计算。

② 水压力：垂直方向的水压力可作为均布荷载考虑。作用在盾壳顶部的水压力等于作用在其顶点的静水压力值；作用在盾壳底部的水压力等于作用在盾壳最低点的静水压力值。水平方向的水压力可作为分布荷载考虑，水平方向的水压力大小与对应点的垂直静水压力值相同。

③ 自重反力：在盾壳设计时除应考虑盾壳自重外，还应考虑盾壳主体自重产生的地层反力。盾壳自重产生的反力为沿着盾构本体轴线分布的垂直荷载。

④ 地基抗力：垂直方向的地基抗力忽略不计。水平方向的地基抗力可采用日本盾构法施工规范上的公式进行计算。

⑤ 盾壳外围摩擦力：盾构机在地下挖掘前进时，盾壳外围结构与周围土体发生相对位移而产生的摩擦力（其中水压力不产生摩擦力）为盾壳外围法向荷载与摩擦系数的乘积。

2）壳体强度校核

盾构机在施工作业时，盾壳直接承受外部、内部荷载并起支撑保护内部结构的作用。盾壳是否具有足够的强度和刚度直接关系到工程成败及操作人员的人身安全。在此基础上，施工方还要求盾壳具有一定的经济性。因此，针对盾壳结构需进行结构安全性校核，并在保证其安全性能的基础上进行结构优化。

切口环和支承环是盾构刀盘驱动和推进系统的安装基础，这些部分的盾壳内部容易得到加强，而盾尾是整个盾壳中最薄弱的环节。为了保证盾尾在自重、土压力等荷载作用下有足够的强度和刚度，需要针对盾尾进行详细的受力计算分析。

下面以成都地铁 6 号线土建 3 标为例，使用该段所使用的盾构盾尾数据对盾尾的强度和刚度进行仿真研究，验算盾尾是否能满足强度和刚度要求，以此来说明验算方法。

该盾构盾尾外径为 ϕ6230，板厚度为 40 mm，盾尾间隙为 30 mm，材料采用的是 Q345B，屈服强度为 345 MPa。

采用有限元法校核盾尾在埋深 30 m 时的强度与刚度问题，考虑到计算时间及计算量问题，对盾尾有限元模型进行了相应的简化。

强度校核：如图 3-2 所示，最大应力为 72.5 MPa，满足盾尾材料的结构强度要求。

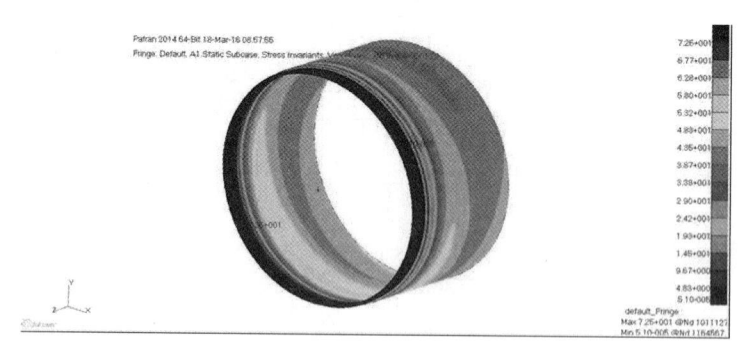

图 3-2 盾尾强度分析

刚度校核：图 3-3 为盾尾的总体变形图，最大位移为 1.18 mm；图 3-4 和图 3-5 分别为水平方向和竖直方向变形的最大位置示意图，最大位移分别为 1.04 mm 和 1.17 mm，为盾尾相对中心轴线的绝对位移值，皆远小于设计盾尾间隙，满足刚度要求。

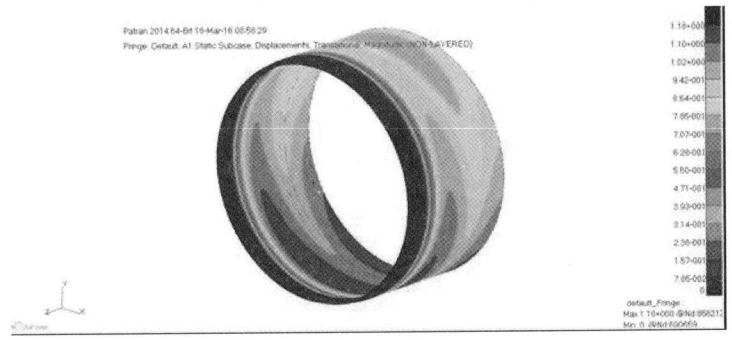

图 3-3　盾尾总体变形云图

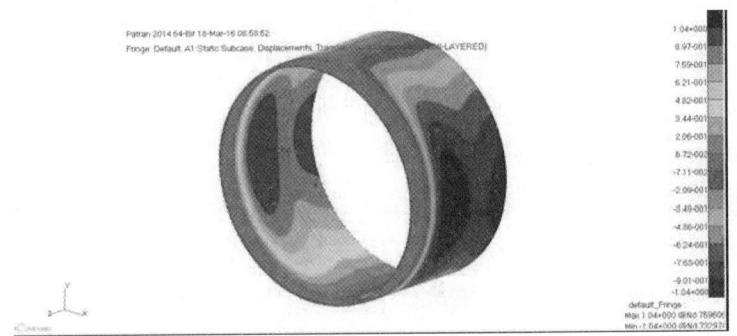

图 3-4　盾尾 X 向变形云图

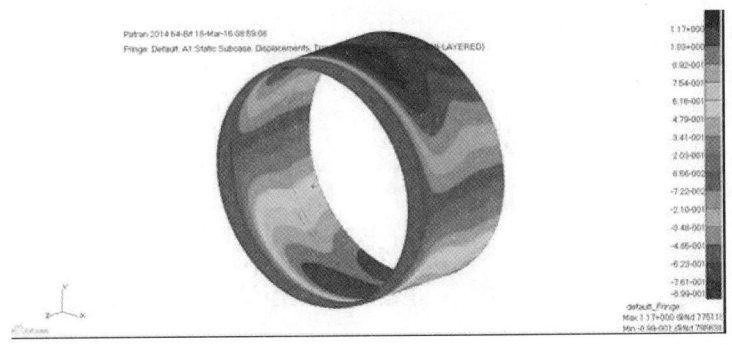

图 3-5　盾尾 Y 向变形云图

3.2.2　推进系统选型设计

1）推进系统设计要求

在成都特殊复杂地层盾构实际施工中，地层地质条件复杂且有诸多不可预见状况发生，使推进系统控制变得复杂。盾构实现隧道的开挖，主要是由以下两个运动完成：一是刀盘切削，二是盾体的推进。刀盘的切削、盾体的推进均依靠支承环内大体等距布置的推进油缸作用于管片从而提供反作用力。为有效控制盾构推进过程中引起的地表沉降，实现盾构姿态调整的需求，适应工程施工等条件，推进系统的设计有以下要求：

① 为盾构前进提供足够的动力。
② 控制盾构的前进速度，与出渣速度相配合，实现土压平衡状态。
③ 能够控制盾构的姿态，实现盾构的纠偏及转向要求。
④ 适应管片的尺寸及操作要求。
⑤ 从整体角度考虑，满足盾构的总体功能设计、综合施工作业要求。

以下从盾构推进系统的油缸的规格参数、外形尺寸和数量的计算、成都部分线路推进油缸的布置方案以及推进油缸的控制等方面对推进系统的选型设计做阐述。

2）推进油缸的选型

① 推进油缸的推力计算。

$$F_1 = P \times \pi D^2 / 4 \tag{3-5}$$

式中　P——液压系统压力（kPa）；
　　　D——推进油缸的内径（m）。

首先根据盾构外径、盾尾铰接和超前注浆机等设备的安装要求，计算推进油缸的外径，外径计算公式如下：

$$D_0 = 2 \times [(D_w - D_g) \div 2 - \delta_0] \tag{3-6}$$

式中　D_w——盾尾内径（m）；
　　　D_g——管片中心圆直径（m）；
　　　δ_0——油缸外壁与盾壳内壁安装间隙（m）。

取油缸壁厚δ，油缸内径$D = D_0 - 2\delta$。

为了避免推进油缸的安装和盾尾铰接部分发生干扰，设计盾体容许的油缸布置外界限不能超过盾尾最小直径处；同时，为了保证管片的受力点，油缸的推力中心应与管片的中心相对应。

② 推进油缸的长度计算。

确定推进油缸的长度是确定盾构壳体的长度及其他结构设计布置的前提条件。

推进油缸的长度为：

$$L = S + l_1 + l_2 + l_3 \tag{3-7}$$

式中　S——推进油缸行程（m）；
　　　l_1——缸底尺寸和导向套尺寸（m）；
　　　l_2——油缸安装尺寸（m）；
　　　l_3——铰接端安装尺寸（m）。

推进油缸行程为管片环宽、封顶块搭接悬出长度、预留间隙之和，如下式：

$$S = l_4 + l_5 + a \tag{3-8}$$

式中　l_4——管片环宽（m）；
　　　l_5——封顶块搭接悬出长度（m）；
　　　a——预留间隙（m）。

推进油缸长度在满足行程要求的情况下，应尽量短，以减少盾构的长度，有利于盾构的转向。相应的，油缸的安装尺寸和导向尺寸在满足油缸伸出的强度、刚度、稳定性的条件下，根据液压油缸外形尺寸的设计规范进行设计。

③ 推进油缸的个数：

$$n = F / F_1 \tag{3-9}$$

式中　F——油缸的总推力（kN）；

　　　F_1——单个油缸的推力（kN）。

3）推进油缸布置方案

盾构在正常掘进过程中，推进油缸直接作用在管片上，考虑到管片的结构形式、分布方位、受力点布置、管片组装施工方便性等因素，推进油缸的布置方案可以有以下几种（图 3-6）：单油缸均匀分布、双油缸布置、单双缸间隔布置。当油缸数量较少时，选择单油缸均匀分布；当油缸较多时，为简化控制，选择双油缸布置。但如何选取油缸的布置方式除取决于推进系统油缸的数目外，还应考虑管片的尺寸及结构形式，并且其分布状况应总体上满足均匀性要求。

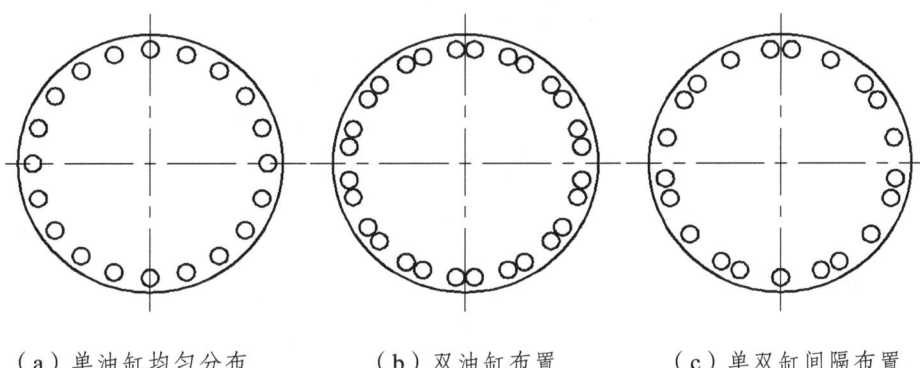

（a）单油缸均匀分布　　　　（b）双油缸布置　　　　（c）单双缸间隔布置

图 3-6　推进油缸的布置方案

以成都地铁 18 号线推进系统的布置为例，该线推进系统包括 38 根推进油缸，分顶部（A 组）、右上（B 组）、右下（C 组）、底部（D 组）、左下（E 组）、左上（F 组）6 个组。在推进时，推进油缸伸出，撑靴作用到管片上提供盾构前进的反力。6 组油缸的压力可以独立调节，推进速度由一个流量控制阀调节。通过调整每组油缸的推进压力和速度可实现盾构纠偏和调向。推进系统油缸的分组如图 3-7 所示，其中 6 个位置的油缸安装有位移传感器（相比较 4 分区设计有更好的拼环质量）。施工人员在控制室内可以实时监控每组油缸的行程和压力。

推进油缸活塞杆前端与撑靴通过球轴承和碟形弹簧连接，撑靴可以在侧向力的作用下自由转动 4°。撑靴表面和油缸垫板能保证推力均匀缓和地作用在管片上，防止管片损坏。

成都地铁 1 号线三期采用中铁装备 65# 盾构机（图 3-8），中铁装备 65# 盾构机共 30 个推进油缸分为 4 组，油缸行程为 2 150 mm，伸出速度为 0 ~ 80 mm/min。中铁装备 65# 盾构机可提供 37 000 kN 推力，满足各类风化岩及小卵砾层掘进需求。调整每组油缸的不同推进速度和推力可对盾构进行纠偏和调向。油缸的后端顶在管片上以提供盾构前进的反力。

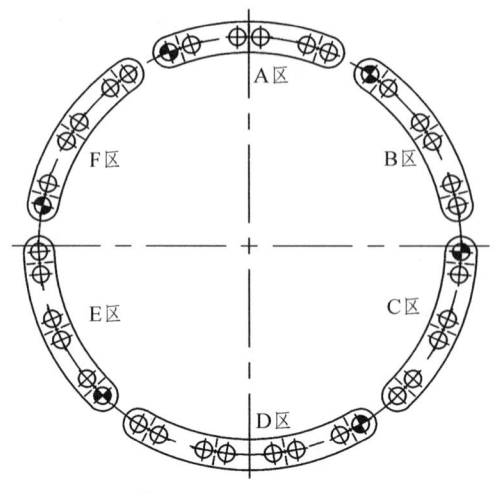

图 3-7 推进油缸典型分组控制示意

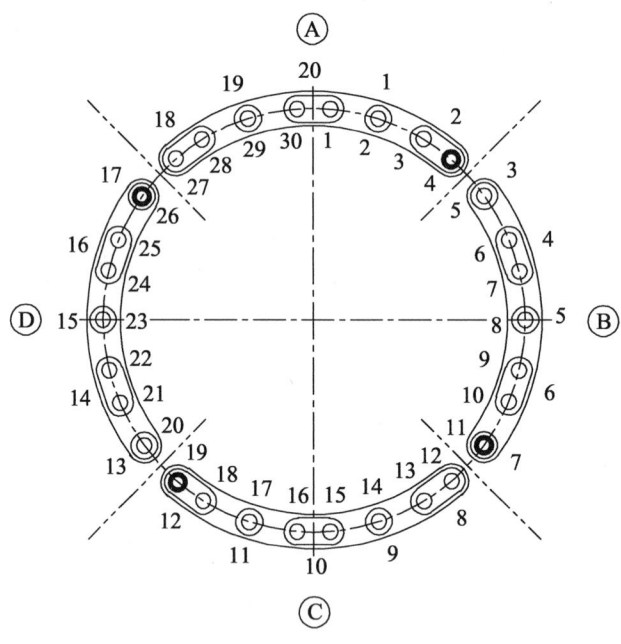

图 3-8 中铁装备 65#盾构机油缸布置

4) 盾构推进系统的控制

① 土压的控制：盾构在土压平衡工作状态下，刀盘开挖下来的渣土充满土舱，在推进油缸的推力作用下，通过土舱隔板进行加压，产生土压。土压作用于整个开挖面，抵抗开挖面的土压和水压，使开挖面保持稳定。因此，土压舱内的土压控制是保证开挖面稳定的关键因素。土舱内土压是通过安装在土舱隔板上分布在不同位置的土压传感器进行测量的，通过对土舱内土压的测量从而获取开挖面稳定控制所需的信息。土舱内土压的控制可通过控制开挖量、排渣量、推力和推进速度来实现。在保持开挖量、排渣量一定的情况下，通过控制推进油缸的推力和推进速度来调节土舱内的土压，推进速度加快，则土舱内的土压上升，反之则

下降，从而使土压舱内的土压与开挖面的土压和水压相平衡，保证开挖面的稳定。在推进油缸上安装速度传感器，连续地调整推进油缸的推进速度，土舱内的土压可随盾构千斤顶推进速度的改变而变化。

② 盾构姿态控制：由于地层变化频繁、软硬交错，盾构机掌子面经常通过软硬不均地层，造成刀盘受力不均，从而使盾构产生偏转、抬头、低头等姿态改变的现象，导致盾构的掘进轴线与隧道设计轴线发生偏离。为了纠正盾构姿态，将推进油缸进行分组，每组推进油缸分别安装行程传感器，并可以单独调整每组推进油缸的推力和推进行程，这样就可以实现盾构左转、右转、抬头、低头或直行。采用激光导向系统对盾构的姿态进行监控，操作者根据反馈信息调节每组推进油缸的压力，及时地调整盾构的姿态，从而可以使掘进中盾构机的轴线尽量贴合隧道设计轴线。

3.2.3 铰接密封及盾尾密封方案

1）铰接密封

盾构机铰接系统可分为主动型和被动型两种。

主动型：各组铰接千斤顶可独立进行伸缩控制，依靠铰接千斤顶的主动伸缩使得盾构机前后部分发生弯折。盾构推进千斤顶固定在盾构机的后部，推进千斤顶的推力作用在盾构机的后部再通过铰接千斤顶传递到盾构机前部。

被动型：所有铰接千斤顶的有杆腔和无杆腔分别串联在一起，能进行整体千斤顶的回缩，在铰接释放状态下，因盾尾的阻力使铰接油缸拉长，在外力作用下盾构机盾尾部分可以发生弯折。

铰接油缸的往复运动与多个油缸间的不同步运动需要盾体铰接区间必须加装铰接密封来保证盾体内部空间与盾体外土层的隔离。盾构铰接密封主要用于防止中盾与盾尾外的泥土、水等外来异物进入盾体内。盾构机盾体既要承受外部土层的压力，还要保证主机各部件正常运行所需空间。如果密封一旦失效，那么盾体所包裹的主机部分各精密零部件将受到外部杂质的严重损伤，甚至功能失效。

如图3-9所示，盾构的常规铰接密封结构一般由一道橡胶密封、两道挡块、调整螺栓、压紧块以及一道紧急密封气囊组成。紧急密封气囊平时处于无气状态，不起密封作用。只有当盾构的前道密封出现问题需要更换时，才会充气将盾构铰接部位的缝隙暂时封闭起来，以防止在更换前道橡胶密封时发生漏液漏浆现象。

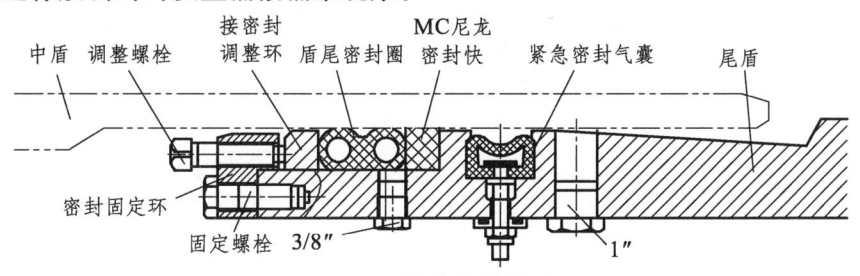

图3-9 铰接密封构造

如图3-10所示为成都地铁18号线所采用的盾尾密封方案。此方案在成都特殊复杂地质下的盾构施工中取得了良好的效果：中盾和盾尾之间用铰接油缸连接，连接处设计有两道铰接密封组件（由铰接密封圈和紧急气囊组成）及一道密封钢板束，紧急气囊可通过主动供气调节密封圈压紧量，钢板束围成的环槽可注满油脂，从而保证隧道内泥砂等不进入盾构主机内。

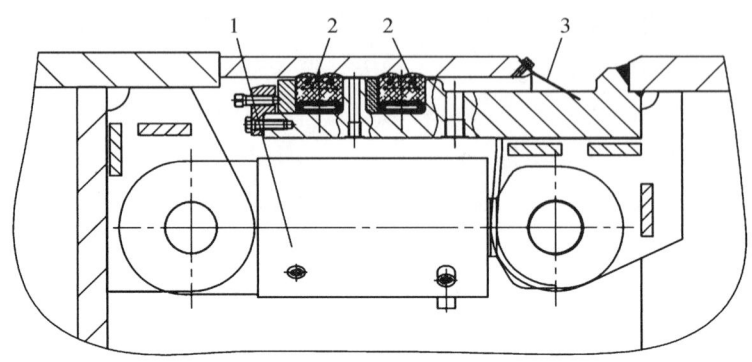

图 3-10　中盾与盾尾铰接结构示意
1—铰接油缸；2—密封圈与气囊组件；3—密封钢板束

2）盾尾密封

① 盾尾密封方案。

成都地铁盾构施工常用的盾尾密封方案如图 3-11 所示：盾尾壳体内设置有内置式同步注浆管道。同步注浆管道一般为半用半备。每路注浆管有单独的砂浆传感器，且在盾尾壳体处均设计有两个清洗口，意外堵塞可以用高压水进行清洗。盾尾油脂管路数量为多路设置，每路有单独的压力传感器。盾尾与管片接触的地方安装密封钢丝刷，并在密封刷与管片外径形成的腔内注入密封油脂，防止隧道内水或砂浆进入盾壳内。盾尾尾部设置有一道止浆板，阻止砂浆流到盾体前方。盾尾密封的使用寿命因材料、结构而异，同时也受管片背面材料、组装精度等条件的影响。在进行长距离、急曲线施工时，盾尾密封与管片之间极易出现冲突等情况，需要考虑材料、层数、填充料的补充方法等问题。

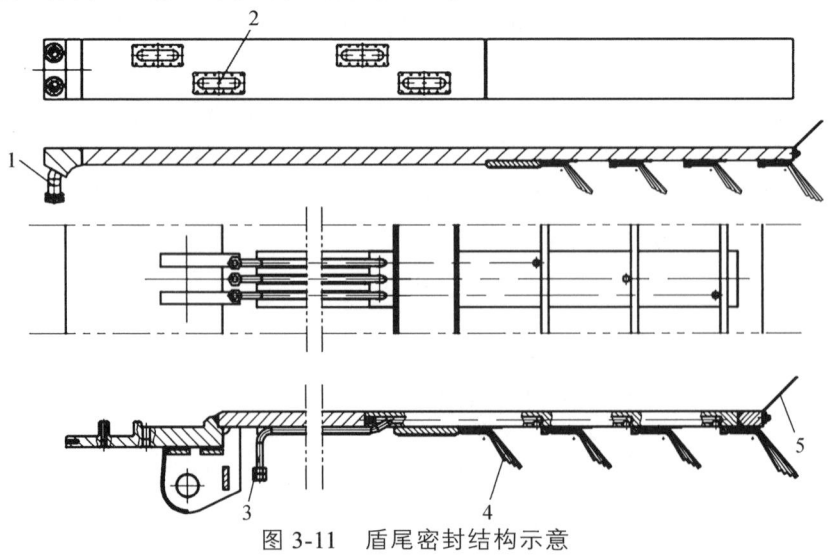

图 3-11　盾尾密封结构示意
1—盾尾注浆管；2—注浆管清洗口；3—盾尾油脂管；4—盾尾刷；5—止浆板

成都地铁 6 号线的富水、富含大漂石地层由于富含地下水，如果使用传统的三道盾尾刷方案，盾尾刷的抗压能力偏弱可能会导致盾尾泄露、注浆流失，造成严重的施工事故。针对富水地层的高耐压、高防渗的要求，成都地铁 6 号线土建 3 标盾构机盾尾密封采用 2 道钢丝刷+1 道钢板束（图 3-12）+1 道止浆板，盾尾油脂管路为 2×6 道，如图 3-13 所示。

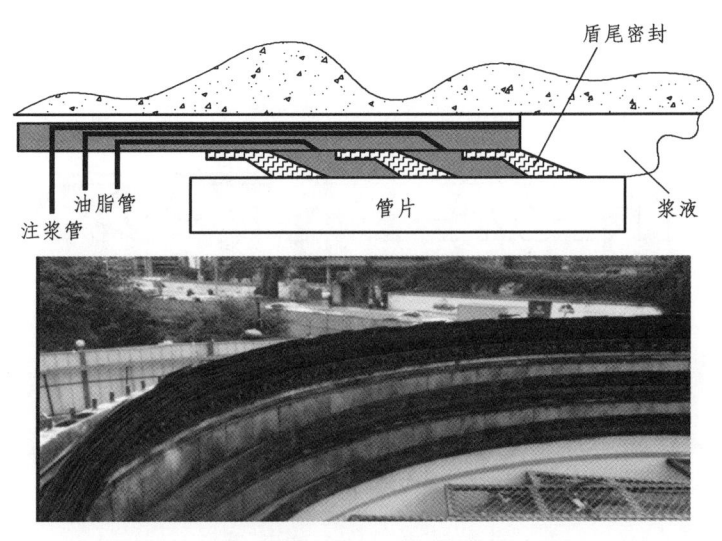

图 3-12　钢板束

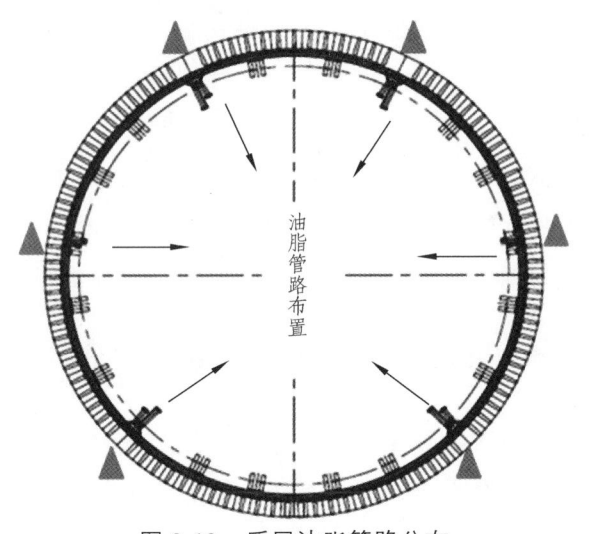

图 3-13　盾尾油脂管路分布

② 盾尾密封刷的更换步骤。

盾尾密封刷由于与管片之间长时间接触并发生相对滑动，盾尾刷难免会造成一定量的磨损，从而影响盾尾的密封性，因此需要定期对盾尾密封刷进行更换。

以成都地铁 6 号线土建 3 标的盾尾密封刷的更换技术为实例，盾尾密封刷更换步骤如下：

a. 待盾构机掘进到相对安全的地层后，在最后一道盾尾密封环腔内注满盾尾油脂并保压，开始进入前两排盾尾刷更换工作；

b. 推进模式下，将所有推进油缸伸出推进至满行程（2 100 mm），如图 3-14 所示；

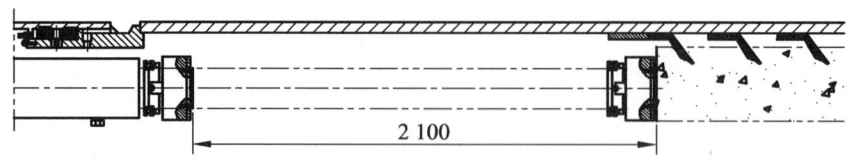

图 3-14 油缸推至满行程（单位：mm）

c. 在拼装模式下，逐一回缩每组推进油缸约 850 mm，通过管片拼装机在每组推进油缸的推进空间置入垫块，并通过推进油缸伸出将垫块压紧于管片端面，如图 3-15 所示；

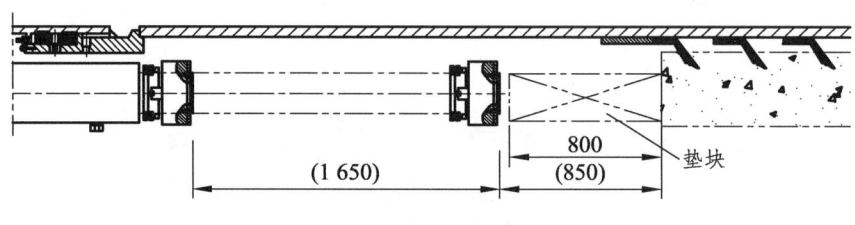

图 3-15 放置垫块（单位：mm）

d. 在推进模式下，将所有推进油缸伸出推进至最大限制行程，确保油缸处于保压状态，此时第三道盾尾刷的限位环已露出，可对前两环盾尾刷开始进行更换作业，如图 3-16 所示；

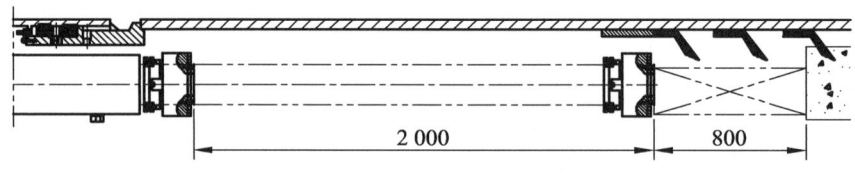

图 3-16 伸出油缸（单位：mm）

e. 切换至管片拼装模式，用管片拼装机移除每组推进油缸对应位置垫块，每移除一块垫块，则对该区域内的盾尾刷进行更换，依次进行；

f. 盾尾刷更换完成后需人工对新刷刷丝表面涂覆盾尾油脂，再进行管片拼装。

更换尾刷时注意事项：

a. 考虑操作安全性仅对前两道尾刷进行更换，更换数量根据实际磨损情况进行选择，原则上建议全部更换。

b. 刨除尾刷时先把尾刷上及其盾尾密封空腔的油脂、砂浆等清除干净，再开始刨除作业。尾刷刨除后，把气刨的疤痕打磨干净直至露出金属光泽，再开始焊接新的尾刷，焊完后在新尾刷上涂抹始发用盾尾油脂。

c. 每安装一块管片要对其背部油脂槽内注脂，直到填满为止。待全部尾刷更换完毕并安装整环管片后，还要对盾尾进行注脂，直到油脂压力达到设定压力。

考虑到操作安全性，往往在盾构施工中仅对前两道盾尾刷进行更换，那么就会对最后一道盾尾刷的寿命提出要求。若采用普通的盾尾刷，当盾尾刷磨损严重时，盾尾刷的密封作用会逐渐失去，这样可能造成施工事故。成都地铁 6 号线所采用的钢板束方案，虽然密封性不如盾尾刷，但钢板束对于水压的承受能力强于盾尾刷，其耐磨性可以较好地满足施工要求，并且可以保证盾构长时间掘进而不更换。该方案在此段施工过程中取得了良好的效果。

3.3 主驱动及密封

3.3.1 主驱动选型

1）主驱动结构

主驱动系统主要包含变速箱、主轴承、密封、小齿轮、液压电机、减速机、扭矩限制器、花键轴、刀盘连接法兰，结构图如图3-17所示。刀盘连接法兰通过高强度螺柱分别与带内齿的主轴承内圈、刀盘连接。刀盘连续正反转掘削及脱困动力扭矩，由主驱动的驱动系统供给动力，可在一定范围内变频调速，其运行方向、转速在操作室显示，并配以密封和润滑，持续给刀盘提供动力。

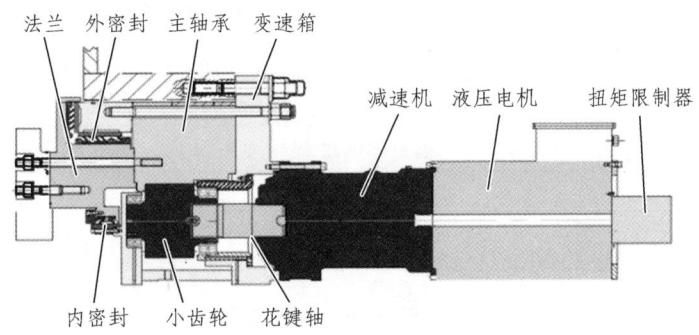

图 3-17 主驱动结构示意

2）主驱动选型设计

①功率计算。

主驱动功率计算：

$$W_0 = A_w T \omega / \eta \tag{3-10}$$

式中　W_0——主驱动系统功率（kW）；

　　　A_w——功率储备系数，一般为 1.2~1.5；

　　　T——刀盘额定扭矩（kN·m）；

　　　ω——刀盘角速度，$\omega = 2\pi n/60$，n 为刀盘转速（r/min）；

　　　η——主驱动系统的效率。

刀盘的额定驱动功率为：

$$P_c = \frac{T \cdot n}{9.55} \tag{3-11}$$

②驱动方式确定。

刀盘驱动方式有三种：一是变频电机驱动；二是液压驱动；三是定速电机驱动。鉴于采用定速电机驱动时，刀盘转速不能调节，所以一般不采用定速电机，变频驱动与液压驱动比较见表 3-1 所示：

表 3-1 刀盘驱动方式比较

项目	① 变频	② 液压	备注
驱动部外形尺寸	大	小	一般 ①/②=1.5~2
后续设备	少	多	② 需要液压泵、油箱、冷却装置等
效率（%）	95	65	液压传动效率低
启动电流	小	小	① 变频启动电流小； ② 无负荷启动电流小
启动力矩	大	小	启动力矩可达额定力矩的 120%
启动冲击	小	较小	① 利用变频软启动，冲击小； ② 控制液压泵排量，可缓慢启动，冲击较小
转速控制、微调	好	好	① 变频调速； ② 控制液压泵排量，可以控制转速和进行微调
噪声	小	大	液压系统噪声大
隧道内温度	低	高	液压系统传动效率低、功率损耗大、温度高
维护保养	容易	较困难	液压系统维护保养要求高、保养较复杂

③ 主轴承选型。

主轴承是主驱动的核心部件，其选型参数对比见表 3-2。

表 3-2 主轴承选型参数对比

盾构开挖直径/m	主轴承直径/m	额定扭矩/（kN·m）	推力/kN
$\phi 3 \sim \phi 5$	$\phi 1.8 \sim \phi 2.2$	1 000~2 700	4 000~7 000
$\phi 5 \sim \phi 7$	$\phi 2.5 \sim \phi 3.5$	3 000~6 900	7 000~12 000
$\phi 7 \sim \phi 8.5$	$\phi 3.7 \sim \phi 4.5$	6 900~10 000	12 000~18 000
$\phi 8.5 \sim \phi 10$	$\phi 4.7 \sim \phi 5.4$	10 000~18 000	17 000~24 000
$\phi 10 \sim \phi 12$	$\phi 5.5 \sim \phi 6.2$	18 000~31 000	24 000~32 000
$\phi 12 \sim \phi 15$	$\phi 6.0 \sim \phi 8.0$	31 000~54 000	32 000~42 000
$\phi 7.62$	$\phi 4.2$	8 300	17 000

3）主驱动选型实例

盾构在成都富水、富含大漂石的特殊复杂地层下施工，刀盘经常会与大卵石发生冲击。同时，由于卵石容易堆积在刀盘前端不易排出，刀盘承受阻力加大。在成都富含大漂石的地层下，主驱动方面往往需要解决以下问题：

① 盾构机在高冲击和高扭矩需求地层中掘进时主轴承的稳定性问题；

② 主驱动的扭矩储备问题；

③ 高冲击、高扭矩需求地层的变频系统的稳定性；

④ 盾构机主驱动油脂消耗量大的问题。

针对成都地铁 6 号线土建 3 标的富水、富含大漂石的砂卵石地层下主驱动的选型，与硬岩隧道施工相比，由于作用对象的稳定性不同，两种地层的驱动设计侧重也有明显的不同，砂卵石地层盾构机驱动主要侧重于低速高扭矩条件。

主驱动采用液压驱动形式，抗冲击性能好，采用大主轴承设计，可提供较大的驱动扭矩和脱困扭矩，适于成都地铁砂卵石地层掘进施工需要。在主轴承参数选取方面，针对成都地质的特点，选取了主轴承齿圈的模数为22、齿宽为245 mm（图3-18），用以提高传动系统的稳定性。驱动小齿轮为双边重型轴承支撑可调心结构，啮合精度高，传动平稳。变速箱材料采用锻件，质量可靠。主驱动环件采用锻造合金钢，外密封环位置可调，更能契合用户的使用需求。

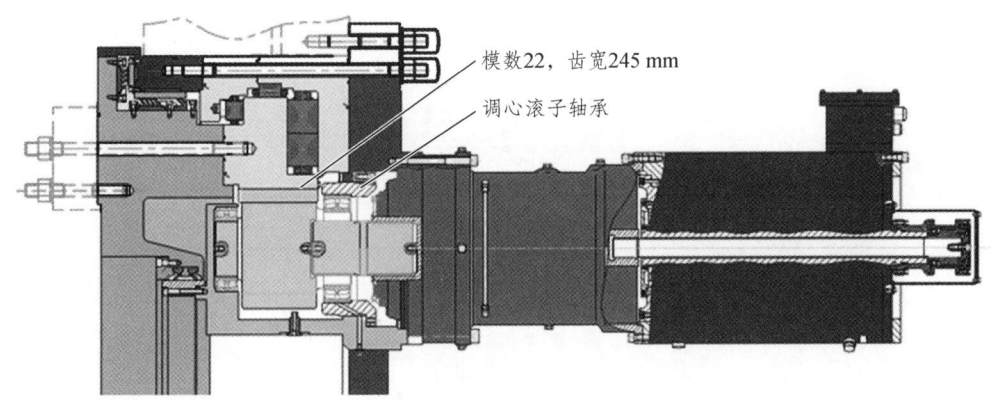

图 3-18　成都地铁 6 号线 3 标主轴承

① 主驱动动力分析。主驱动采用液压驱动方式，由集成在后配套拖车上的 3 个 315 kW 的大功率电机带动斜盘式变量轴向柱塞液压泵工作，3 台液压泵与 8 个液压电机形成闭式回路，构成液压泵-液压电机调速回路，再由液压电机输出动力通过主轴承驱动刀盘旋转。

② 主轴承设计。主轴承采用大直径三排滚柱轴承，外径为 3020 mm，在相同的驱动力的情况下提高了主轴承的承载能力，能够提供 6848 kN·m 的额定扭矩、8691 kN·m 的脱困扭矩（图 3-19），完全满足本标段掘进的需求。

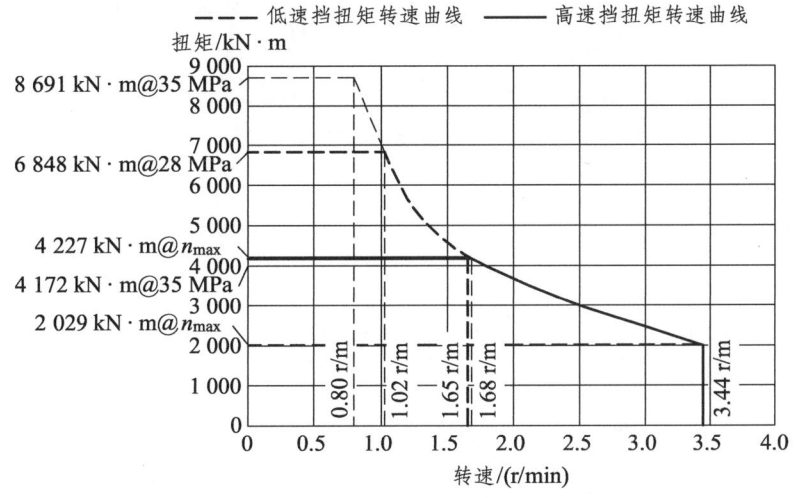

图 3-19　成都地铁 6 号线 3 标主驱动扭矩曲线

成都地铁 4 号线二期工程配置的主轴承直径为 3 061 mm，用 9 组液压电机驱动，额定扭矩 6 650 kN·m，脱困扭矩 8 100 kN·m（图 3-20），可以满足在对扭矩要求较高的地层中掘进的要求；最高转速 3.35 r/min，可以满足在风化岩中较快转速的掘进要求。

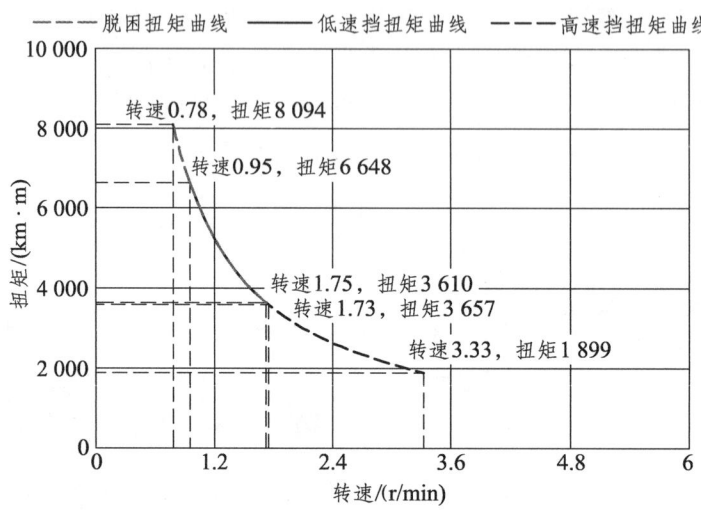

图 3-20　成都地铁 4 号线二期工程扭矩曲线

主驱动采用中间支承方式（图 3-21），可有效防止中心泥饼产生。为了使改良的渣土具有良好的流动性，刀盘支撑系统采用中间支承方式，利用刀盘（旋转）和承压隔板（固定）的相对运动进行搅拌，并在隔板上焊接被动搅拌棒及高压水冲刷装置，可有效防止中心泥饼产生。

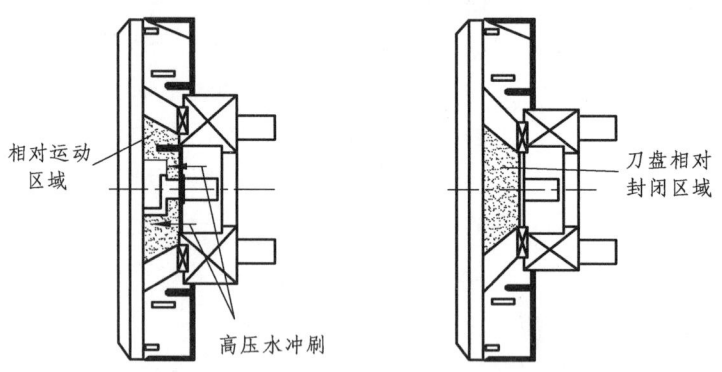

图 3-21　主驱动中间支撑方式

3.3.2　主驱动密封方案

1）主轴承密封功能及形式

① 主轴承密封系统功能。

盾构机施工比较特殊，要求整机设备具有连续施工能力，主驱动系统使用寿命不低于 10 000 h，密封系统作为驱动系统核心零部件，其使用寿命应不低于整机寿命。

密封系统的功能是保护刀盘主轴承，避免渣土、砂、地下水、泥浆以及添加剂等杂质侵入,防止刀盘主轴承内的润滑剂泄露,并且能够承受土舱及气压舱内的渣土压力、地下水水压力、泥沙压力、添加剂注入压力,以使刀盘主轴承保持良好的润滑条件和工作环境,达到预期的工作寿命。

② 密封装置的形式。

密封装置主要有以下两种形式:

a. 非接触式密封,包括间隙式、迷宫式和垫圈式等不同结构。由于此类装置中,密封件不与轴承的动套圈或配合件直接相接触,因此可用于高速运转轴承的密封。

b. 接触式密封,包括毛毡密封、皮碗密封等。在此类密封装置中,密封件与轴承的动套圈或其他配合件直接相接触,故工作中产生摩擦磨损并使温度上升,一般适用于中、低速运转条件下轴承的密封。

密封形式应根据轴承的外部工作环境、轴承的转速与工作温度、轴承的支承结构与特点、润滑剂的种类与性能进行选择。盾构机刀盘主轴承一般工作在低速重载工况下,需要承受较高的地下水、土压力,对密封可靠性的要求非常高,因此经常采用的是接触式密封形式,也可两者结合采用。

2) 主轴承密封系统选型设计

盾构机厂商在设计主轴承密封系统时常常采用骨架式唇形密封圈作为密封环件,常用的唇型密封圈有单唇形密封圈、带压紧环的唇形密封圈及多唇形密封圈,其结构如图 3-22 所示。采用不同密封圈的密封系统在结构形式上存在差异。

(a) 单唇形密封圈　　　　(b) 压紧环密封圈　　　　(c) 多唇形密封

图 3-22　主轴承密封圈

上述三种密封环件的结构设计要保证密封唇口有很好的跟随性,保持其与旋转轴有最佳的接触角度,在保证密封效果的同时减小密封件的动接触面积,最大限度降低摩擦发热和密封唇口的磨损,使之能很好地适用于压力工况。

唇形密封圈选材多为耐油耐水的高强度耐磨丁腈橡胶、聚亚安酯或聚氨酯,单唇密封圈在应用中靠外界压力或注入润滑油的压力使密封唇压紧于转轴上起到密封作用。压紧环密封圈在安装时可借助压紧环的预压力压紧于旋转轴上。多唇密封圈有更好的韧性,更能有效适应变形,对旋转轴的磨损相对较小,但这种异形多唇结构密封圈在价格上要比前两种密封圈高。

下面以成都地铁 6 号线土建 3 标所采用的主驱动密封方案为例说明实际施工中主驱动密封方案设计的具体形式。此段施工所用的盾构主驱动有两套密封系统:外密封系统对开挖舱方向进行密封;内密封系统对盾体内部常压进行密封。密封形式:外密封为 4 道唇形密封,内密封为 2 道唇形密封，如图 3-23 所示。主驱动密封设计承压能力不小于 1 MPa。

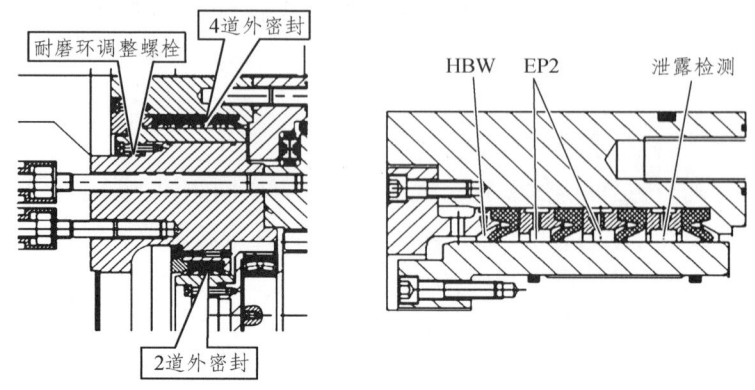

图 3-23　成都地铁 6 号线 3 标采用的密封形式

外密封系统主要由 4 道唇形密封（图 3-24）组成，通过自动持续注脂方式防止开挖舱的砂石、污水等进入变速箱。内密封系统主要由两道唇形密封组成，防止盾体内部固体微细颗粒等进入变速箱。

图 3-24　唇形密封

内外密封环采用表面淬火处理，可通过螺栓调整密封环与密封唇口的接触位置，有效提高密封系统的使用寿命，且主轴承密封寿命大于 10 000 h。

主驱动外密封采用较成熟、安全性更高的四唇聚氨酯密封，如图 3-25 所示，且设计径向密封+轴向密封+唇形密封。各密封之间自动注入润滑油脂，提高密封的止水能力并降低密封与轴的滑动阻力。密封耐磨环设计为可更换式，耐磨环表面通过熔覆技术堆焊耐磨层。

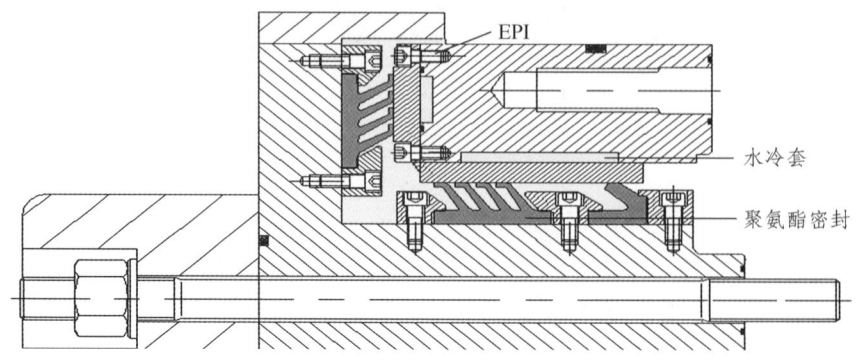

图 3-25　主驱动密封结构

该方案有以下设计特色：

① 过载保护装置。

扭矩限制器安装在液压电机的尾部，刀盘扭矩通过法兰、主轴承、小齿轮、花键轴、减速机传递，扭矩限制器对刀盘扭矩起过载保护作用。当刀盘扭矩值超过扭矩限制器设定的扭矩值时，扭矩限制器剪切销被剪断，从而切断电机与减速机之间的动力传递，实现过载保护，避免损坏主驱动关键部件。剪切销被剪切后，应及时排除故障，更换剪切销，给扭矩限制器注入相应的压力油，恢复系统正常运行。

② 主轴承采用低速重载三排圆柱滚子轴承，并具有轴向预紧功能，抗冲击、减震动能力强。

③ 主驱动预留驱动孔，可扩展更大功率及扭矩，适应不同地层及更大直径盾构改造。

④ 主驱动密封采用新型聚氨酯密封，承压能力增强，适应地层范围更广。

⑤ 减速机、液压电机等驱动原件，外形尺寸紧凑，节省更大空间。

3.4 管片拼装系统

3.4.1 基本结构特点

管片拼装机用来对开挖后失去盾体防护支撑的隧道进行管片衬砌保护。

管片拼装机安装于中盾 H 架后部，内部预留螺旋输送机通道，尾部搭载连接后配套系统。管片拼装机三维结构如图 3-26 所示。

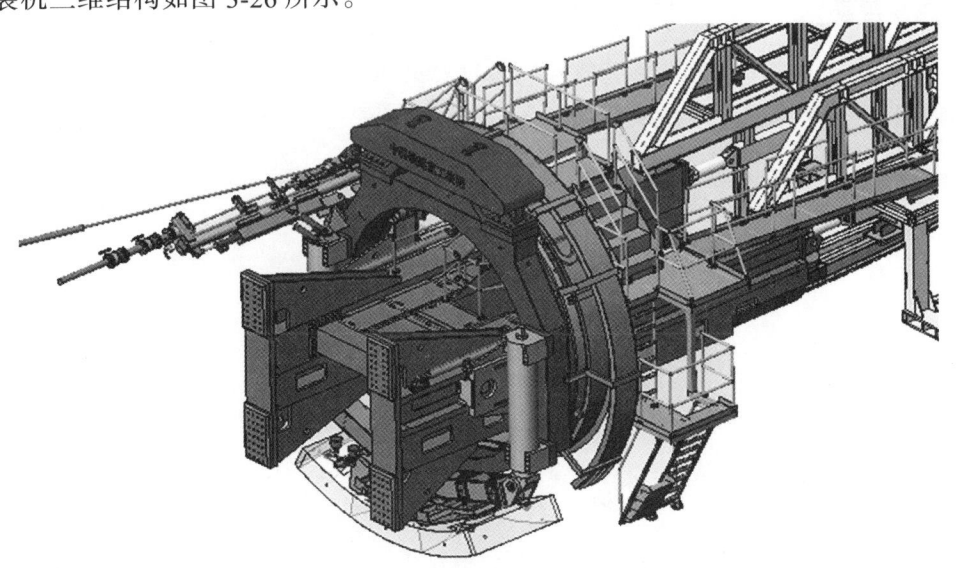

图 3-26　管片拼装机安装位置示意

管片拼装机主要由悬臂梁、回转机构、平移机构、管片抓持机构和提升油缸等组成，由单独的液压系统提供动力，通过对液压电机和液压油缸等执行机构动作的比例控制，可实现拼装管片的纵向移动、径向移动、横向移动、回转、横摇和俯仰动作，使得管片能够快速精确地完成定位并安装。

管片拼装机的控制方式有无线遥控和有线控制两种。两种方式都可以对每个动作进行单独灵活的控制，也可协同控制几个动作，控制精度高，安全可靠。管片拼装机抓取管片具有6个自由度。每环管片的拼装时间小于35 min。

管片拼装机主要由执行6个自由度的机械结构以及相应的电气、液压执行元件等组成。其主要结构如图3-27所示：

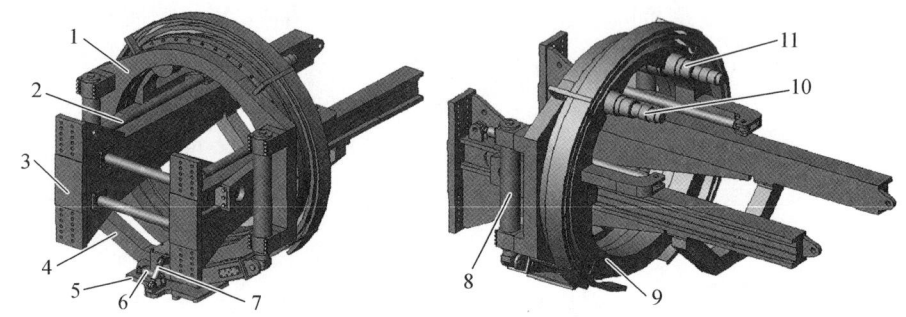

图3-27 管片拼装机结构示意

1—回转架；2—平移油缸；3—托梁导轨；4—辊架；5—工作平台；6—偏转油缸；7—俯仰油缸；8—举升油缸；9—移动架；10—液压电机；11—减速器

3.4.2 管片拼装机设计要求

1）自由度要求

管片拼装机在工作时要能够锁紧管片，并能够完成平移、回转和举升等动作。为了保证管片精确安装，还要对管片进行姿势调整。为了方便描述管片的运动，首先建立坐标系，如图3-28所示：

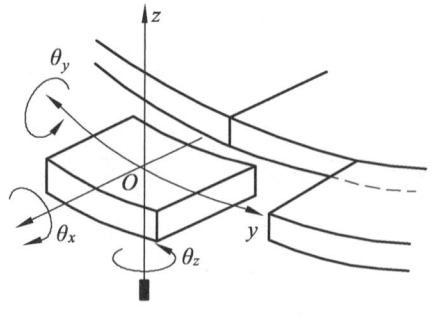

图3-28 盾构管片坐标系

其中：x方向为隧道轴线方向；y方向为隧道周向方向，即围绕着隧道内壁的回转圆周；z方向为隧道的径向方向，指向隧道截面圆心。当管片沿x方向平动时，我们将其称为平移运动；当管片沿y方向运动时，我们称其为回转运动；当管片沿z方向的平动时，我们称其为举升运动；当管片以x方向为轴线旋转时，我们称之为横摇运动；当管片以y方向为轴线旋转

- 54 -

时，我们称之为俯仰运动；当管片以 z 方向为轴线旋转时，我们称之为偏转运动。

当定义了上述坐标系之后，我们可以很容易地看出，管片拼装机需要有平移、回转、举升、横摇、俯仰和偏转 6 个自由度，能完成管片的平移、回转、举升、横摇、俯仰、偏转以及管片的锁紧 7 个动作。

2）安装精度要求

盾构机每前进一环，就会暂时停止，然后进行这一环管片的拼装。当这一环管片拼装完成后，此环管片会为盾构机的推进油缸提供支撑，推进油缸一端顶在管片侧面，推动盾构机前进，而盾构机刀盘受到前方土壤的阻力作用，盾体受到周围土壤的摩擦力作用和黏着作用，前进阻力很大，因此，管片会受到相当大的轴向作用力。如果安装精度不到位，管片在巨大的作用力下很容易出现破损，如图 3-29 所示。这将直接影响其结构强度和防渗水能力，大大降低隧道的安全系数和使用寿命。

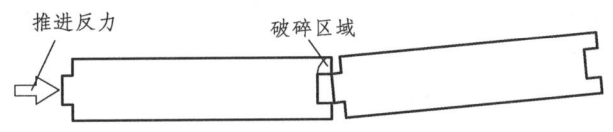

图 3-29 管片在推进反力作用下损坏

另外，由于要在隧道内铺设轨道，这又对隧道内部的平整度提出了要求。一般城市地铁隧道要求将管片拼装成环，每一环中相邻管片的高度差不超过 3 mm，不然会对轨道的可靠性产生较大的影响。环与环之间的高度差不超过 4 mm，拼装完成后隧道断面的管片会发生一定程度的沉降，其沉降不能超过 3 mm。

管片除了作为隧道的支撑，还能为隧道提供防渗水功能。此时，还要对管片之间的拼装间隙提出要求。因为中间有 2 mm 的密封垫，一般要求环面间隙不超过 1 mm，纵缝间隙为（2±0.2）mm。若安装精度太低的话，会造成螺栓孔无法对准，不能安装紧固螺栓，一般要求螺栓孔不同轴度不超过 1 mm。如果满足不了这些精度要求，时间一久，隧道内部会发生渗水现象。管片拼装精度要求见表 3-3。

表 3-3 管片拼装精度要求

项目名称	精度要求
环面间隙	≤1.0 mm
纵缝间隙	2±0.2 mm
环向螺栓孔不同轴度	<1.0 mm

3）其他要求

每一环的管片并不是全部相同的，它们的形状和重量会有差异，因此，管片拼装机应能够完成不同管片的抓取和拼装工作。

管片拼装机是为了解决人工拼装危险系数高、效率低下的问题而出现的，因此，它必须能够安全、高效地完成管片的拼装。

管片一般由钢筋混凝土制成,重量很大,而且一条隧道需要拼装数量巨大的管片,也就是说管片拼装机工作在一个重载、周期性重复的环境中,周围也可能会有泥浆土渣,工作条件非常恶劣,这要求拼装机的动力源和执行部件有非常高的可靠性。

3.4.3 管片拼装机的选型计算

1) **基本参数计算**

① 最大管片重量:

$$W_{sg} = \frac{\pi(D^2 - d^2)}{4} \times \frac{\alpha}{360°} \times w \times \gamma \quad (3\text{-}12)$$

式中　D——管片外径(m);
　　　d——管片内径(m);
　　　α——管片最大夹角(°);
　　　γ——管片材料的密度(kg/m³);
　　　w——管片宽度(m)。

② 最大回转半径:

$$R_{\max} \geqslant \frac{D_{盾}}{2} - \delta \quad (3\text{-}13)$$

式中　$D_{盾}$——盾构外径(m);
　　　δ——管片厚度(m)。

③ 最小回转半径:

$$R_{\min} \leqslant \frac{D_{盾}}{2} - 2\delta - h_1 - t \quad (3\text{-}14)$$

式中　h_1——管片运送小车、钢轨、枕木的总高(m)。
　　　t——间隙(m),一般 $t \geqslant 0.1$ m。

2) **平移油缸的选型计算**

油缸是标准件,一般设计选型时考虑三个主要参数,即行程 L、缸筒内径 D 以及活塞杆直径 d (图 3-30)。行程的设计要根据实际的尺寸需要,然后再从《液压气动系统及元件缸内径及活塞杆外径》(GB/T 2348—1993)标准中选取相近似的尺寸;而缸筒内径的设计思路是根据液压缸推力 F 和选定的工作压力 p,按液压缸输出推力公式确定大致尺寸后,再在《液压气动系统及元件缸内径及活塞杆外径》(GB/T 2348—1993)标准中选取相应的标准尺寸。

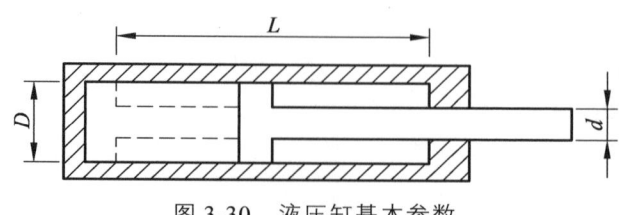

图 3-30　液压缸基本参数

管片拼装机锁紧管片之后，将管片提起，然后平移油缸伸长，提供推力，驱动滚轮滚动，将管片拼装机连同管片平移至合适的位置。拼装机从喂片机处抓取管片，喂片机放置管片处和管片实际拼装处之间应留有一定的间隔。另外，考虑到封顶块沿轴向插入的安装方式，平移油缸应再增加约 1/3 管片宽度的平移量。

平移油缸在推动管片拼装机平移的时候，零件之间有相对滑动，也有滚动，这些相互运动产生的摩擦力是平移油缸推进的主要阻力。另外，盾构机一般要求具有一定的爬坡能力，且最大爬坡能力多设计为 35‰。此时由于导轨处于非水平状态，系统受到因重力产生的沿轨道向下的力，也要在设计的考虑范围之内。

当拼装机夹持管片水平平移时，其推进阻力：

$$F_f = \mu \cdot W_总 \tag{3-15}$$

式中　F_f——推进阻力（kN）；
　　　μ——阻力系数，考虑到滚动摩擦及滑动摩擦和恶劣的工况，一般取 0.2；
　　　$W_总$——最大负载时的重量（kN）。

最大爬坡能力设计为 35‰，则当达到最大坡度时，每一个平移油缸所要输出的推力为：

$$F_g = \frac{K}{2}(F_f \cos\theta + W_总 \sin\theta) \tag{3-16}$$

式中　K——安全系数，一般取 1.5；
　　　θ——爬坡角（°）。

比较以上两种推力的大小，选取其中较大者作为设计参数 F，根据液压缸推力输出公式以及往返速比公式：

$$F = \frac{\pi(D^2 - d^2)P}{4} \tag{3-17}$$

$$\varphi = \frac{D^2}{D^2 - d^2} \tag{3-18}$$

式中　F——平移油缸输出推力（kN）；
　　　D——平移油缸缸径（m）；
　　　d——平移油缸活塞杆直径（m）；
　　　P——工作压力（kPa）；
　　　φ——往返速比。

联立两式计算得出平移油缸缸径 D 和平移油缸活塞杆直径 d。

其壁厚应满足：

$$\delta \geqslant \frac{P_y D}{2[\sigma]} \tag{3-19}$$

式中　δ——油缸壁厚（m）；
　　　P_y——试验压力（kN）；
　　　$[\sigma]$——许用应力（kPa）。

3）举升油缸的选型计算

举升油缸的行程设计需要考虑拼装机的回转环半径和管片内径。回转环半径约为盾构开挖半径的一半，当举升油缸伸出量为零时，其基本处于回转环的圆周上；当举升油缸完全伸出时，其应能达到管片内壁的位置。

举升油缸的缸筒直径及活塞杆直径的设计思路与平移油缸相似，但也有所不同。举升油缸工作时受到的主要阻力为被举升物的重力。被举升物主要包括提升油缸活塞杆、管片和管片夹持装置，如轭架及工作平台等。当举升油缸垂直提升时，油缸只受到沿缸筒轴向的力。但是当拼装机夹持管片做回转运动时，油缸还要另外承受因被提升部分重力而产生的弯矩作用。因此设计举升油缸时，要从举升和回转这两方面综合考虑。

当管片拼装机处于举升工况时：

$$F_{总} = K \cdot (W_{G1} + W_{G2}) \qquad (3-20)$$

式中 $F_{总}$——需提升的最大总重（kN）；

W_{G1}——管片最大重力（kN）；

W_{G2}——其他装置重（kN）；

K——安全系数。

同上述计算平移油缸的方法，根据液压缸推力输出公式、往返速比公式以及壁厚公式，依次计算 D、d 以及 δ。

当管片拼装机处于回转工况时，可以将举升油缸当成轴受弯矩作用的情况来计算，而且当举升油缸活塞完全伸出时，受到的弯矩作用最大（图3-31）。

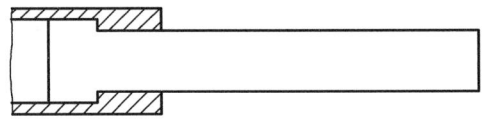

图3-31 举升油缸完全伸出

当旋转至90°或者270°时，重力和油缸轴向互相垂直，此时油缸受最大弯矩作用，其受力图如图3-32所示：

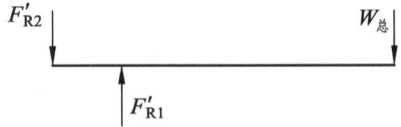

图3-32 举升油缸受力示意

图中 F'_{R1} 和 F'_{R2} 为活塞杆受到的缸筒的支反力，$W_{总}$ 为活塞杆受到的被提升者的重力，在一个稳定的系统中，不仅受力要平衡，力矩也要平衡，因此可列出如下方程：

$$F'_{R1} = F'_{R2} + W_{总} \qquad (3-21)$$

$$F'_{R2} \times L_1 = W_{总} \times L \qquad (3-22)$$

联立以上公式可分别求出 F'_{R1} 和 F'_{R2}。

画出其弯矩图如图3-33：

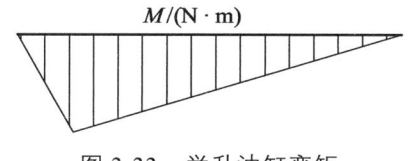

图 3-33 举升油缸弯矩

轴直径设计公式：

$$d \geqslant \sqrt[3]{\frac{M}{0.1[\sigma_{-1b}]}} \tag{3-23}$$

式中 M——活塞杆所受最大弯矩（kN·m）；

$[\sigma_{-1b}]$——对称循环应力状态下的许用弯曲应力（kPa）。

则缸筒内径：

$$D = \sqrt{\frac{4F}{p\pi} + d^2} \tag{3-24}$$

综合以上两种工况下计算出的提升油缸参数，取其中较大者为设计方案。

3.5 管片吊运系统

管片吊运系统（图 3-34）是专门为隧道盾构机运输隧道管片的设备，需要满足地下作业的温度和湿度等自然条件。设备的设计和校核均按我国现行国家标准《起重机设计规范》（GB/T 3811—2008）和《起重机械安全规程》（GB 6067）中的要求执行，以保证设备可以正常工作。

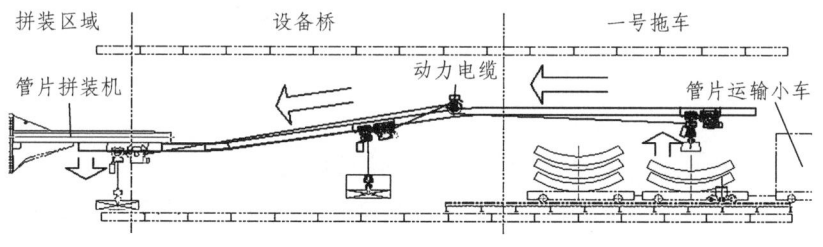

图 3-34 管片吊运系统

管片吊运系统主要由管片吊机及喂片机组成。其中：管片吊机可以将管片从卸载器或管片车上吊起，并直接平移放到管片拼装机下；也可以平移后旋转±90°（拼装机可以直接抓取不用喂片机），将管片放置到前面的喂片机上，再由喂片机将管片运输到管片拼装机下。工作温度为-10 ~ +40 ℃。

管片吊运系统的工作方案有三种：① 仅装备有管片吊机，只能使用管片吊机运送管片至管片拼装机处；② 仅装备有喂片机，只能使用喂片机运送管片至管片拼装机处；③ 两者同时存在，在一种装置发生故障或受到阻碍时，仍可启用另一种装置保证施工的正常进行，不耽误工期。

3.5.1 管片吊运机装置主要组成

1）主起升机构

主起升机构一般由两个8 t钢丝绳电动葫芦、承重小车、起吊架、回转架、回转支撑、回转电机等组成。其中钢丝绳电动葫芦安装在起吊架上，并通过钢丝绳连接在回转架上，通过钢丝绳电动葫芦的动作完成管片的起升与下降功能。安装在回转架上的回转电机通过驱动回转支撑来完成管片的回转功能。

2）行走机构

行走机构主要由行走车轮、行走架、驱动吊机、驱动小齿轮等零件组成。行走驱动采用齿轮齿条形式，可以很好地克服起制动和隧道坡度引起的主动轮打滑现象，确保了管片吊机行走的安全和定位的准确。小齿轮是一侧连接减速机、一侧装有轴承座的简支结构，使小齿轮有良好的刚度保证小齿轮与齿条的距离，防止齿轮齿条脱开发生危险。在防止齿轮齿条脱开的同时也要防止各类加工误差和结构变形造成的齿轮齿条卡死情况的发生。在安装的时候调整齿侧间隙在0.8～1 mm。考虑到齿轮齿侧间隙的调节方便，设计时需要装调节紧定螺栓。

3）辅助吊机

为了方便隧道内管片外的其他小质量物件的运输，吊运系统在管片吊机后面增加一套辅助吊机。

4）吊具

抓取系统通常分为机械式和吸盘式两种。真空吸盘式吊具操作方便、性能稳定可靠。机械式需要人工完成，操作不够方便，但可靠性较强。

5）供电

管片吊机的移动供电采用若干个电缆滑车拖动悬挂的电缆来实现。随着管片吊机的运行，电缆滑车也跟着运行，带着电缆伸开或缩拢。电缆滑车之间通过链条拖引，使电缆不受曳引力。其一端固定于下挂梁左前侧（面向盾构前进方向），一端与管片吊机相连。电缆滑车结构封闭性好，结构简单，既不受地下潮湿环境的影响，又保证很低的故障率。电缆采用扁电缆，弯曲半径小，不易折损。

3.5.2 管片吊机工作流程

1）喂片机不工作时

管片吊机行走至管片正上方→钢丝绳葫芦下放回转架管片夹持装置→对好位置后夹取管片→钢丝绳葫芦工作（管片起升）→起升到位后行走驱动工作（管片行走）→行走至拼装机

下后钢丝绳葫芦工作（下放管片）→下放到一定位置后管片回转 90°→继续下放到位后释放管片→钢丝绳葫芦工作收回回转架及夹持装置并回转 90°→上升到位后吊机行走至下一块管片正上方。

2）喂片机工作时

管片吊机行走至管片正上方→钢丝绳葫芦下放回转架及夹持装置→对好位置后夹取管片→钢丝绳葫芦工作（管片起升）→起升到位后行走驱动工作（管片行走）→行走至喂片机上方后钢丝绳葫芦工作（下放管片）→下放到一定位置后管片回转 90°→继续下放到位后释放管片→钢丝绳葫芦工作收回回转架及夹持装置并回转 90°→上升到位后吊机行走离开→喂片机向前运送管片至管片拼装机。

3.5.3 喂片机

1）喂片机组成

喂片机主要由底架、内托梁、外托梁、拖拉油缸、顶升油缸、输送油缸等组成（图 3-35）。喂片机最多可同时存放 4 块管片。

图 3-35 喂片机

2）喂片机工作流程

管片吊机将管片放置在喂片机上，通过对输送油缸和顶升油缸的控制，带动内拖梁、外拖梁将管片运送到管片拼装机拼装工作区域。

3.5.4 导梁导轨和喂片机结合方案

成都地铁盾构施工中采用的管片吊运方案各有不同，上述的三种方案均有涉及。其中成都地铁 6 号线以及 18 号线部分地段的管片吊运系统采用导梁导轨和喂片机结合的方式，这种方式在成都地铁盾构施工中取得了良好的施工效益,当其中一种方式失效时,并不影响管片的吊运,为实际工程施工带来了极大的便利。这种方案虽然在装置上会增加少量成本,但保证了盾构连续施工,缩短了工期,总体上产生了很高的经济效益。此方案主要有以下优点:

① 管片吊机能将管片吊运至喂片机上,再由喂片机转运至管片拼装机拼装工作区域。同时也可以不使用喂片机,直接将管片吊运至管片拼装工作区域,提高了管片吊运效率。该管片吊运系统实现了将管片直接运送给管片拼装机的功能,可以取消在富水地层故障率高的喂片机,从而使盾构有更好的地质适应性。

② 在大直径盾构中采用了一台管片吊机一次吊运,来完成整个管片的运输任务,从而避免了采用两套吊机分层吊运管片的结构形式,提高了工作效率。

③ 行走驱动采用齿轮齿条形式,可以很好地克服起制动和隧道坡度引起的主动轮打滑现象,确保了管片吊机行走的安全可靠和定位的准确。

④ 双轨梁式,链轮链条传动,运动平稳,制动可靠。

⑤ 连续式轨道,管片可直接吊运至管片拼装机抓取区域。

⑥ 方便进行管片运输和拼装。

⑦ 无须喂片机,可减少喷涌时的清渣时间。

3.6 注浆系统

3.6.1 同步注浆系统

1)同步注浆系统的介绍及作用

同步注浆的基本原理是将具有长期稳定性及流动性,并能保证适当初凝时间的浆液,通过压力泵注入管片背后的建筑空隙(图 3-36)。浆液在压力和自重作用下流向空隙各个部分并在一定时间内凝固,从而达到充填空隙、阻止土体塌落的目的。同步注浆通过调整注浆压力与注浆量来及时平稳地填充盾构壁后空间。地层沉降的主要原因是盾尾脱离管片后,在盾构内壁和管片外壁形成空隙。若不能对空隙进行及时的充填,就会造成地层损失,导致地层的变形和隧道结构的位移,进而影响地表建筑物和地下管线设施,同时隧道的轴线也会发生一定的偏移,如建筑物的基础不均匀沉降,房屋和堤坝的开裂,道路路面凸凹不平甚至坍塌等。为了减小盾构施工对地层位移的影响,必须对盾尾进行及时有效的充填,也就是采取及时充分地对盾尾脱离管片所产生的空隙进行充填的盾构注浆技术,即同步注浆技术。可见,同步注浆工法对于盾构工法而言是非常重要的。盾构盾尾注浆施工对控制地表沉降、隧道稳定也起着关键作用。

盾构同步注浆目的:

① 控制地层变形:由于理论空隙的存在,如果盾尾空隙得不到及时充填,周围土体将会

坍塌于管片之上，造成地层移动、变形，使隧道本身偏移。盾尾注浆主要的目的就是使浆液及时充填盾尾空隙，以达到控制周围地层的移动，从而防止因盾尾空隙的存在而导致周围地层较大的变形。

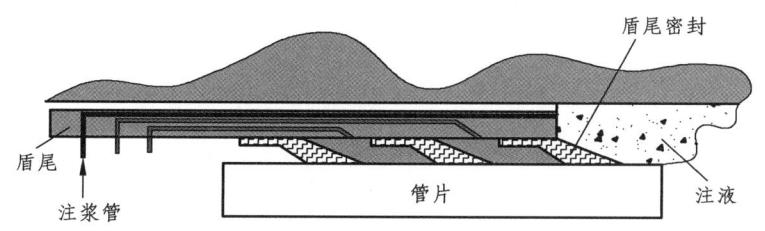

图 3-36 同步注浆示意

② 确保管片的稳定和受力均匀：盾构法隧道是一种管片衬砌与周围土体共同作用的结构稳定的构造物，在管片周围空隙均匀、密实地注入和充填是确保土压力均匀作用的前提条件。

③ 提高隧道的抗渗性：盾尾空隙充填浆液凝固后，一般都具有一定的抗渗性能，可以作为隧道的第一道止水防线。

④ 能够较好地约束管片，防止隧道上浮：要求浆液要有一定的早期强度，能够约束管片，同时也防止开挖面泥水的后窜稀释浆液，以防止隧道上浮。

2）同步注浆主要参数计算

① 注浆量。

壁后注浆的注入量受浆液向土体中的渗透、泄露损失（浆液流到注入区域之外）、小曲率半径施工、超挖、壁后注浆所用浆液的种类等多种因素的影响。虽然这些因素的影响程度目前尚在探索中，但控制注入量多少的基本原则是不变的，就是要保证有足够的浆液能很好地填充管片与地层之间的空隙。

壁后注浆量 Q，通常可按下式估算：

$$Q = V\alpha \tag{3-25}$$

式中　V——理论孔隙量（L/min）；

α——注入率。

每环实际注浆量可根据地层和施工损耗等情况选取相应的注入率：

$$\alpha = 1 + \alpha_1 + \alpha_2 + \alpha_3 + \alpha_4 \tag{3-26}$$

式中　α_1——注入压力决定的压密系数；

α_2——土质系数；

α_3——施工损耗系数；

α_4——超挖系数。

施工中如果发现注入量持续增多时，必须检查超挖、漏失等因素。而注入量低于预定注入量时，可以考虑是注入浆液的配比不正确、注入时期不准确、盾构推进速度过快或出现故障所致。必须认真检查并采取相应的措施，一般可采取加大注浆压力或在盾构掘进后进行二次补注浆。

② 注浆压力。

注入压力要考虑不同地层的多种情况，由于在成都泥质或砂卵石地层中浆液的扩散，所以其注入压力要比在黏土中的注入压力小一些。

盾构机刀盘开挖直径比盾壳外直径一般要大 30 mm 左右，所以高压力浆液就会通过盾壳和地层之间的空隙流入土舱，掘进中易发生喷涌，严重影响掘进效率和出渣速度，且由于管背上部浆液流失，造成管片上浮严重且施工成本增加。盾尾止浆板在盾构掘进一段距离后就会被磨损破碎，基本起不到阻止浆液前流的作用。如果注浆压力不够，会造成地层坍陷、管片变形、隧道扭曲等。所以注浆压力必须控制在一定范围内。

盾构机在盾尾处设有 4 个浆液注入点，盾尾同步注浆的压力因浆液注入点位置的不同而不同。盾尾 4 个注浆点的位置分为上下左右 4 点，C_1 与 C_2 为上下注入点，C_3 与 C_4 为左右注入点。

C_1、C_2 点处注浆压力理论计算值为：

P_{max1}=最大注入压力=（拱顶水土压力+管道中的压力损失）×1.25

P_{min1}=最小注入压力=（拱顶水土压力+管道中的压力损失）×0.75

C_3 和 C_4 点处注浆压力理论计算值为：

P_{max2}=最大注入压力=（拱顶水土压力+管道中的压力损失+侧向土压系数×H+侧向水压系数×H）×1.25

P_{min2}=最小注入压力=（拱顶水土压力+管道中的压力损失+侧向土压系数×H+侧向水压系数×H）×0.75

式中　H—— 该处土层深度（m）。

可根据以上理论计算所得结果分别设定 C_1、C_2、C_3、C_4 点的注浆压力。

3) 同步注浆系统实例

成都地铁 6 号线所配备的注浆系统由 1 个 7 m³ 砂浆罐、2 台注浆泵、注浆管路等组成，且在管路末端至尾盾之前安装有压力传感器，如图 3-37 和图 3-38 所示。

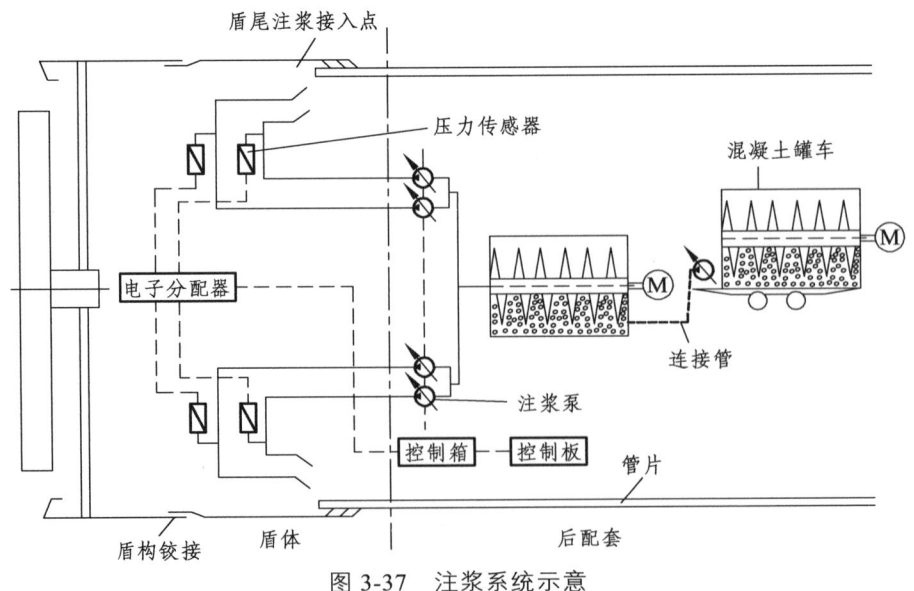

图 3-37　注浆系统示意

图 3-38 注浆泵及浆箱照片

配备 1 台施维英 KSP-12 双柱塞泵及 1 台挤压软管泵，以上两类泵单泵注浆能力均可达到 10 m³/h，完全满足盾构掘进过程中的注浆要求。在盾尾集成有 8 根同步注浆管（4 用 4 备），通过位于盾尾内的注浆管将砂浆注入开挖围岩和管片外径之间的环形间隙中。安装在注浆管路末端的压力传感器作为压力感测元件采集注浆压力并转换为模拟量电信号输入 PLC，PLC 根据在工控机中设定的注浆压力进行计算，从而控制注浆泵工作。注浆泵的注浆速度也是可以调节的，在 PLC 的控制下，注浆泵的工作频率可以根据注浆压力以及面板上的速度调节旋钮来控制，从而保持环缝内的浆液压力在预先设定的范围内。注浆点的注入量和注浆压力信息可以在注浆控制面板上看到。在数据采集和显示程序的帮助下，操作人员随时可以储存和检索砂浆注入的操作数据。

3.6.2 二次注浆系统

1）二次注浆系统组成

二次注浆系统包括液压注浆泵、搅拌机、注浆管路系统、注浆头组件（注浆头、双液浆混合器）等。其中：液压注浆泵、搅拌机为市场成熟设备，二次双液注浆装置为自制部分。

2）二次注浆的原理

二次注浆过程为先按技术要求在小型浆液拌和桶中搅拌水泥浆，搅拌完毕后水泥浆经过滤网过滤存入浆液箱。同时水玻璃溶液按要求配置完毕，液压注浆泵的两端管路一端注入水泥浆，另一端注入水玻璃溶液，经各自管路流通到达混合器处。其中水玻璃溶液流通到补心接头处，再经 DN20 短管喷出达球阀后，流经对丝、丝座，从注浆孔口管进入地层。水泥浆流经四通后，流经 DN20 短管外侧与四通形成的环形空间，再经球阀、丝座、注浆孔口管进入地层。

3）成都地铁 6 号线二次双液注浆系统

成都地铁 6 号线富水砂卵石地层因其易超挖、地层透浆率高等特点，同步注浆质量不好控制，需要进行及时的二次补浆作业。与此同时，因其地层富水，易从盾构机背侧走水，需要定期做隔水环用以阻水。及时补浆，可减少地面沉降。该系统主要由双液注浆泵、浆比调节器、机械式搅拌机等组成，具有注浆压力高、流量大、浆液比例可调等特点。双液注浆泵将水泥浆液和水玻璃同时按一定比例注入管片壁后。二次双液注浆泵见图3-39所示。

图3-39 二次注浆系统

二次双液注浆泵有关参数见表3-4所示。

表3-4 二次双液注浆系统参数

液压双液注浆泵			
注浆压力	0~7 MPa	排浆量	≤120 L/min
油箱容量	100 L	电机功率	7.5 kW
使用电压	380 V	冲次	64 r/min
外形尺寸	1.2×0.7×1.1 m	主机质量	360 kg
排浆管径	$\phi 19 \times 2$（根）	冷却水管	G1″
配比（A液∶B液）	1∶1~1∶0.5可调		
搅拌机			
搅拌容积	500 L	使用电压	380 V
电机功率	3 kW	外形尺寸	1.3×0.9×1.3（m）
质量	420 kg		

3.6.3 壁后注浆系统

盾构隧道施工过程中不可避免地会对周围地层造成扰动，引起地表沉降。成都特殊复杂的砂卵石地层由于其颗粒的黏结力较差，盾构施工过程对地层扰动的影响更为明显。控制盾尾地表沉降的关键在于对盾尾间隙的有效充填，壁后注浆能够填充盾尾间隙，是盾构法施工必不可少的环节。如图3-40所示，浆液沿着注浆管穿过管片缝隙注入管片与围岩的缝隙，很好地填充了盾尾间隙，可有效防止地表沉降。

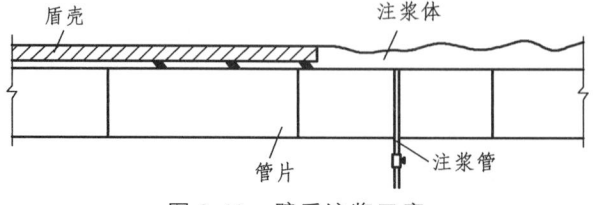

图3-40 壁后注浆示意

3.7 渣土改良系统

3.7.1 泡沫系统

泡沫系统由泡沫发生器单独配置一个高压泵，用于对渣土进行改良。在台车上，泡沫泵将泡沫原液吸入，流经流量计与外循环水混合至桥架处，经过高压水泵与压缩空气混合进入泡沫发生器进行发泡膨胀。泡沫一部分送至盾体内的中心回转接头进入刀盘面板处，用于开挖面的土壤改良；一部分连接到盾体隔板处，用于土舱内的土壤改良便于输送；一部分连接到螺旋输送机上，使螺旋输送机内输送的土壤改良以便顺利地排出渣土。

1）泡沫系统的组成

泡沫系统主要由泡沫泵、高压水泵、电磁流量阀、泡沫发生器、压力传感器、管路组成，见图 3-41。

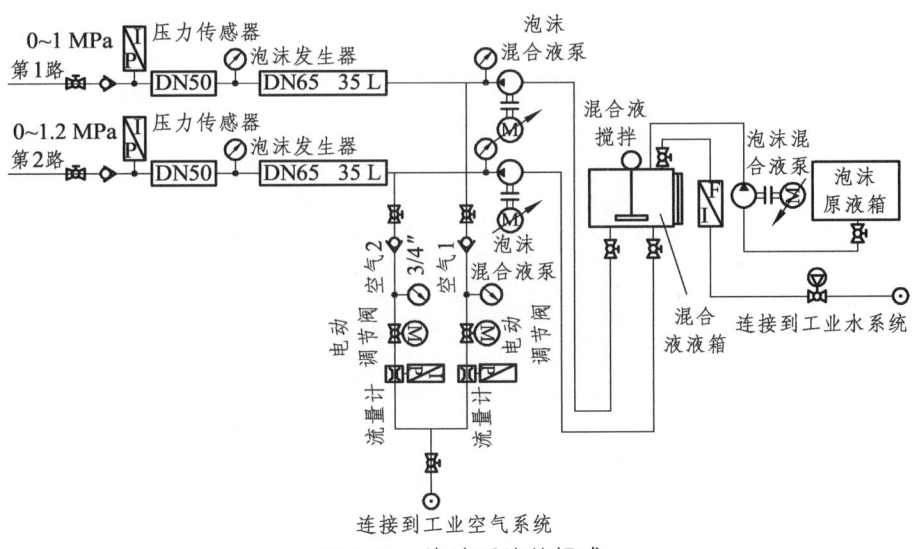

图 3-41 泡沫系统的组成

2）主要参数确定方法

① 泡沫的组成比例：一般为泡沫添加剂 3%，水 97%，根据具体地层特性选择合适的比例。

② 土渣中的泡沫注入率：渣土改良时，泡沫注入率（包括泡沫原液、水、空气）等于土体的孔隙率乘以填充率。孔隙率一般在 40% 以下，按填充率 100% 计，泡沫注入率最大不会超过 40%。系统设计时取最大值 40% 进行计算。

③ 泡沫系统参数计算：a. 开挖量计算：开挖量即渣土的方量，是根据开挖直径及掘进速度计算出来的数值。b. 土渣中泡沫用量计算：此数值是依据开挖量及土渣中的泡沫注入率，还有泡沫发生剂的膨胀系数这三个数值计算出来的。渣土中的泡沫注入率，一般取 40%，另外泡沫发生剂的膨胀系数根据施工经验及试验，取 12。c. 泡沫泵排量计算：泡沫泵需要的排

量依据泡沫注入量来计算，一般原液的使用量为泡沫注入量的3%。另外，泡沫泵的余量系数一般选取1.3。

④ 水系统参数计算：工业用水的用量，泡沫混合液中3%是原液，而97%则是水，根据泡沫泵排量和泡沫组成比例计算水泵排量。

⑤ 空气用量计算：泡沫膨胀系数决定了泡沫中11/12是空气，可根据注入量和掘进速度计算空气用量。

3）成都地铁6号线3标泡沫系统

泡沫是一种调节介质，可改善渣土的流动性及和易性，减少透水性，适用于砂砾石、砂卵石和黏性非常高的地质状况中靠土压支持的盾构机的掘进。成都地铁6号线3标盾构施工主要穿越富水砂卵石地层，若不对土体进行较好的改良，土体将没有很好的流动性，会导致土体的渗水性无法降低，从而使得卵石的排出率也大大降低，卵石与刀盘的磨损会增大。

本标段盾构机另配有一套泡沫发生系统（图3-42），用于对渣土进行改良。该套泡沫系统主要由泡沫原液泵、高压水泵、电磁流量阀、泡沫发生器、压力传感器、电磁流量计等组成（图3-43）。共有6路泡沫发生装置，均采用单路单泵，可单独控制流量，每路最大流量20 L/min。刀盘和螺旋输送机上分别布置有6个和8个泡沫注入口，每路流量单独连续可调，泵最高压力可达8 MPa，防堵、疏通效果好。电磁流量计采用电磁感应原理进行流量的测量，测量范围0~25 L/min。

图3-42 泡沫系统

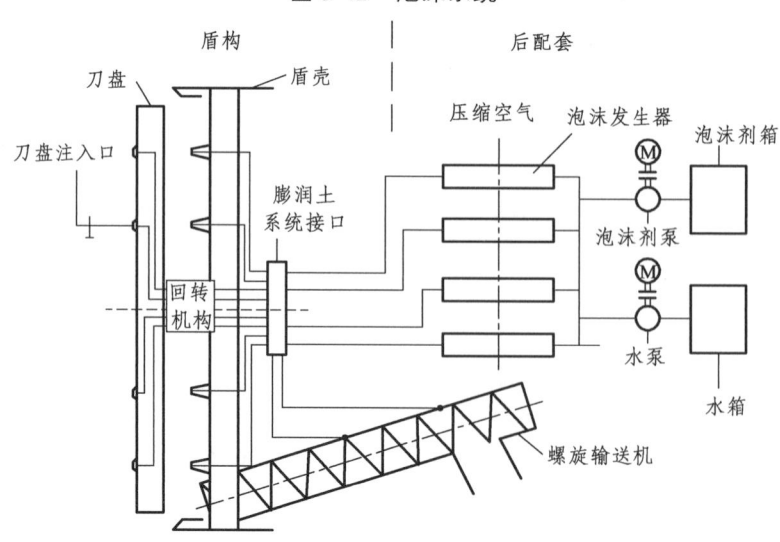

图3-43 泡沫系统布置

① 该泡沫发生装置共 6 路且单路单泵控制，各路线分工明确，单独作业，易于控制。
② 单路流量独立连续可调，根据具体情况调整泡沫流量。
③ 泵最高压力可达 8 MPa，具有很强的防堵性能和管道疏通能力，防堵、疏通效果好。

通过泡沫注入系统可将泡沫注入刀盘前端、土舱里和螺旋机内。经泡沫改良的土壤有以下特点：改善流动性、降低渗水性、降低对盾构机的附着、减小对盾构机的磨损、降低刀盘的驱动功率。

3.7.2 膨润土系统作用

膨润土注入系统用于对渣土进行改良。膨润土输送管道使用前须关闭与之共用管道的泡沫输送泵及相应的球阀，膨润土通过输送泵压入刀盘、土舱和螺旋输送机内，达到改良渣土的目的。

1）膨润土系统组成

膨润土系统主要由膨润土罐、膨润土泵、流量计、传感器、控制阀和管路附件等组成。

2）膨润土注入量计算

此处以成都地铁 6 号线土建 3 标膨润土注入量计算来说明注入量的计算方法，该段盾构主要穿越的地层为富水富含大漂石的砂卵石地层，非常需要膨润土，该线所使用的盾构机开挖直径 D 为 6.28 m，膨润土注入率 FIR 取最大值 15%，平均推进速度 v 大约为 65 mm/min。

① 开挖面面积：

$$A = \frac{\pi D^2}{4} = \frac{3.14 \times 6.28^2}{4} = 31 \text{m}^2 \tag{3-27}$$

② 所需膨润土量：

$$Q = FIR \cdot A \cdot v = 300.73 \text{L/min} \tag{3-28}$$

所以在选择盾构上的膨润土泵时，其最大总方量应该大于 301 L/min，并保留一定余量。

3）成都 6 号线 3 标膨润土系统

膨润土系统（图 3-44）与泡沫系统在连接桥到刀盘之间共用一套输送管路。在不使用泡沫的情况下，关闭泡沫分支管路，同时将膨润土分支管路打开，通过软管泵将膨润土输送到掌子面、土舱和螺旋输送机内，将高密度膨润土注入土舱里、刀盘前和螺旋机中，经充分搅拌能使高渗水性的砂砾土获得较好的流塑性和止水性，膨润土的使用能够使开挖的高渗水性砂卵石渣土具有较好的黏结性，并能渗入砾质渣土的孔隙中，从而实现止水和固结掌子面的作用。盾构施工时可实现一部分管路注膨润土，同时另一部分管路注泡沫的功能。膨润土软管泵单台最大流量可达 10 m³/h，最大压力为 1 MPa。

图 3-44　膨润土系统

3.8　关键参数的计算

3.8.1　土舱压力计算

土舱内需要设置一定的土舱压力来平衡开挖面的水土压力，保持开挖面稳定，防止地面沉降和地下水涌流。土舱压力过大和过小都会破坏开挖面平衡，过大时，盾构推动前方土体，造成地面隆起；过小时，土体压进土舱，引起地面沉降，严重时会造成塌陷。

开挖面压力与土舱压力分布情况如图 3-45 所示。

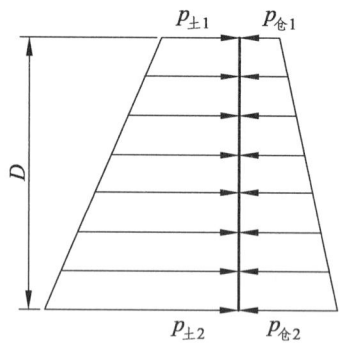

图 3-45　开挖面与土舱压力分布

1）开挖面土压力计算

盾构隧道土压力的计算有多种方法，而砂卵石地层显示出土拱效应作用。土舱内压力要维持开挖面稳定，至少要保证盾构前方形成的土拱稳定，根据太沙基理论（图 3-46），开挖面顶部垂直土压力 σ_T 为：

$$\sigma_{T}=\frac{\gamma b-c}{\lambda\tan\varphi}\left(1-\mathrm{e}^{-\lambda\tan\varphi\cdot\frac{h}{b}}\right)+P_{0}\,\mathrm{e}^{-\lambda\tan\varphi\cdot\frac{h}{b}} \quad\quad (3\text{-}29)$$

式中　γ——土体重度（kN/m^3）；

b——土拱的半跨度（m），$b=R \cdot \cot(\pi/8+\varphi/4)$；
c——土体黏聚力（kPa）；
λ——侧向土体压力系数，试验表明 $\lambda=1\sim1.5$，通常取 $\lambda=1$；
φ——内摩擦角（°）；
h——隧道埋深（m）。
P_0——地面荷载（kPa）。

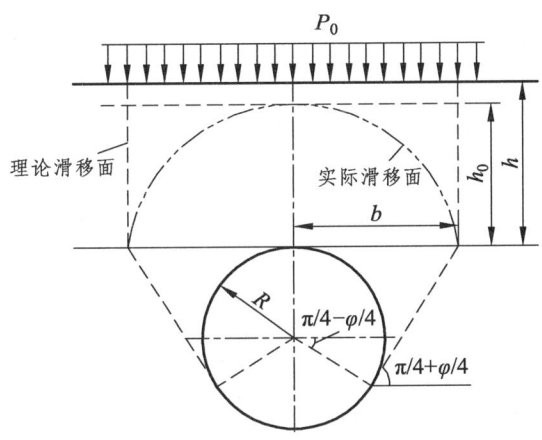

图 3-46 太沙基理论计算模型

① 静止状态下土压力。

土体的静止土压力为：

$$\sigma_f = \gamma h \tag{3-30}$$

$$\tau_f = K\gamma h \tag{3-31}$$

式中 σ_f——垂直土压力（kPa）；
τ_f——正向土压力（kPa）；
γ——土体重度（kN/m³）；
h——隧道埋深（m）；
K——静止土压力系数。

② 掘进状态下土压力。

掘进状态下土压力采用朗肯土压力计算：

主动土压力：

$$\sigma_{fp} = \sigma_f \cdot K_p \tag{3-32}$$

被动土压力：

$$\sigma_{fa} = \sigma_f \cdot K_a \tag{3-33}$$

式中 K_p——主动土压力系数，$K_p=\tan^2(45°-\varphi/2)$；
K_a——被动土压力系数，$K_a=\tan^2(45°+\varphi/2)$。

2）土舱压力计算

工程中通过控制盾构机的开挖量和排土量（即推进速度、刀盘转速和螺旋输送机转速）来调节土舱压力，实现与开挖面压力的动态平衡。

根据研究，土体通过刀盘进入土舱，土压力会降低，开挖面压力和土舱压力之间有以下关系式：

$$p_t = \chi p_k \quad (3\text{-}34)$$

式中　p_t——土舱压力（kPa）；

　　　p_k——开挖面压力（kPa）；

　　　χ——降压系数，与刀盘开口率 η 的关系为 $\chi = 0.018\,4\eta - 0.000\,1\eta^2$。

3.8.2　推力计算

1）盾构机所受压力计算

在确定盾构机拱顶处的均布围岩竖向压力 P_e 时，直接取全部上覆土体自重作为上覆土地层压力。

盾构机所受压力有以下计算式：

① 盾构机拱顶处的均布围岩竖向压力 P_e：

$$P_e = \gamma h \quad (3\text{-}35)$$

② 盾构机底部的均布压力 P_{01}：

$$P_{01} = P_e + G/DL \quad (3\text{-}36)$$

③ 盾构机拱顶处的侧向水土压力 P_1：

$$P_1 = P_e K_0 \quad (3\text{-}37)$$

④ 盾构机底部的侧向水土压力 P_2：

$$P_2 = (P_e + \gamma D)K_0 \quad (3\text{-}38)$$

式中　K_0——水平侧压力系数；

　　　h——上覆土厚度（m）；

　　　γ——土容重（kN/m³）；

　　　G——盾构机重（kN）；

　　　D——盾构机外径（m）；

　　　L——盾构机长度（m）；

2）盾构机推力计算

盾构的推力 F 主要由以下五部分组成：

$$F = F_1 + F_2 + F_3 + F_4 + F_5 \quad (3\text{-}39)$$

式中　F_1——盾构外壳与土体之间的摩擦力（kN）；

F_2——刀盘上的水平推力（kN）；

F_3——切土所需要的推力（kN）；

F_4——盾尾与管片之间的摩擦阻力（kN）；

F_5——后方台车的阻力（kN）。

① 盾构外壳与土体之间的摩擦力 F_1：

$$F_1 = \frac{\pi}{4}(P_e + P_{01} + P_1 + P_2)DL\mu \quad (3-40)$$

式中 μ——土与钢之间的摩擦系数。

② 刀盘上的水平推力 F_2：

$$F_2 = \pi D^2 P_d / 4 \quad (3-41)$$

式中 P_d——水平土压力（kPa）。

水平土压力计算公式：

$$P_d = K_0 \gamma \left(h + \frac{D}{2} \right) \quad (3-42)$$

③ 切土所需要的推力 F_3：

$$F_3 = \pi D^2 C / 4 \quad (3-43)$$

式中 C——土的黏结力（kN）。

④ 盾尾与管片之间的摩擦阻力 F_4：

$$F_4 = W_c \mu_c \quad (3-44)$$

式中 W_c——两环管片的重量（kN）；

μ_c——盾尾与管片之间的摩擦系数。

⑤ 后方台车的阻力 F_5：

$$F_5 = G_h \cdot \sin\theta + \mu_g G_h \cos\theta \quad (3-45)$$

式中 G_h——盾尾台车的重量（kN）；

θ——坡度（‰）；

μ_g——滚动摩擦阻力系数。

则盾构总推力 F 的理论值为：

$$F = F_1 + F_2 + F_3 + F_4 + F_5$$

由于盾构机上部土体存在平衡拱效应，实际垂直土压力小于理论压力，故盾构掘进中盾构推力会小于理论计算值；若盾构掘进中推力大于理论计算值则为不正常状态，可能存在盾尾包裹、刀盘结泥饼等现象。

3.8.3 刀盘扭矩计算

盾构配备的扭矩主要由以下 9 部分组成。在进行刀盘扭矩计算时：

$$M = M_1 + M_2 + M_3 + M_4 + M_5 + M_6 + M_7 + M_8 + M_9 \quad (3-46)$$

式中　M——刀盘扭矩（kN·m）；
　　　M_1——刀具的切削扭矩（kN·m）；
　　　M_2——刀盘自重产生的旋转力矩（kN·m）；
　　　M_3——刀盘的推力荷载产生的旋转扭矩（kN·m）；
　　　M_4——密封装置产生的摩擦力矩（kN·m）；
　　　M_5——刀盘前表面上的摩擦力矩（kN·m）；
　　　M_6——刀盘圆周面上的摩擦力矩（kN·m）；
　　　M_7——刀盘背面的摩擦力矩（kN·m）；
　　　M_8——刀盘开口槽的剪切力矩（kN·m）；
　　　M_9——刀盘土腔室内的搅动力矩（kN·m）。

1）**刀具的切削扭矩** M_1

$$M_1 = \int_0^{R_0} C_r h r \, dr = \frac{1}{2}\left(C_r h_{max} R_0^2\right) \tag{3-47}$$

式中　C_r——土的抗剪应力（kPa）；
　　　h_{max}——刀盘每转的最大切削深度（m）；
　　　R_0——最外圈刀具的半径（m）。

2）**刀盘自重产生的旋转力矩** M_2

$$M_2 = GR\mu_g \tag{3-48}$$

式中　G——刀盘自重（kN）；
　　　R——轴承的接触半径（m）；
　　　μ_g——滚动摩擦系数。

3）**刀盘的推力荷载产生的旋转扭矩** M_3

$$M_3 = W_p R_g \mu_g \tag{3-49}$$

$$W_p = \alpha \pi R_c^2 P_d \tag{3-50}$$

式中　W_p——推力荷载（kN）；
　　　R_g——轴承推力滚子接触半径（m）；
　　　μ_g——滚动摩擦系数；
　　　α——刀盘封闭系数；
　　　R_c——刀盘半径（m）；
　　　P_d——水平土压力（kN）。

4）**密封装置产生的摩擦力矩** M_4

$$M_4 = 2\pi \mu_m F \left(n_1 R_{m1}^2 + n_2 R_{m2}^2\right) \tag{3-51}$$

式中　μ_m——密封与钢之间的摩擦系数；

F——密封的推应力（kN）；

n_1、n_2——密封数；

R_{m1}、R_{m2}——密封的安装半径（m）。

5）刀盘前表面上的摩擦力矩 M_5

$$M_5 = \frac{2}{3}(\alpha\pi\mu_p R^3 P_d) \tag{3-52}$$

式中　α——刀盘开口率；

μ_p——土层与刀盘之间的摩擦系数；

R——刀盘半径（m）；

P_d——水平土压力（kN）。

6）刀盘圆周面上的摩擦力矩 M_6

$$M_6 = 2\pi R^2 B P_z \mu_p \tag{3-53}$$

式中　R——刀盘半径（m）；

B——刀盘宽度（m）；

P_z——刀盘圆周土压力（kN）。

刀盘圆周土压力 P_z 为：

$$P_z = (P_e + P_{01} + P_1 + P_2)/4 \tag{3-54}$$

7）刀盘背面的摩擦力矩 M_7

$$M_7 = \frac{2}{3}\left[(1-\alpha)\pi R^3 \mu_p \times 0.8 P_d\right] \tag{3-55}$$

8）刀盘开口槽的剪切力矩 M_8

$$M_8 = \frac{2}{3}\pi \cdot C_\tau R^3 \alpha \tag{3-56}$$

式中　C_τ——土的抗剪应力（kPa）。

土的抗剪应力：

$$C_\tau = C + P_d \tan\varphi \tag{3-57}$$

9）刀盘土腔室内的搅动力矩 M_9

$$M_9 = 2\pi(R_1^2 - R_2^2)LC_\tau \tag{3-58}$$

式中　R_1——刀盘支撑梁外径（m）；

R_2——刀盘支撑梁内径（m）；

L——支撑梁长度（m）。

3.8.4 出土量计算

每环理论出土量为：

$$V = \frac{\pi}{4}D^2 L \tag{3-59}$$

式中 D——盾构机刀盘直径（m）；
L——每环管片宽度（m）。

考虑地层松散系数及统计误差等因素，每环出土量允许浮动范围为3%。

3.8.5 同步注浆量计算

同步注浆填充开挖面与管片外壁之间的间隙，浆液注入量 V 按下式进行计算：

$$V = \pi\alpha(r_1^2 - r_2^2)L \tag{3-60}$$

式中 α——地层填充率；
r_1——刀盘开挖半径（m）；
r_2——管片外径（m）；
L——管片宽度（m）。

第4章 刀盘选型及刀具配置

在盾构机隧道施工中，刀盘作为盾构机的关键部件，主要起到开挖土体、稳定工作面及搅拌土砂的作用。因此，在掘进过程中，由于刀盘工作环境恶劣、受力复杂，刀盘的选型直接关系到盾构机的开挖效率、使用寿命及刀具费用。同时，刀盘上的刀具作为盾构机掘进的主要部件，刀具配置的合理性也直接影响到盾构机的掘进速度、效率以及掘进施工的成败。

4.1 刀盘结构选型

4.1.1 刀盘结构设计

盾构机刀盘结构形式要满足工程地质条件和施工控制的要求，刀盘结构形式分为面板式、辐条式和辐条面板式三种类型，如图 4-1 所示。具体应用时采用哪种刀盘形式，应根据施工条件和土质条件等因素决定。不同的刀盘形式在土舱构造、开挖面稳定、土压保持、土砂的流入性、刀盘负荷和扭矩及检查换刀等方面存在较大的差异。

（a）辐条式刀盘　　　　　（b）面板式刀盘　　　　　（c）辐条面板式

图 4-1 刀盘结构形式

不同地层刀盘结构形式选择如表 4-1 所示：

表 4-1 各刀盘适用地层

刀盘形式	开口率	适用地层	备注
辐条式刀盘	60%～70%	砂卵石地层、无水黏土地层	当卵石最大粒径超过螺旋输送机排渣能力时谨慎采用

续表

刀盘形式	开口率	适用地层	备注
面板式刀盘	10%~20%	富水淤泥地层、粉细砂地层	通常仅用于泥水平衡盾构
辐条面板式刀盘	25%~45%	复合地层、普通黏土地层、砾砂地层	应用范围最广泛,土压平衡盾构机、泥水平衡盾构机均可采用

针对辐条式刀盘和面板式刀盘,两者特性对比如表 4-2 所示:

表 4-2 面板式和辐条式刀盘的特性

比较项目	刀盘形式	
	面板方式	辐条方式
刀盘土舱构造	(掘削面、开口、面板、隔壁、P_1、P_2、P_3土压计、螺旋输送机)	(掘削面、开口、辐条、隔壁、P_1、P_3土压计、螺旋输送机)
开挖面与土舱内压力的关系	一般存在 3 个压力:P_1 为开挖面~面板之间;P_2 为面板开口进出口之间;P_3 为面板与密封舱内壁之间。其中,P_2 有扭矩产生的抵抗压力,受面板开口影响不易确定,而 $P_3=P_1-P_2$,开挖面压力不易控制,同时,控制压力往往低于开挖面压力	只有一个压力 P,密封舱内土压力计压力与开挖面的压力相等,$P_1=P_3$,因而平衡压力易于控制
开挖面稳定原理与土压保持的容易性	开挖面土压是每次刀盘面板受压→开挖面土压从面板开口经过到土舱内隔壁土压计查出后进行土压管理	开挖面土压是每次刀盘面板受压→开挖面土压是直接由土舱内隔壁土压计查出后进行土压管理
开挖面砂土的流入性	砂土从刀盘面板的开口经过流入土舱内→①土砂流进性影响开口形状及尺寸;②开口部的土砂容易产生附着和凝结	没有面板,砂土流入性好
开挖面的不稳定因素	土压管理值 $P_3=P_1$ 时,开口部发生附着凝结,刀盘土舱内闭塞→刀盘扭矩增大,导致不能掘削,P_3 的控制很困难,砂土性质决定 P_2 的变化	土压管理值 $P_3<P_1$ 时,开挖面砂土流进过多,产生开挖面不稳定,但没有面板,P_3 的控制较容易
刀盘荷载和扭矩	刀盘扭矩阻力大,需增加设备能力,造价高	刀盘扭矩阻力小,设备造价低
掘进途中换刀或土舱内检查	面板方式的止土效果好,比辐条方式安全	没有面板,土舱内作业时比面板方式的安全性低,加固土体费用高
开挖面出现障碍物时	出现大粒径障碍物时,螺旋输送机都无法排出,必须由工作人员进入到开挖面或土舱内人力清除,两种方式无异	
对(大粒径)砂卵石地层的适应性	可以配置滚刀破碎大砾,若需配置滚刀,则其适应性好,但刀盘面板磨碎严重	无法配置滚刀,适应性差,若不需配置滚刀,因其无面板,砂土流动阻力小,适应性好

4.1.2 刀盘基本参数确定

1）刀盘最大转速、刀盘扭矩

维持盾构机主要工作参数的动态平衡是盾构隧道安全施工的重要因素。刀盘的最大转速、扭矩应与盾构其他主要工作参数相适应，如盾构推力、土舱压力等。刀盘额定转速主要由刀盘线速度决定，一般根据地质条件，兼顾塑流化改良所需的搅拌线速度要求和切削刀具抗冲击能力等因素确定。国内外的经验表明，软土地层盾构的刀盘线速度一般大于 25 m/min，而砂卵石地层盾构的刀盘线速度一般取 20 m/min 左右。刀盘额定扭矩可通过理论计算或根据经验确定。

2）刀盘开口率

刀盘开口率是盾构机刀盘的重要参数，一般而言，在砂性地层中掘进时，刀盘的开口率较小，辐板可以支撑掌子面，保证盾构前进方向开挖面的稳定性，不会因掘进参数的选择而导致开挖面地层流失。但在项目施工过程中发现，刀盘在砂性土中推进时，小开口率会造成掘进困难、出土不流畅、刀盘扭矩大等问题。所以在满足刀盘结构强度、刀具布置以及岩层支护条件的情况下，应尽量增大刀盘开口率，特别是开口尽量靠近刀盘中心部位，要使渣土易于流动，防止结泥饼，提高开挖效率。

刀盘开口率可以通过以下公式进行初步确定：

$$e_{\max} = \frac{Q_{\max}}{Q_t} = \frac{\varepsilon^2 D(P_0 - P_t)}{2\left[\dfrac{2c}{K_1} + (1+K_0)\gamma H \dfrac{\tan\varphi}{K_2}\right]L} \tag{4-1}$$

式中 $e_{\max}$ ——最大出土率；

$Q_{\max}$ ——在当前刀盘开口率能达到的最大单位时间进舱土量（m³）；

Q_t ——单位时间内应该进入土舱的土体量（在推进速度为 v 的情况下）；

ε ——刀盘开口率；

D ——土舱直径（m）；

c ——土体黏聚力（kPa）；

φ ——土体内摩擦角（°）；

γ ——隧道中心以上土体的加权平均容重（t/m³）；

H ——隧道中心埋深（m）；

K_0 ——土体的静止侧压力系数；

L ——土舱长度（m）。

出土率为单位时间内盾构刀盘开口能达到的出土量和应该进入土舱的土体量之比。在砂卵石地层施工时，如果 $e_{\max} \leqslant 1$，则刀盘前方一定发生了挤土效应，刀盘前的土不能及时进入土舱，如果需要保证被切削的土体全部及时地流入土舱内，则 $e_{\max} \geqslant 1$。

4.2 刀具配置

在进行盾构刀具配置时需要考虑刀具的类别、刀具布置的高度差、刀间距的布置、刀座安装方式以及刀具布置方式等方面的问题，从而进行综合分析，才能得到符合施工要求的刀盘。

4.2.1 刀具分类

在整个盾构设备系统中，盾构机刀具的配置是影响掘进是否成功的重要因素，刀具的配置需要根据地质条件和施工要求进行合理设计及选型。盾构机刀具种类很多，包括滚刀、切刀、先行刀等多种刀具。应用于地质条件复杂的地层时，刀盘上既需要布置破岩用的滚刀，又需要布置刮削岩土的刮刀、切刀等。

1）滚刀

滚刀在盾构施工过程中主要是通过挤压破坏、挤压与剪切破坏、挤压与张拉破坏来破碎岩石。滚刀主要分为单刃滚刀和双刃滚刀，如图 4-2 所示。单刃滚刀一般安装在辐条和面板上，破岩能力强，主要用于硬岩掘进。双刃滚刀适用于软硬岩掘进，一般安装在刀盘的中心部分，但针对某些地层，也可通过在边滚刀位置采用双刃滚刀代替单刃滚刀的方法来降低刀具的磨损。

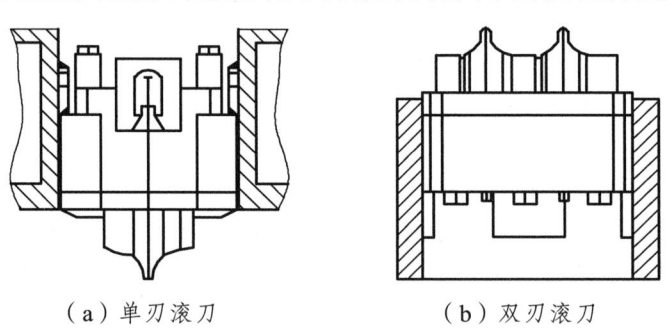

（a）单刃滚刀　　　　　　　（b）双刃滚刀

图 4-2 单双刃滚刀示意

滚刀在进行破岩掘进时，其刀圈直接与土体相互作用，因此滚刀刀圈的选择尤为重要。滚刀刀圈种类分为四类，包括耐磨层表面刀圈、标准钢刀圈、重型钢刀圈、镶齿硬质合金刀圈。各刀圈适用地层如表 4-3 所示。

表 4-3 滚刀刀圈适用地层

刀圈类型	适用地层
耐磨层表面刀圈	适用于掘进硬度为 40 MPa 的紧密地层，硬度为 80~100 MPa 的断裂砾岩、砂岩、砂黏土等地层
标准钢刀圈	适用于掘进硬度为 50~150 MPa 的砾岩、大理石、砂岩等地层

续表

刀圈类型	适用地层
重型钢刀圈	适用于掘进硬度为 120~250 MPa 的硬岩,硬度为 80~150 MPa 的高磨损岩层,如花岗岩、闪长岩、斑岩、蛇纹石及玄武岩等地层
镶齿硬质合金刀圈	适用于掘进硬度为 150~250 MPa 的花岗岩、玄武岩、斑岩及石英岩等地层

2）**切刀**

切刀在盾构向前推进的过程中,随刀盘旋转前进对开挖面土体产生轴向（沿隧道前进方向）剪切力和径向（刀盘旋转切线方向）切削力,在刀盘的转动下,通过刀刃和刀头部分插入地层内部切削地层,见图 4-3。

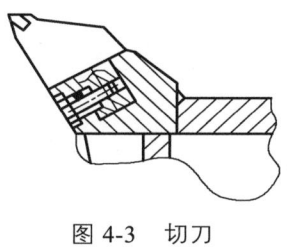

图 4-3 切刀

3）**先行刀或超前刀**

先行刀或超前刀布置在面板和辐条上、刮刀切削轨迹之间,通常比切刀高 40~50 mm,不起直接切削作用,用于先行松动原始地层,减小切刀切削阻力,降低其磨损,见图 4-4。

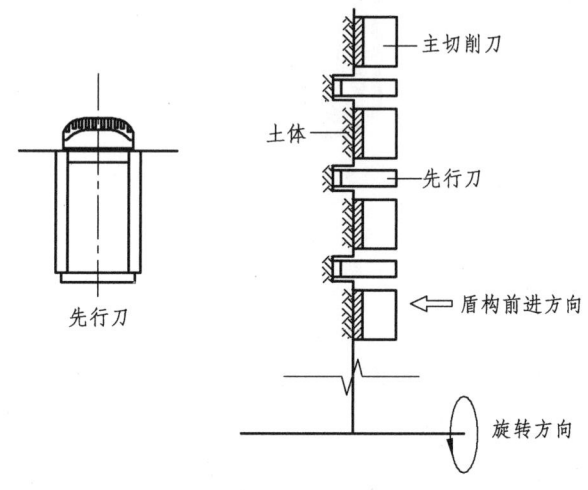

图 4-4 先行刀工作原理示意

4）**鱼尾刀**

鱼尾刀安装在盾构刀盘中心,通常用于砂卵石地层或强度较高的黏土地层,见图 4-5。鱼尾刀高出切刀 200~300 mm,用于先行刮刀盘中心部位土体,改善中心部位土体的流动性,防止结泥饼,同时减小其他切刀切削阻力,降低磨损。

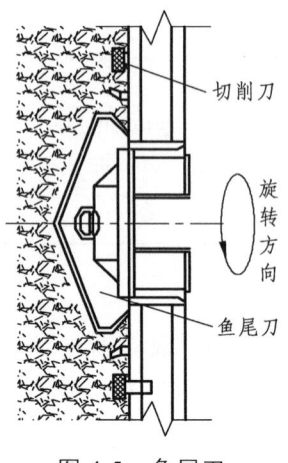

图 4-5　鱼尾刀

5）边刮刀

边刮刀安装在刀盘的弧形周边，可以切削软土，在硬岩中可用于刮渣，不足之处在于易磨损失效，见图 4-6。

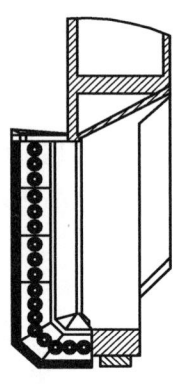

图 4-6　边刮刀

4.2.2　刀具的布置高度差

对于成都特殊复杂地层，刀盘不仅配置需要切削型刀具，而且还需要配置盘形滚刀，因而对于刀具布置的高度差也有一定的要求。由于切刀在黏土地层中掘进时寿命较长，在砂岩地层中掘进时寿命相对较短，因此在复合地层中，首先通过盘形滚刀进行破岩。滚刀的伸出高度一般比切刀要大，17 英寸①滚刀一般允许磨损量为 25 mm，边滚刀为 15 mm，所以一般滚刀和切刀的高度差应该大于 25 mm。例如：在海瑞克盾构机刀盘设计中，滚刀的伸出高度为 35 mm，保证滚刀在磨损情况下仍能避免切刀进行破岩，保证了切刀的使用寿命。

---

① 编者注：1 英寸≈25.4 mm，17 英寸≈0.4318 m。本书中盾构刀具的长度单位按惯例采用英寸。

4.2.3 刀间距布置

盾构机在掘进过程中，由于首先通过盘形滚刀进行破岩，因此对于盘形滚刀的刀间距合理布置的要求为：

① 每把盘形滚刀在破岩时所受的负荷相等，即每把刀的破岩量相等，刀刃两侧的侧向反力能相互抵消。

② 作用在刀盘体上的各点外力相互平衡，其合力通过刀盘中心，不产生倾覆力矩。因此，刀盘面板正面的盘形滚刀的刀间距在 50～120 mm，对于软岩取最大值，硬岩层取最小值。

隧道如果以硬岩为主，也有中硬岩时，刀间距按二者兼顾的原则选择。如石灰岩地层的刀间距取 80 mm，花岗岩地层取 50 mm，在综合布置时刀间距取 70 mm 为佳。

隧道如果以软岩为主，也有少量硬岩时，刀间距按软岩选择，掘到硬岩地段时，可以慢速掘进。

对于周边刀的刀间距，从邻近正刀开始，向外缘逐渐减少，最后两把相邻边刀的刀间距弧长一般为 20～25 mm，最后一把边刀的刀倾角一般为 70°。边刀的布置采用圆弧过渡，过渡区的曲率半径及边刀数量取决于盾构机直径的大小。对于小直径的盾构机，曲率半径为 300～350 mm，边刀数为 6～8 把；对于大直径的盾构机，曲率半径为 600～650 mm，边刀数为 15～18 把。

4.2.4 刀座安装方式

为了方便刀具的更换，刀具安装一般采用螺栓固定的方法，如图 4-7 所示。滚刀的安装一般有刀盘前方安装和刀盘后方安装。前者在更换刀具时需通过刀盘中的人孔将盘形滚刀搬到刀盘前方，但当刀具较重时，换刀困难，另外由于紧靠掌子面，所以换刀很不安全，因此目前换刀方式一般采用刀盘后方安装形式。

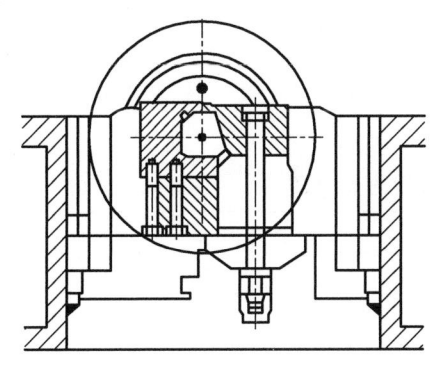
（a）滚刀安装方式

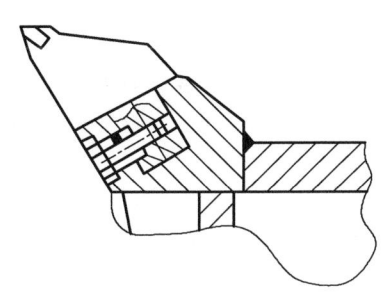
（b）切刀安装方式

图 4-7 刀具安装方式

4.2.5 刀具的布刀方式

从几何学角度,刀具在刀盘上的布置方法主要有阿基米德螺旋线布置法和同心圆布置法。同心圆布置法是圆心相同半径不同的圆,以刀盘的中心为圆心,以 R_0 为首项,刀间距 S 为公差的等差数列画圆,以辐条为布置区域布置刀具。目前,为保证盾构机成功掘进并在能够实现正、反两方向回转的前提下,盾构机刀盘需要达到布局合理、结构和负载的最优的设计要求,因此更多的是采用阿基米德螺旋线布置法。

1) 单阿基米德螺旋线布置法

阿基米德螺旋线用极坐标描述为:

$$\rho = \rho_0 + \alpha(\theta - \theta_0) \quad (4\text{-}2)$$

式中 ρ ——极径(mm);

ρ_0 ——极径初始值(mm);

α ——常数;

θ ——极角(rad);

θ_0 ——极角初始值(rad)。

$\Delta\rho$ 为阿基米德螺旋线的螺距,根据公式可知,对于单螺旋线而言其螺距始终为 $2\pi\alpha$,即 $\alpha = \Delta\rho/2\pi$。单阿基米德曲线如图 4-8 所示:

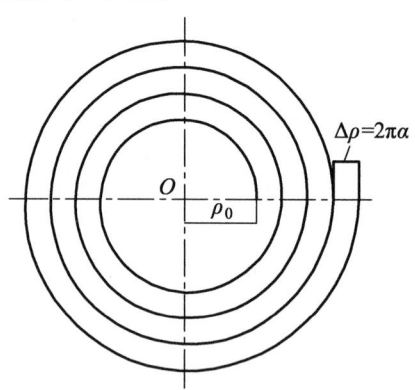

图 4-8 单阿基米德螺旋线示意

单阿基米德螺旋线布置参数如表 4-4 所示。

表 4-4 单阿基米德螺旋线布置参数

参数名称	参数表示
盾构机外径	D_1
圈辐条数	N_f
中心刀长度	d
刀盘切削外径	D_2
外缘刀头宽度	b_2
刀头宽度	b_1

则刀具数量 N^*：

$$N^* = \frac{\frac{D_2}{2} - \frac{d}{2} - b_2}{b_1} \quad (4-3)$$

刀具与中心刀的重合量 c：

$$c = b_1 |N_Q - N^*| \quad (4-4)$$

第一把刀具的极角为 θ_0，单条阿基米德螺旋线布置刀具的轨迹表达式为：

$$\rho = \left(\frac{d}{2} + \frac{b_1}{2} - c\right) + \frac{N_f \cdot b_1}{2\pi} \cdot (\theta - \theta_0) \quad (4-5)$$

2）双阿基米德螺旋线布置法

当采用双螺旋线布置时，布置曲线所需参数的计算方法与单螺旋线完全相同。其中第一条螺旋线的布置曲线与单螺旋线布置相同，第二条螺旋线与第一条螺旋线相比，螺距大小相等，极轴初始值关于极坐标左右对称，曲线旋转方向一致。如图4-9所示。

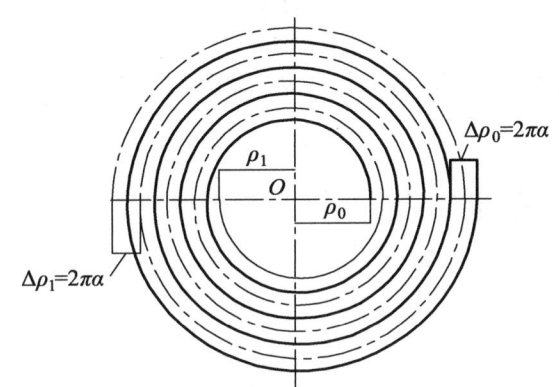

图 4-9 双阿基米德螺旋线示意

4.3 成都地铁盾构刀盘选型及刀具配置要点

成都地铁隧道施工主要以砂卵石地层为主。盾构施工容易出现的问题为：

① 刀盘扭矩大、盾构推力大。在砂卵石地层中施工时，刀盘扭矩值常居高不下，而且波动幅度小，刀盘过载和扭矩过大的情况经常出现，当刀盘扭矩过大时，便会无法继续施工。

② 刀盘、刀具的不均匀磨损。在砂卵石地层中施工时，刀盘及刀具的磨损主要有以下几点特征：

a. 有很大部分先行刀磨损严重，越是靠近刀盘外缘的刀具磨损越严重，周边刮刀往往完全磨损或造成松动脱落。

  b. 切刀容易松动脱落，同样也是刀盘外缘的切刀比靠近中心部位的切刀磨损严重。

  c. 刀盘面板磨损比较严重。

  ③盾构刀盘卡死。刀盘卡死的情况在砂卵石地层尤其是含有大直径卵石地层中发生的概率比较高，主要原因是掘进过程中螺旋输送机转速与推进速度配合不当，一些大粒径的卵石被留在土舱中，当增多到一定的数量后造成刀盘受到的摩擦力超过自身的额定最大扭矩时，刀盘就会被卡住不能施工。

  基于以上出现的问题，砂卵石地层刀盘选型及刀具配置时要注意以下几点：

  ①盾构机刀盘刀具选型及刀具布置要合理。当配置适合砂卵石地层施工的刀具及布置形式时，不仅需要保证良好的断面切削效果，还需要有效减小刀具的不均匀磨损现象。

  ②盾构推力和扭矩配置要合理。在进行扭矩和推力配置时要考虑到极限工况，推力和扭矩计算模型要精确，安全系数选用要合理。如此能有效降低因地质情况引起的刀盘停转问题发生的概率。

  ③合理选择刀盘开口率。在砂卵石地层中施工时，由于大直径卵石（漂石）的存在，在掘进时需要保证被破碎的卵石（漂石）碎块能顺利进入土舱。

4.4　成都地铁盾构刀盘选型及刀具配置实例

4.4.1　成都地铁1号线三期南段工程2标段刀盘选型及刀具配置

  1）刀盘结构

  成都地铁1号线三期南段工程2标段内，隧道穿越主要为砂岩地层及泥岩地层。因此，综合考虑此标段地层特点，盾构机采用辐条面板式刀盘，可安装足够数量的滚刀，通过在受力主梁上增加加强材料的方法可保证刀盘具有足够的刚度和强度。盾构机采用中铁4、17、18、23号盾构机。刀盘开口率分别41%、39.8%、39.4%、40%。开口在整个盘面均匀分布，保证刀盘掘进过程中渣土顺利进入土舱。在正常的进渣情况下，此刀盘结构可以实现渣土径向方向的顺利流动，使渣土在刀盘中心区域不易形成因流动不畅而引起的堵塞和堆积，从而有效降低中心结泥饼的概率。

  2）刀具配置

  在此工程中的4台盾构机所采用的刀盘及刀具设计形式充分考虑了此标段的地质特点。本标段地层大部分为泥岩、砂岩地层以及砂卵石地层，所以施工单位对刀盘的刀具布置进行了相应的改造。滚刀采用17英寸中心双联滚刀、17英寸单刃正滚刀和18英寸单刃边滚刀。切刀专门设计溜渣槽，使渣土能更顺利地进入土舱，并在刀盘上配置相应的保护性刀具辅助掘进。每台盾构机刀盘的刀具布置分别如表4-5～表4-8所示。

表 4-5 4 号机改造刀具配置

4 号机改造切削刀具			
序号	刀具名称	数量	刀高
1	17 英寸中心双联滚刀	5 把	165 mm
2	18 英寸单刃边滚刀	4 把	165 mm
3	17 英寸单刃正滚刀	23 把	165 mm
4	切刀	46 把	125 mm
5	边刮刀	12 把	125 mm
6	面板焊接式先行刀	12 把	145 mm
7	保径先行刀	6 把	145 mm
4 号机改造保护性刀具			
1	切刀刀座保护块	46 把	
2	泡沫口保护刀	5 把	

表 4-6 17 号机改造刀具配置

17 号机改造切削刀具			
序号	刀具名称	数量	刀高
1	17 英寸中心双联滚刀	4 把	165 mm
2	18 英寸单刃边滚刀	4 把	165 mm
3	17 英寸单刃正滚刀	29 把	165 mm
4	切刀	66 把	132 mm
5	边刮刀	16 把	132 mm
6	保径先行刀	6 把	155 mm
4 号机改造保护性刀具			
1	大圆环保护刀	16 把	
2	泡沫口保护刀	5 把	

表 4-7 18 号机改造刀具配置

4 号机改造切削刀具			
序号	刀具名称	数量	刀高
1	17 英寸中心双联滚刀	4 把	165 mm
2	18 英寸单刃边滚刀	6 把	165 mm
3	17 英寸单刃正滚刀	30 把	165 mm
4	切刀	32 把	132 mm
5	边刮刀	8 把	132 mm
6	面板焊接式先行刀	12 把	155mm
7	保径先行刀	6 把	155 mm

4号机改造保护性刀具配置			
序号	刀具名称	数量	刀高
1	切刀刀座保护块	32 把	
2	泡沫口保护刀	5 把	
3	大圆环保护刀	16 把	

表4-8 23号机改造刀具配置

4号机改造切削刀具			
序号	刀具名称	数量	刀高
1	17英寸中心双联滚刀	6 把	165 mm
2	18英寸单刃边滚刀	4 把	165 mm
3	17英寸单刃正滚刀	24 把	165 mm
4	切刀	32 把	125 mm
5	边刮刀	16 把	125 mm
6	面板焊接式先行刀	12 把	145 mm
7	保径先行刀	6 把	145 mm
4号机改造保护性刀具			
1	切刀刀座保护块	60 把	
2	泡沫口保护刀	5 把	
3	大圆环保护刀	24 把	

在本标段采用此类刀具布置对地层具有良好的适应性，滚刀与刮刀刀刃高差的存在保证了在泥岩、砂岩中进行破碎时保护刮刀不受损害。刀具与刀盘面板间高差的存在以及切刀的溜渣槽有利于渣土的流动和排出。

4.4.2 成都地铁3号线二、三期工程土建9标段刀盘选型及刀具配置

成都地铁3号线二、三期工程土建9标段为砂卵石地层，在此标段两台盾构所采用的刀盘及刀具配置充分考虑了砂卵石地层的地质特点。

1）刀盘结构

盾构机刀盘采用辐条面板式结构，刀盘开口率为36%，开口在整个盘面均匀分布，保证刀盘掘进过程中渣土顺利进入土舱。在正常的进渣情况下，此刀盘结构可以实现渣土的顺利流动，在实际施工中取得的效果良好。

2）刀具配置

① 滚刀。

此标段所采用盾构机刀盘共配置4把中心双联滚刀，刀高175 mm，正面为20把单刃滚

刀,边缘为12把单刃滚刀,单刃刀高度为187.7 mm。中心双联滚刀和单刃滚刀的安装均通过两组楔形块、拉紧块和长螺栓锁紧刀轴,能实现刀具的快速安装和拆卸。

② 切刀。

刀盘上配置32把方形齿刀,高度为130 mm。每把刀均具备良好的耐磨和耐冲击性,并且专门设计了溜渣槽,渣土能更顺利地进入土舱。

③ 边刮刀。

在刀盘上配置8把边刮刀,高度为130 mm,刀头材料均采用E5类材料,刀盘边刮刀为弧形结构,具备良好的耐磨和抗冲击性能。刀盘大圆环焊接有刀盘保护刀和保径刀,能有效地保护刀盘大圆环,防止大圆环磨损以及切口卡卵石现象的发生。

4.4.3 成都地铁4号线3标段刀盘选型及刀具配置

成都地铁4号线3标段区间隧道大部分卵石含量高、粒径大,区间隧道穿越的地层主要为<2-8>卵石土地层。该层卵石含量高达75%,粒径以20~80 mm为主,充填物为细砂,局部夹少量角砾或漂石,分选性差,局部含有大粒径、高强度漂石。因此,刀盘结构和刀具配置需满足此标段地质特点。

1)刀盘结构

此标段盾构机刀盘直径为6 280 mm(安装新滚刀时的最大直径),刀盘厚度为450 mm,从法兰盘底面到刀盘面板高1 310 mm。刀盘结构形式采用辐条面板式,刀盘为焊接结构,在刀盘上焊接了安装各种刀具的刀座。为了保证刀盘整体结构的刚度和强度,周边和中心部件在制造时采用先栓接后焊接的方式连接。

2)刀具配置

刀具配置满足本标段地质特点,根据刀具在砂卵石、基岩(卵石密集区)中不同的破岩机理来进行设计和选择。刀盘上可以安装不同类型的刀具以适应不同地层的开挖,主要刀具类型有中心双刃滚刀、单刃滚刀、撕裂刀、铲刀和刮刀,其中滚刀和齿刀的刀座形式相同,根据不同的地质类型两种刀具可以互换。在卵石密集区中掘进时刀盘需安装滚刀,在砂卵石中掘进时可以根据需要把滚刀更换为对应形式的齿刀。

针对该砂卵石地层,刀具选择包括:

① 对粒径小于300 mm的卵石、砾石及砾石土,可通过刀盘上布置的滚刀滚压松动后,由刮刀切削下来,从而进入土舱排出。

② 滚刀刀圈采用高度耐磨的材料;刮刀刀体具有高耐磨性,刀刃为镶嵌硬质合金刀刃,背面焊有耐磨层。

③ 所有刀具都可以在刀盘背后换装,从而保证安全、高效地更换刀具。

④ 滚刀和齿刀刀座形式相同,根据不同的地质类型,两种刀具可以互换,从而提高对地

层的适应性。

此标段刀具配置数量如表 4-9 所示。

表 4-9 刀具配置

刀具名称	数量
18 英寸双刃中心滚刀	4 把
18 英寸单刃滚刀	17 把
18 英寸双刃滚刀	15 把
焊接撕裂刀	20 把
喷口保护刀	6 把
刮刀	32 把
边刮刀	8 把

刀盘结构及刀具配置如图 4-10 所示。

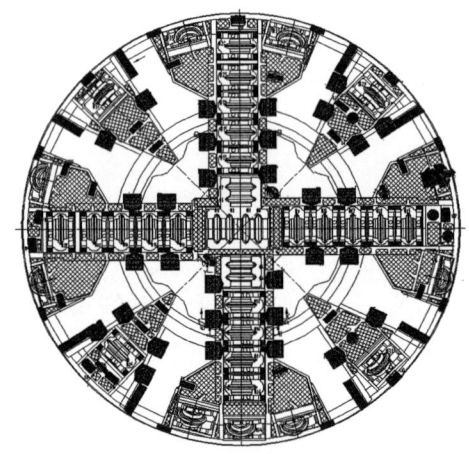

图 4-10 成都地铁 4 号线 3 标段刀盘结构及刀具配置

4.4.4 成都地铁 6 号线 3 标段刀盘选型及刀具配置

1）刀盘结构

成都地铁 6 号线 3 标段富水砂卵石地层具有大粒径漂石比例高、含水量高及掌子面不易稳定等特点。在刀盘结构设计方面需考虑在以排为主破碎为辅的前提下满足较好的抗冲击性和强度要求，从而满足土压平衡模式下的高扭矩。根据地质资料，刀盘采用四辐条+四面板的辐板式设计，刀盘直径为 6 280 mm，为带有轮廓的封闭钢结构件。刀盘开口率达 35%，用以提高中心低速渣土的流动性，降低泥饼形成的危险。刀盘结构如图 4-11 所示。

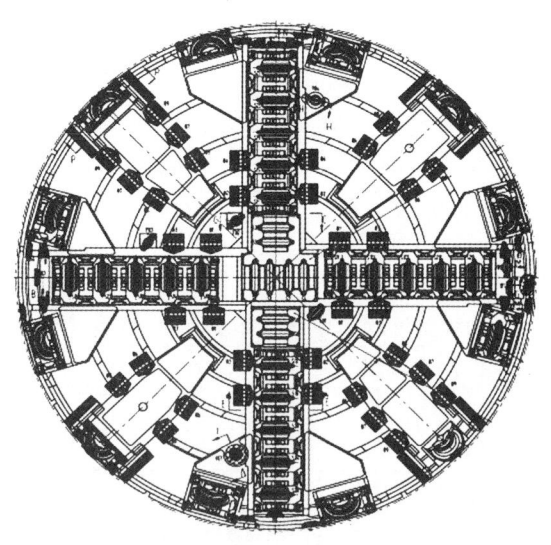

图 4-11 成都地铁 6 号线 3 标段工程刀盘结构

同时，针对地层的特殊性，在刀盘上进行了一些细节改进措施：

① 采用 Z 字形连续肋板的设计，在对 $\phi 350$ mm 粒径进行筛选的同时，提高整体扭矩传递的均匀性和流经肋板处渣土的流动性，如图 4-12 所示。

② 开口处的纵深方向采用梯形设计即"严进宽出"的结构，有利于渣土的纵向流动，提高渣土的流动效率，继而降低滞磨率，如图 4-13 所示。

图 4-12 Z 字形肋板

图 4-13 梯形渣口

2）刀具配置

针对成都地铁 6 号线 3 标段地质特性，对刀具配置也进行了以下一系列的改进：

① 针对砂卵石地质的高冲击性，滚刀采用加宽型刀刃，且可换装 18 英寸刀圈，刀毂部分加焊耐磨层，尽可能减少中途换刀的次数以控制地面沉降。

② 增加边缘区域切刀、刮刀的数量，提高刀盘边缘区域的耐磨性能，有效保证开挖直径。

③ 切刀、边刮刀都采用合金设计，大大提高了刀具的耐磨性能以及耐冲击性能，刀座背部采用了耐磨合金保护刀座，各面板处也布置了相应的导流刀具用于保护刀座。

④ 中心采用端盖式滚刀，刀座尺寸较小，刀间距可以做得更窄，在不减少刀具配置的情况下增大刀盘中心开口率。

⑤ 针对外周刀具的高损坏率，在设计方面增加了相应的保护刀具，用以提高刀具的使用

寿命，进而提高有效掘进距离。

刀具配置如表 4-10 所示。

表 4-10　刀具配置表

刀盘结构	辐条面板式
中心刀具	4 把双联 17 英寸双联滚刀，刀间距 90 mm，刀高 187.5 mm
正面刀具	21 把，17 英寸刀体，装 18 英寸刀圈，间距 95 mm，刀高 187.5 mm，装 18 英寸加厚刀圈
边缘滚刀	11 把边缘滚刀（17 英寸刀体，装 18 英寸刀圈，双刃）
切刀	36 把，刀间距 200 mm，刀高 130 mm
边缘刮刀	8 对
超挖刀	1 把超挖齿刀，超挖量 50 mm
导流刀	6 把
贝壳刀	12 把
泡沫喷嘴	6 个
刀具磨损检测点	2 个

4.5　刀盘耐磨措施

4.5.1　刀盘磨损

成都地铁隧道施工主要以砂卵石地层为主，盾构在砂卵石地层掘进过程中，除刀具磨损消耗大外，刀盘结构本身磨损也比较大，特别是刀盘外圈梁，且磨损之后在洞内难以修复。

刀盘的磨损部位主要有：

① 刀盘最外周靠近前盾切口处的一圈耐磨环的磨损。即在刀盘旋转过程中卡在刀盘边缘耐磨环和前盾切口间的砂、卵石产生的挤压和磨削磨损。

② 刀盘面板的磨损。主要是刀盘上的刀具损坏后，砂、卵石直接与刀盘面板接触造成的磨削磨损。

③ 刀座的磨损。刀具损坏后，缺少刀具保护的刀座直接与砂卵石地层接触摩擦而产生的磨削磨损。

这些磨损都是由于土舱中堆积大量砂、卵石，刀盘包裹在砂、卵石中，刀盘的边缘、面板和刀座都直接与砂卵石接触，刀盘在旋转过程中使刀盘、刀具多次摩擦产生的磨削磨损。

4.5.2　刀盘耐磨措施

针对盾构机的刀盘磨损情况，可通过以下措施提高刀盘的耐磨性。

1）结构方面

① 刀盘、刀座的防护。刀盘面板的正反面采用耐磨堆焊和焊接耐磨板进行防护。

② 刀盘外周的耐磨环、刮刀和切刀座采用耐磨焊条堆焊和保护性导流刀进行防护。

2）渣土改良

通过对渣土进行改良，提高渣土的流动性，减小渣土的摩擦因数。主要通过加入膨润土和泡沫，降低砂、卵石地层的摩擦因数。

3）掘进参数控制

① 适当降低刀盘转速和提高刀具的贯入度。刀具磨损量与刀盘转速成正比，与掘进速度成反比。降低刀盘转速和提高刀具的贯入度可减小刀具磨损量，从而增加掘进长度，相对延长刀具的使用寿命。

② 适时交替使用刀盘正、反转，并尽可能使正、反方向切削刀的切削长度相同。盾构刀具通常对称设置，交替使用刀盘正、反转可避免相邻刀具的磨损量相差过大，同时充分利用刀具的切削能力。

③ 在自立性好的地段可以适当降低土压。

4.5.3 刀盘耐磨措施实例

针对成都地铁，以成都地铁 3 号线 9 标段及成都地铁 6 号线 3 标段盾构机掘进中所采取的刀盘耐磨措施为例：

1）成都地铁 3 号线土建 9 标段

成都地铁 3 号线土建 9 标段采用的刀盘耐磨措施包括：

① 用进口耐磨焊丝对刀盘面板以及空隙部分以格栅的形式堆焊（图 4-14），并且在原有的基础上加密堆焊，堆焊高度为 1.5~2 cm。

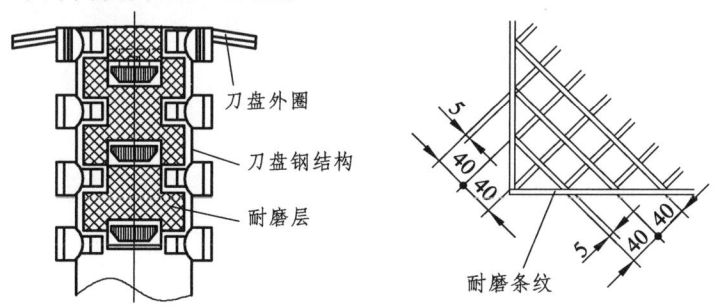

图 4-14 刀盘耐磨条纹

② 对刀盘面板上有缺陷的部分进行加固补焊。

③ 拆除并修复全部滚刀，更换合金掉落的切刀和边缘刮刀等。

④ 对缺损的刀具及紧固件、连接件进行补充或修复，重新焊装的刀座、刀体保证其相对位置的准确性。

⑤ 对磨损严重的刀盘磨损监测块及时进行更换或堆焊。

⑥ 个别损坏的刮刀刀座采取气刨后，焊接新的刀座，更换焊接个别磨损严重的切刀保护刀。

2)成都地铁 6 号线土建 3 标段

① 在成都地铁 6 号线土建 3 标段盾构施工中,盾构机出洞到站对刀盘面板修理时,在刀盘、刀座周围焊上足够的耐磨层,以保护刀具和刀座。

② 加焊耐磨层时注意刀盘面板渣土的流动性,如果耐磨层突出部分的位置不正确,就易在刀盘上结饼,造成盾构无法正常推进。刀盘、刀具的具体保护方案要根据前方施工地层的情况(如渣土的含泥量、大小卵石的比例等)来确定。但刀盘的中心部分要少做堆焊,以减少结泥饼的风险。

③ 刀盘外圈梁切口环处为整圈耐磨合金块,可降低刀盘在卵石和砂砾层掘进时渣土对刀盘外圈梁的磨损。泡沫嘴处设有保护刀,滚刀、切刀、刮刀刀座处均焊有合金保护块保护,如图 4-15 所示。

(a)镶嵌合金的耐磨环

(b)泡沫嘴保护刀

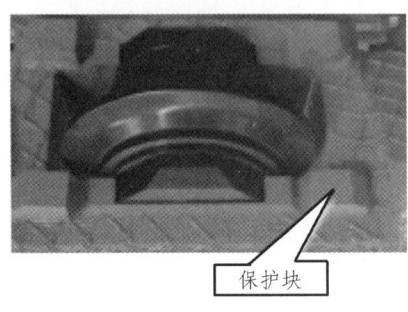
(c)滚刀保护块

(d)切刀刀座合金块保护

图 4-15 刀盘刀具保护措施

④ 刀盘设置有两处磨损检测装置,可检测一定轨迹区域的滚刀磨损和防止漂石破坏刀盘盘体,如图 4-16 所示。

图 4-16 磨损检测装置

第 5 章　边滚刀破岩特性及优化布置研究

滚刀作为盾构机在掘进过程中对开挖面地层切削的主要刀具，其磨损程度相当严重。现今国内对于滚刀的研究主要针对正滚刀，对于边滚刀的研究相对较少。而边缘滚刀距离刀盘中心的距离最远，因此在刀盘旋转破岩的时候边滚刀滚压的距离是最长的，线速度远远大于靠近面板中心的刀具，此外由于安装时刀具自身轴线与刀盘中心轴线存在倾角，在刀盘正面推进时，边滚刀受力情况较为复杂。工程实践表明，边滚刀发生过度磨损、刀圈断裂、刀圈偏磨等失效情况的概率也远远大于其他位置的滚刀。因此，对于边滚刀破岩特性以及优化布置的研究尤为重要。

本章采用如图 5-1 所示刀盘为实例进行分析，该刀盘直径为 6 250 mm，安装有 4 把中心双刃滚刀，20 把单刃面板刀，12 把单刃边滚刀。边滚刀及部分面板刀的破岩轨迹如图 5-2 所示。

边滚刀的破岩特性研究相对比较复杂，因此，在进行边滚刀破岩特性研究时，需要先对边滚刀进行受力分析，得出边滚刀的各向受力情况。再基于破岩力模型计算滚刀的破岩比能耗，以此作为判别破岩效率的条件，可以得出滚刀破岩的裂纹不贯通和贯通两种情况下岩石破碎体积的计算方法，并得出破岩体积和破岩效率的影响因素。最后可通过建立边滚刀优化布置模型进行求解，得出边滚刀的优化布置方法。

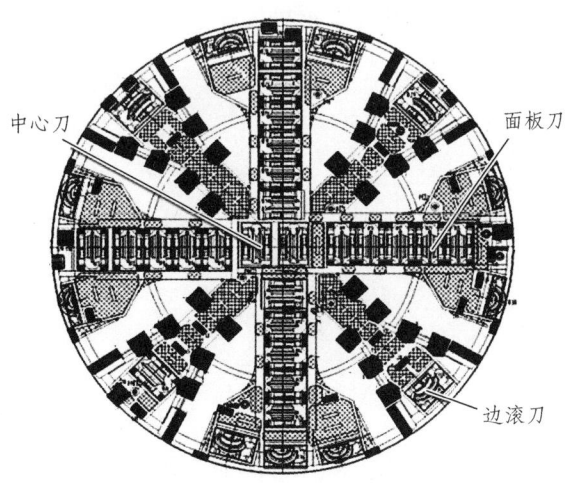

图 5-1　刀盘刀具布置示意

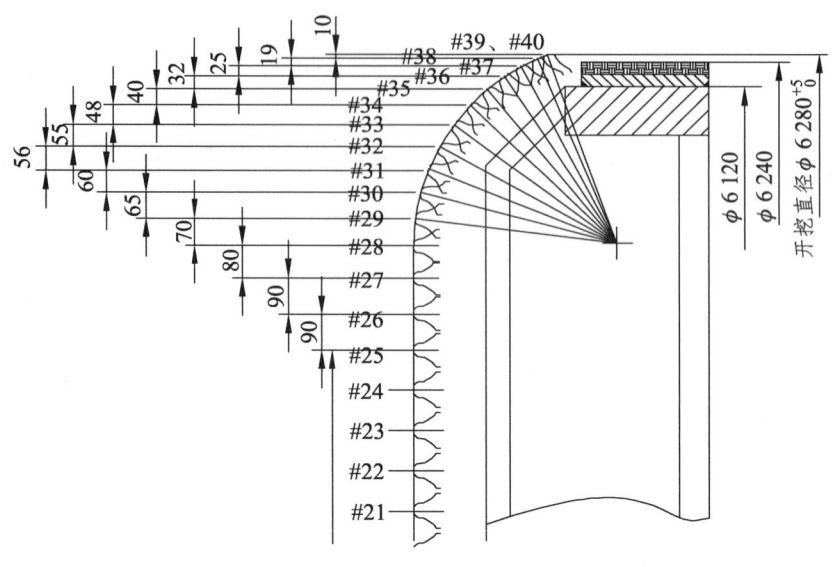

图 5-2 边滚刀轨迹示意

5.1 边滚刀受力情况分析

通常认为盘形滚刀侵入岩石时的受力可以分解为如图 5-3 所示三个方向：垂直于掌子面的垂直力 F_n，由推进系统反向推进刀盘得到；与滚刀刀圈外圆相切的滚动力 F_r，由刀盘驱动系统提供的扭矩得到；指向刀盘轴线的侧向力 F_s，由离心力和滚刀侵入岩石的侧向剪切力合成得到。对于正面滚刀而言，F_s 远小于 F_n 和 F_r，因此可以将其忽略；然而对于边滚刀，因为有安装倾角，其受力情况比较特殊，其侧向力不可忽略。

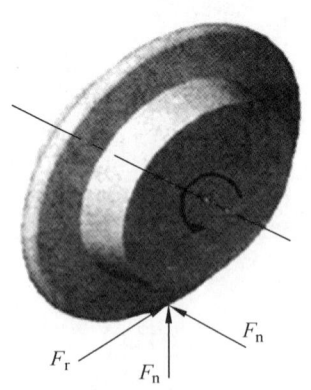

图 5-3 滚刀所受三向力示意

关于滚刀切削岩石受力的计算已有较多的学者对此进行过研究，而目前应用较多的是 CSM 预测模型。该模型由科罗拉多矿业学院（CSM）经过多次对滚刀在不同切入深度、不同滚刀间距、不同滚刀尺寸条件下进行切削试验得到。CSM 模型示意图如图 5-4 所示。

第 5 章 边滚刀破岩特性及优化布置研究

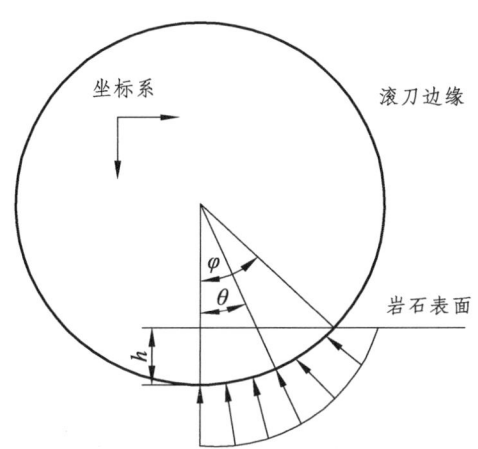

图 5-4 滚刀正面 CSM 受力分析

对于正面滚刀其合力 F_t 可以由下式表示：

$$F_t = \int_0^\varphi Trp \mathrm{d}\theta = \int_0^\varphi Trp_0 \left(\frac{\theta}{\varphi}\right)^\psi \mathrm{d}\theta = \frac{Trp_0\varphi}{1+\psi} \tag{5-1}$$

$$\varphi = \arccos\left[(r-h)/r\right] \tag{5-2}$$

$$p = p_0(\theta/\varphi)^\psi \tag{5-3}$$

式中 φ——滚刀与岩石接触弧的度数；
T——滚刀刀圈刃宽（mm）；
r——滚刀半径（mm）；
p——岩石破碎区任意一点压力（kPa）；
p_0——刀圈下方破碎区压力（kPa）；
θ——刀刃工作点与破岩最深点夹角（°）；
ψ——刀尖压力分布系数；
h——刀尖贯入度（mm）。

其中，刀尖压力分布系数取值范围是 $-0.2 \leqslant \psi \leqslant 0.2$，当刀圈刃形为楔形时，$\psi$ 取 0.2，反之，刃宽越大时取值越小，最大情况下取值 -0.2。刀圈下方破碎区压力可以用下式表示：

$$p_0 = C\sqrt[3]{\frac{S\sigma_c^2\sigma_t}{\varphi\sqrt{rT}}} \tag{5-4}$$

式中 C——常数，恒等于 2.12；
S——滚刀间距（mm）；
σ_c——岩石单轴抗压强度（kPa）；
σ_t——岩石抗拉强度（kPa），约为抗压强度的 1/10~1/30。

联立式（5-1）~式（5-4），可以推导得到滚刀垂直力 F_n 和滚动力 F_r：

$$F_\mathrm{n}=F_\mathrm{t}\cos\frac{\varphi}{2}=C\frac{rT\varphi}{1+\psi}\sqrt[3]{\frac{S\sigma_\mathrm{c}^2\sigma_\mathrm{t}}{\varphi\sqrt{rT}}}\cos\frac{\varphi}{2} \quad (5\text{-}5)$$

$$F_\mathrm{r}=F_\mathrm{t}\sin\frac{\varphi}{2}=C\frac{rT\varphi}{1+\psi}\sqrt[3]{\frac{S\sigma_\mathrm{c}^2\sigma_\mathrm{t}}{\varphi\sqrt{rT}}}\sin\frac{\varphi}{2} \quad (5\text{-}6)$$

因此滚动力 F_r 和垂直力 F_n 之间存在线性关系，当滚刀垂直力大小不变时，随着滚刀与岩石接触弧的度数 φ 的增大，滚动力相应增大，由此垂直力 F_n 和滚动力 F_r 之间的关系又可以用下式表示：

$$F_\mathrm{r}=F_\mathrm{n}\cdot\tan\frac{\varphi}{2} \quad (5\text{-}7)$$

滚刀的侧向力利用下式计算，该式应用空间运动学原理根据滚刀破岩时的运动特性推理得到：

$$F_\mathrm{s}=\frac{\tau}{2}(r\varphi)^2\sin\frac{r\varphi}{2\rho} \quad (5\text{-}8)$$

式中　τ——岩石抗剪强度，约为抗压强度的 1/8～1/12（kPa）；

ρ——滚刀安装极径（mm）。

上述计算过程是 CSM 模型对于面板刀破岩的受力计算，而对于边滚刀来说，其对于掌子面的法向推力需要经过一些转换计算得到。边滚刀在刀盘正面及截面的受力示意如图 5-5 所示，根据刀盘的设计理论，所有滚刀在刀盘推力的作用下受到的隧道轴线方向的反作用力大小相同，目的为平均分担刀盘荷载。对于正面滚刀来说，隧道轴线方向的反作用力与垂直力大小相同；对于边滚刀，由于有安装倾角 α 存在，所以其垂直力是隧道轴线反作用力在滚刀法平面的分力。

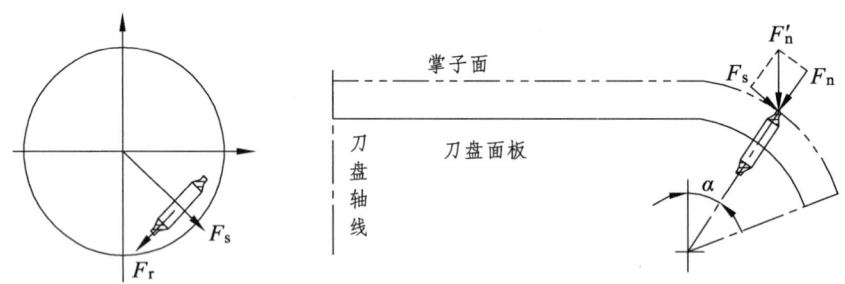

图 5-5　刀盘推力和各滚刀法向推力示意

由此可以认为，仍然可以利用 CSM 模型计算边滚刀垂直力和滚动力，在边滚刀法面方向，其破岩机理和面板刀的破岩机理是一样的。在计算时，边滚刀的垂直力需要在原有垂直力公式的基础上考虑安装倾角的影响，由于本书仅对边滚刀进行研究，下文中 F_n、F_r、F_s 分别表示边滚刀的垂直力、滚动力和侧向力。其中垂直力可以用下式表示：

$$F_\mathrm{n}=C\frac{rT\varphi}{1+\psi}\sqrt[3]{\frac{S\sigma_\mathrm{c}^2\sigma_\mathrm{t}}{\varphi\sqrt{rT}}}\cdot\cos\frac{\varphi}{2}\cdot\cos\alpha \quad (5\text{-}9)$$

边滚刀滚动力仍然可以用 $F_\mathrm{r}=F_\mathrm{n}\tan(\varphi/2)$ 计算，随着安装倾角的增大，边滚刀法面方向的推力逐渐减小，同样的其滚动力也随之逐渐减小。

侧向力的计算视盾构工况而定，滚刀在刀盘推力作用下已贯入掌子面中做纯滚动时，仍然可用式（5-8）计算，但考虑到边滚刀变切深的特性，如图5-6所示，某安装倾角的边滚刀其实际贯入度为刀盘贯入度与倾角余弦值的乘积，将计算式改进为：

$$\begin{cases} F_\mathrm{s} = \dfrac{\tau}{2}(r\varphi)^2 \sin\dfrac{r\varphi}{2\rho} \\ h' = h\cos\alpha \\ \varphi = \arccos\left(\dfrac{r-h'}{r}\right) \end{cases} \quad (5\text{-}10)$$

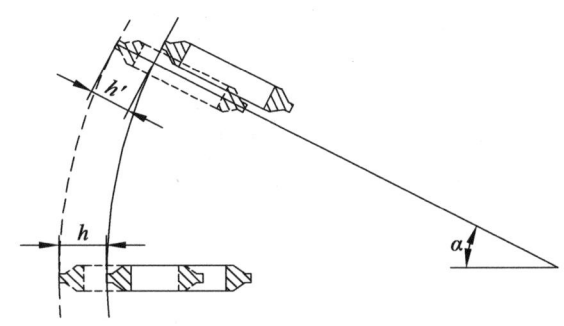

图 5-6　边滚刀变切深特性

在刀盘推力作用下，计算时还需要考虑隧道轴线方向作用力在侧向的分力，可用下式计算：

$$F_\mathrm{s} = \dfrac{\tau}{2}(r\varphi)^2 \sin\dfrac{r\varphi}{2\rho} + F_\mathrm{n}\tan\alpha \quad (5\text{-}11)$$

由式可知，随着安装倾角的增大，边滚刀的侧向力是在不断增大的，因此越靠近刀盘边缘的滚刀，受力情况越恶劣，对刀圈的磨损和轴承受力都有不利影响。

5.2　滚刀破岩效率分析

滚刀的受力情况与破岩性能息息相关，但并不能直观地反映破岩效率如何。本节主要介绍滚刀破岩效率的评价方法与影响因素。

5.2.1　破岩效率评价条件

计算滚刀破岩比能耗可以用来评价破岩效率。图5-7是滚刀破岩示意，滚刀的轨迹为半径不同的同心圆，每把滚刀的破岩比能耗大小都不同。对于单把滚刀，其破岩比能可由下式进行计算：

$$SE = \dfrac{F_\mathrm{n} \times h + F_\mathrm{r} \times l}{V} \quad (5\text{-}12)$$

式中 SE——比能（MJ/m^3）；
　　　F_n——滚刀法向推力（kN）；
　　　F_r——滚刀滚动力（kN）；
　　　H——刀盘贯入度，边滚刀取 h'（mm）；
　　　l——滚刀滚压距离（mm）；
　　　V——岩石破碎体积（cm^3）。

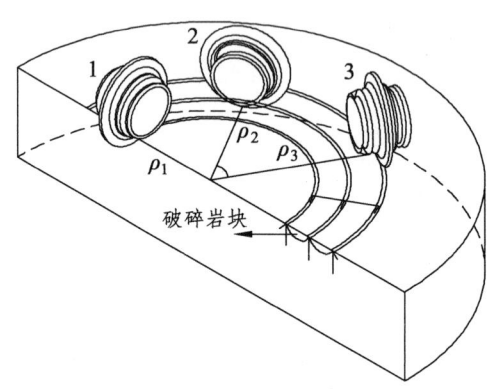

图 5-7　滚刀破岩示意

由此可知刀盘整体的破岩比能公式：

$$SE_z = \sum_{i=1}^{n} SE_i \tag{5-13}$$

式中 SE_z——刀盘整体比能耗（MJ/m^3）；
　　　n——滚刀数量；
　　　SE_i——单把滚刀 i 的比能耗（MJ/m^3）。

5.2.2　滚刀破岩体积计算

虽然边滚刀的破岩面为圆弧面，但因为相邻滚刀间倾角差较小，因此计算时可将相邻边滚刀之间的破岩面看成平面：

1）破岩裂纹未贯通

裂纹未贯通时，根据图 5-8 所示可知有 $2h' \cdot \tan\beta + T \leqslant S$ 的几何关系，这种情况下滚刀破岩效率低下。当滚刀转过 n 度时，破岩体积 V 为：

$$V = (l_1 + l_2) \cdot S_m \tag{5-14}$$

式中 l_1——滚刀 1 刀圈破岩轨迹长度（mm）；
　　　l_2——滚刀 2 刀圈破岩轨迹长度（mm）；
　　　S_m——滚刀压碎岩石面积（mm^2）。

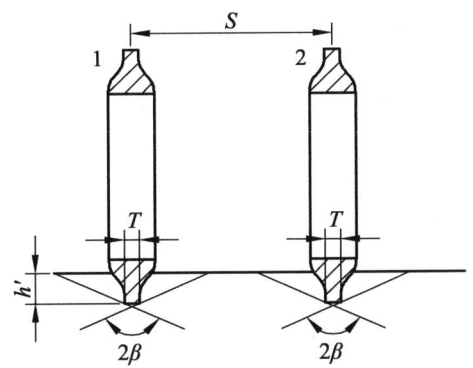

图 5-8 滚刀间延伸裂纹未贯通

$$l_1 = n\pi\rho_1 /180° \tag{5-15}$$

$$l_2 = n\pi\rho_2 /180° \tag{5-16}$$

式中 ρ_1——滚刀 1 安装极径（mm）；

ρ_2——滚刀 2 安装极径（mm）。

因此，联立式（5-14）~式（5-16）可知：

$$V = \frac{n\pi(\rho_1+\rho_2)}{180°} \cdot S_m = \frac{n\pi(\rho_1+\rho_2)}{180°} \cdot h'(h'\tan\beta + T) \tag{5-17}$$

式中 β——滚刀破岩时岩石的破碎半角（°）；

h'——边滚刀贯入度（mm）。

其中，相邻两把边滚刀的倾角差较小，变切深的影响不大，可以认为它们的贯入度相同。

2）破岩裂纹贯通

在裂纹贯通情况下，根据图 5-9 所示可知有 $2h'\cdot\tan\beta + T > S$ 的几何关系，滚刀间的岩石全部破碎，若存在裂纹重叠区域，先计算重叠区域 S_c 的大小：

$$S_c = \frac{1}{4}\cot\beta(T + 2h'\tan\beta - S)^2 \tag{5-18}$$

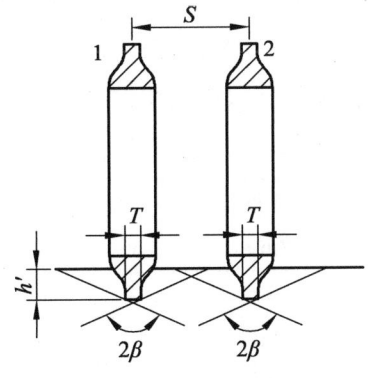

图 5-9 滚刀间延伸裂纹贯通

则岩石破碎体积可用下式近似计算：

$$V = h'(h'\tan\beta + T) \cdot \frac{n\pi(\rho_1 + \rho_2)}{180°} - \frac{1}{4}\cot\beta(T + 2h'\tan\beta - S)^2 \cdot \frac{n\pi(\rho_1 + \rho_2)}{360°} \quad (5-19)$$

5.2.3 破岩效率影响因素

滚刀破岩效率的影响因素有很多，主要可以归纳几个类型：滚刀结构参数如刀刃宽、刀刃角；滚刀安装参数如安装半径、刀间距；掘进操作参数如贯入度、刀盘转速；岩石属性参数等。在这几种参数类型中，只有滚刀结构参数和滚刀安装参数是在掘进时无法更改的，据此本节主要研究这两类参数对破岩效率的影响。

1）滚刀结构参数

滚刀的结构参数主要包括刀刃宽、刀刃角、滚刀半径、刀尖圆角等，见图 5-10。

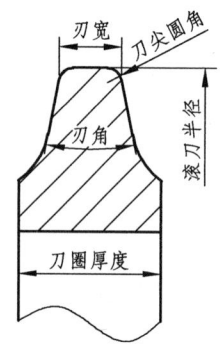

图 5-10 滚刀尺寸参数示意

相对来说，刀刃宽和刀刃角对破岩效率的影响大于刀尖圆角，以 WIRTH 滚刀在秦岭隧道施工时的使用经验来看，正滚刀、边滚刀和中心刀三种刀圈的尺寸略有不同，如表 5-1 所示。虽然 WIRTH 边滚刀的刀尖圆角略大于正滚刀和中心刀，但对使用性能影响不大，因为边滚刀磨损速度快，新的滚刀刚使用较短一段时间产生了一定程度的磨损后刀尖形状多呈现平头形，而距离滚刀到达极限磨损量还要使用较长一段时间，这时刀刃宽和刀刃角的尺寸参数就决定了滚刀的贯入能力。WIRTH 还针对边滚刀受侧向力影响而易磨损的特性设计了两侧不同的刃角，不过综合来看，边滚刀的磨损失效现象仍然非常严重。

表 5-1 WIRTH 刀圈参数

类型	外径 D/mm	内径 d/mm	刀圈厚度 H/mm	圆角 R/mm	刃角/(°)		极限磨损量 /mm	质量 /kg
					左	右		
正刀刀圈	432	275	80	8	0	10	38	24.6
边刀刀圈	432	275	80	10.5	20	15	20	28.6
中心刀刀圈	432	280	70	9	10	10	18	23.2

刀刃宽度和刀刃角较大的滚刀承受荷载的能力更强一些，需要提供较大的垂直力和滚动力才能将滚刀楔入岩石中，造成了能量损耗的增加，但因为与掌子面接触面积大所以破碎岩石的体积也比较多；反之，刀刃宽度和刀刃角较小的滚刀在较小的垂直力和滚动力作用下就可以侵入岩石，不过破碎岩石的体积也非常有限。两种类型滚刀的破岩比能耗需要通过仿真和试验确定。

2）滚刀安装参数

边滚刀的安装参数主要为圆弧过渡半径 R_s 和安装倾角 α，如图 5-11 所示。图中 R_f 指的是圆弧过渡中心到刀盘中心的距离，α_1、α_2 分别指的是滚刀 1、2 的安装倾角，ρ_1、ρ_2 分别指的是滚刀 1、2 的极径，S 指的是边滚刀间距。一般在盾构的设计图中常常见到的边滚刀刀间距指的是 $\rho_2 - \rho_1$，即刀尖在掌子面上的投影的间距，然而实际刀间距显然要大于 $\rho_2 - \rho_1$，实际刀间距可以用下式进行计算：

$$S = 2R_s \sin\left(\frac{\alpha_2 - \alpha_1}{2}\right) \tag{5-20}$$

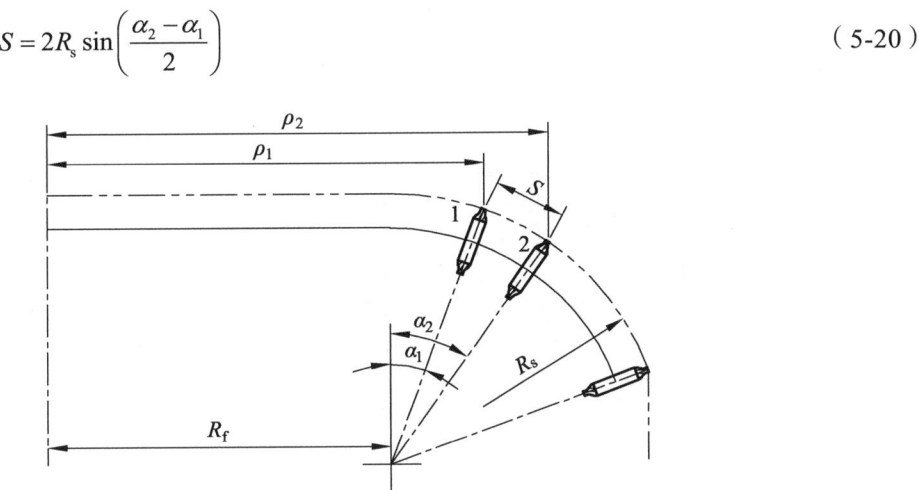

图 5-11 边滚刀安装参数示意

由此可知，边滚刀的刀间距是由刀盘圆弧过渡半径和安装倾角共同决定的。圆弧过渡半径越大则最边缘的滚刀倾角越小，磨损情况稍好一些。但是圆弧半径过大将造成刀盘正面区域减小，从而正面滚刀布置的数量减少，而正面滚刀是刀盘的主要破岩刀具，将影响到整个刀盘系统的破岩效率。如果圆弧过渡半径过小将会使得边滚刀的布置变得困难，相邻滚刀之间的倾角差增大，刀间距增大，协同破岩的效果较差，单把滚刀的破岩量增加，不但破岩效率较低还会加剧滚刀的磨损速度。

从边滚刀受力的分析计算过程来看，安装倾角对于破岩力的影响也非常大，将直接影响到破岩效率。此外，边滚刀安装在刀盘的边缘区域，线速度大，刀盘转过一周需要破碎的岩石面积大于中心刀和正面滚刀，破岩比能耗相对较高，磨损速度快。

综合来看，边滚刀的工作情况非常恶劣，应该结合工程实际经验和仿真以及试验等手段确定最优的圆弧过渡半径和安装倾角参数。

5.3 基于 ABAQUS 的边滚刀破岩仿真

滚刀破碎岩石的过程非常复杂,不同的刀盘刀具参数和不同的地质条件都会对破岩效率产生影响。理论研究无法满足设备设计要求,而试验的方法将会耗费大量时间、人力、物力成本。本节建立了边滚刀破岩模型,并把仿真结果与理论计算结果作了对比,验证了数值仿真方式的可行性,并以此研究边滚刀各种参数对破岩效率的影响。

5.3.1 仿真模型建立

本节通过 ABAQUS 软件建立边滚刀的有限元模型,该滚刀安装倾角为 7°,刀盘贯入度取 4 mm,破岩轨迹与刀盘中心间距为 2 730 mm,滚刀尺寸为成都地铁盾构所用 18 英寸滚刀的参数。仿真模型如图 5-12 所示。

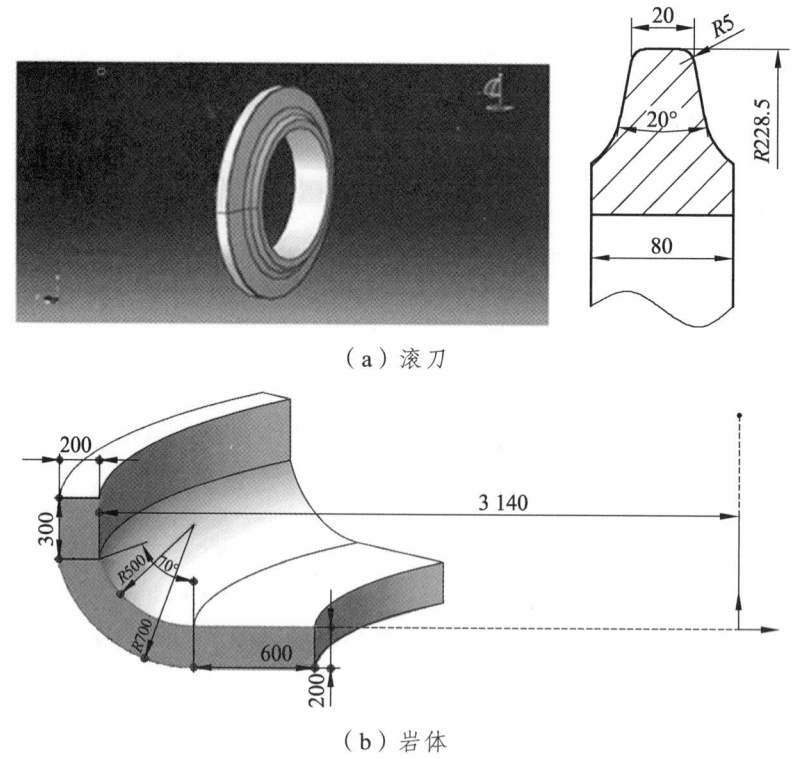

(a)滚刀

(b)岩体

图 5-12 滚刀和岩体三维模型及参数

因为滚刀破岩时仅有刀圈是与掌子面直接接触的,为了得到更加精确的结果,缩短计算的时间,所以对滚刀模型进行简化,仅保留刀圈进行仿真。滚刀切削破岩形成的掌子面是一个圆盘形,为了缩短计算时间,选取 45°范围的边滚刀破岩区域的围岩作为岩体模型,为了避免应力波的反射对仿真结果的影响,岩体模型厚度取 200 mm。

5.3.2 材料参数的选择

由于滚刀材料参数与岩体材料参数相差较大,在实际破岩过程中,安装正确、选型合理的滚刀在短时间切削岩石时并不会有大的变形及磨损,在仿真时可以将滚刀作为刚体处理。盘形滚刀刀圈材料参数见表5-2。

表 5-2 盘形滚刀刀圈材料参数

密度/(kg/m³)	弹性模量/GPa	泊松比
7 800	210	0.3

岩石材料特性会对滚刀破岩数值仿真的结果产生很大的影响,因此岩石材料模型的选择非常重要。本节采用扩展 Drucker-Prager 塑性模型的线性 Drucker-Prager 屈服准则来模拟岩石的本构关系。

成都地铁施工地质条件主要为第四系全新统填筑土层的卵石土层以及白垩系上统灌口组的泥岩地层:泥岩呈浅紫红色,根据风化程度可分为全风化泥岩、强风化泥岩以及中风化泥岩,抗压强度在 10 MPa 左右;卵石土是最主要的地层条件,甚至某些标段卵石土含量占排渣量的 85% 以上,包含漂石组(15.4%)、卵石组(69.2%)、砾石组(7.1%)、土粒组(8.3%),卵石成分以灰岩或石英岩为主,其中漂石最大粒径为 500~550 mm,最大强度可达 200 MPa。对于小粒径卵石土,滚刀主要起犁松作用,与卵石频繁冲击刮擦,对大粒径漂石需要滚压破碎,因此综合来看滚刀的工作环境较为恶劣。本节仿真时不考虑地下水的影响,选用卵石成分石英岩为单一地层进行仿真,不考虑岩石节理特征的影响,设置岩体材料参数如表5-3所示。

表 5-3 岩体材料参数

材料	密度/(kg/m³)	弹性模量/GPa	泊松比	抗压强度/MPa	抗拉强度/MPa	内摩擦角/(°)	剪胀角/(°)	塑性应变 $\bar{\varepsilon}_0$	塑性应变 $\bar{\varepsilon}_t$
石英岩	2680	27.6	0.32	145	4.6	40	10	0.006	0.015

5.3.3 单元划分及仿真前处理

滚刀在仿真时进行了刚体约束,其网格划分结果对于仿真结果没有太大影响,为了使网格划分均匀,采用四结点线性四面体单元(C3D4)进行划分,选取 Explicit 单元库,单元数为 7 061。岩体采用八结点线性六面体单元,选择减缩积分、沙漏控制属性,设置单元删除选项。为了保证仿真计算结果的准确性,同时提高运算速度,将岩体进行拆分,分别对各部分进行网格划分,边滚刀破岩的圆弧过渡区域网格尺寸为 0.01,其余部分网格尺寸为 0.02,单元总数为 191260。网格划分结果如图5-13所示。

Intprop 设置滚刀切削的法向行为和切向行为参数,法向行为选择"硬接触",切向行为选择罚接触,摩擦因数设为 0.3。

 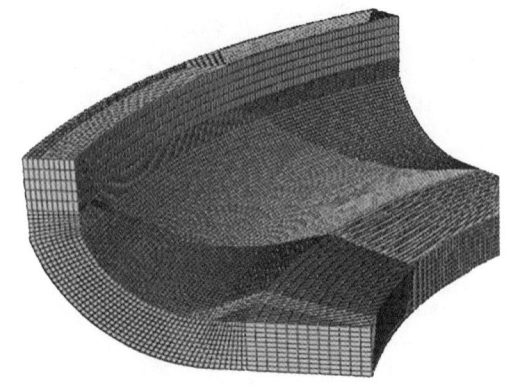

（a）滚刀网格划分　　　　　　　　（b）岩体网格划分

图 5-13　网格划分示意

利用 Constraints 模块将滚刀进行刚体约束，选择滚刀上某点作为滚刀刚体的参考点，并设置在分析过程中将点调整到质心。由于滚刀的运动是绕其自身轴线的自转与绕刀盘中心轴线公转的合运动，在滚刀质心参考点处设置一个局部坐标系，用来控制仿真过程中滚刀的自转，还需创建一个约束用来控制滚刀的公转运动。从相对运动来看，滚刀与刀盘中心轴线之间只有一个旋转自由度，利用 Connector 模块的 Hinge 铰链约束可以表示这种运动关系，如图 5-14 所示是 ABAQUS 软件提供的 Hinge 约束原理示意。

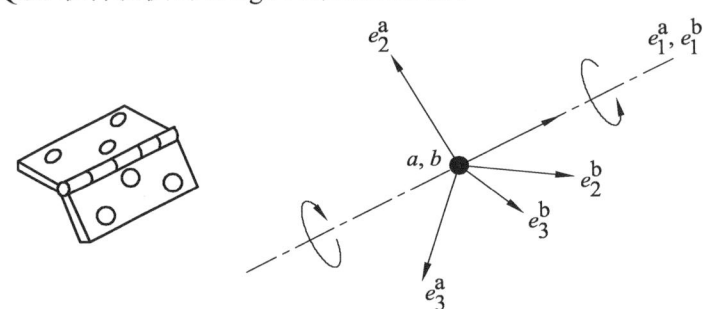

图 5-14　Hinge 铰链约束示意

在刀盘中心轴线处创建一个参考点作为运动控制点，选择已有的滚刀中心的参考点作为铰接点，用 Hinge 功能连接运动控制点和铰接点，则两点之间将只有绕其连接线的转动自由度，其余两个转动自由度和三个平动自由度都是被限制的。在运动控制点创建一个局部坐标系，当设定运动控制点绕坐标系某轴转动时，铰接点将跟随运动控制点做转动运动，即实现让滚刀围绕刀盘中心轴线公转。如图 5-15 所示为单滚刀回转破岩模型，如果在有多把滚刀顺次破岩的情况下，需要建立多个 Hinge 约束以及多个局部坐标系，分别控制每把滚刀的运动形式。

由于在仿真过程中只有滚刀在运动，岩体是不改变位置的，因此在初始分析步 Initial 中设定岩体的底面为全自由度约束的边界条件。在自行创建的第一个分析步中设置滚刀的自转同时匀速下压的边界条件，该分析步结束时滚刀侵入岩石的深度为指定的贯入度，第二个分析步设置滚刀自转速度和公转速度的边界条件，二者之间的关系如下式：

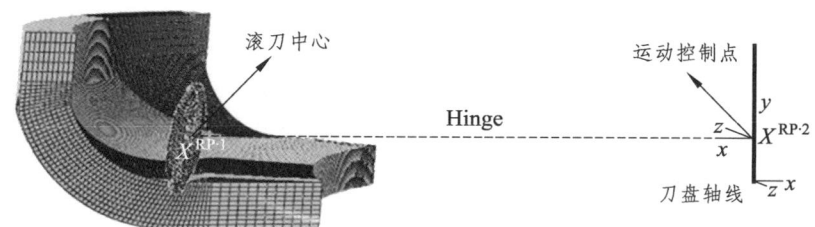

图 5-15　滚刀回转运动控制模型

$$v_R \cdot \rho = v_r \cdot r \tag{5-21}$$

式中　v_R——刀盘的转速,即滚刀公转速度(r/min);

　　　v_r——滚刀的转速(r/min)。

其中安装极径 ρ 和滚刀半径 r 都是已知的,每把边滚刀的极径不同,对不同倾角的边滚刀做破岩仿真时,需要重新进行计算并设定边界条件。本模型假设刀盘转速为 3 r/min,由于边滚刀#29 破岩轨迹与刀盘中心间距为 2 730 mm,则设置滚刀公转角速度为 0.314 rad/s,滚刀自转角速度为 3.751 rad/s,第一个分析步时长 0.5 s,第二个分析步时长 2 s。为了模拟边滚刀在刀盘推力作用下的破岩特性,在第二个分析步中施加垂直向下的推力荷载,用 CSM 模型计算推力大小。

在边界条件设置完成后,可以修改分析步中的质量因子,经过对比发现修改质量因子几乎不会对仿真结果产生影响,但会明显缩短仿真时间,可取质量因子为 1 000。

5.3.4　数值模拟结果与分析

1)切削现象分析

滚刀在设定好的边界条件作用下回转切削岩体,当滚刀接触岩体单元时给其施加应力作用,单元所承受的应力超过其弹性应变的极限荷载时,开始发生塑性应变。紧接着进入刚度衰减过程,滚刀进一步滚压,这部分单元处于损伤失效状态,由于开启了单元删除功能所以失效的单元均被删除。截取仿真 1 s、1.5 s、2 s、2.5 s 时的应力云图(图 5-16),调整云图应力梯度范围后,可以看到滚刀滚压过的岩体出现了一条切槽,滚压过的位置有残余应力存在,滚刀两侧应力值大小明显不同,这与边滚刀的破岩机理是一致的,边滚刀破岩时由于刀盘正向推力的作用,会使得滚刀两侧的侧向力大小不同。

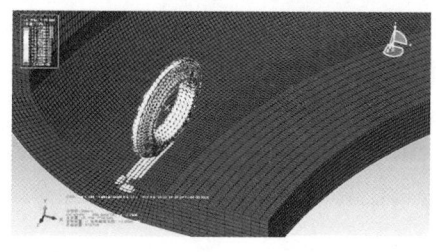

(a)1 s

(b)1.5 s

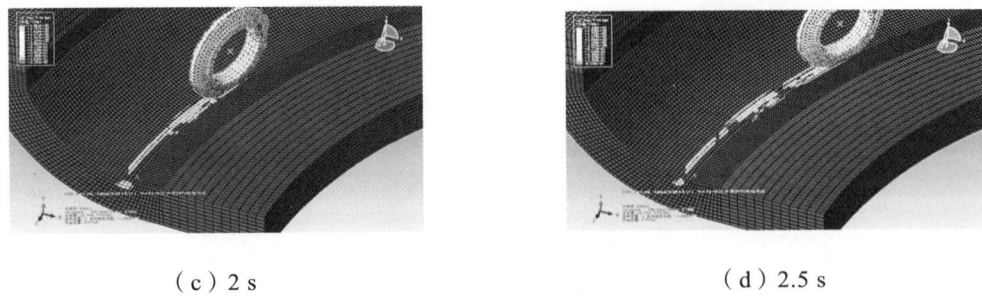

(c) 2 s　　　　　　　　　　　　(d) 2.5 s

图 5-16　1 s、1.5 s、2 s、2.5 s 时滚刀切削轨迹的应力云图

创建滚刀刚体约束参考点的 ODB 场变量可以输出其三向力随时间变化的结果，或者导出参考点应力随时间变化的 X, Y 值在 matlab 中绘图，滚刀垂直力、滚动力和侧向力的时间历程变化如图 5-17 所示。

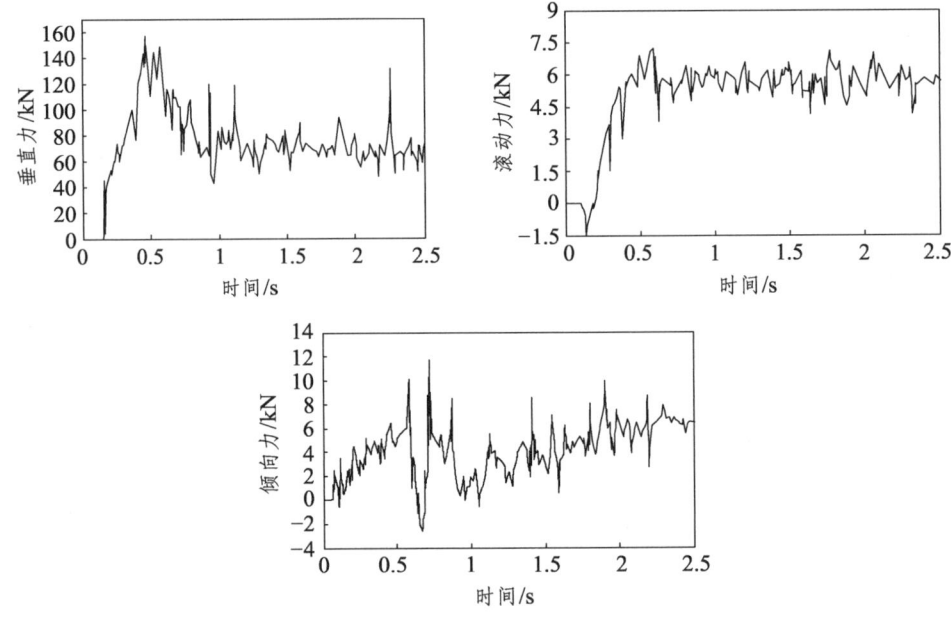

图 5-17　倾角 7°边滚刀破岩三向力随时间变化曲线

从该滚刀受力随时间的变化曲线中可以看到，在第一个分析步 0.5 s 的时间内，滚刀匀速向下滚压岩石，所受的应力随着下压深度增加而不断增大，垂直力和滚动力的变化尤其明显，因此当滚刀的贯入度越大时，刀盘需要提供的推力和扭矩也越大。0.5 s 后滚刀开始做回转运动，由于此时滚刀的贯入度为定值，垂直力、滚动力和侧向力的变化范围较为稳定一些，但仍然不断上下波动。这是因为滚刀向前与新的岩石面接触，岩石单元处于弹塑性阶段，滚刀所受的反力剧烈增大，增大到一定极限时，超过岩石单元的极限应力，岩石单元开始损伤失效，完全失效的单元被删除后，由于出现破空面，滚刀所受的反力瞬间减小，当再次与新的岩石面接触时压力又开始增大，从而不断地重复这一过程。这样的循环往复称为阶跃式破碎过程，与滚刀实际的破岩现象是一致的。

2）切削力及破岩比能耗分析

利用与边滚刀仿真相同的方法建立其他倾角的边滚刀的仿真模型，得到它们的切削力时间历程曲线，分析其切削力变化规律。12 把边滚刀在刀盘上的布置参数如表 5-4 所示。

表 5-4 刀盘实例 12 把边滚刀布置参数

滚刀编号	安装极径/mm	安装倾角/（°）	滚刀编号	安装极径/mm	安装倾角/（°）
#29	2 730	7	#35	3 054	50
#30	2 795	14	#36	3 086	56
#31	2 855	22	#37	3 111	62
#32	2 911	29	#38	3 130	67
#33	2 966	36	#39	3 140	70
#34	3 014	43	#40	3 140	70

选择其中#30 边滚刀、#31 边滚刀、#32 边滚刀分别建立仿真模型，同样取贯入度为 4 mm，刀盘转速 3 r/min，则它们的自转角速度分别为 3.841 rad/s、3.923 rad/s、4.001 rad/s。

仿真结束后导出三向力随时间变化的值，因为第一个分析步是滚刀侵入岩石的过程，不属于稳定破岩阶段，所以剔除时长 0.5 s 之前的数据，对 0.5～2.5 s 时间内的应力求平均值。将边滚刀受力分析的理论方法代入仿真的参数，计算得到其三向力的理论值，二者的统计结果如表 5-5 所示，与滚刀编号之间的关系如图 5-18 所示。

表 5-5 #29、#30、#31、#32 边滚刀仿真结果

刀号		平均垂直力/kN	平均滚动力/kN	平均侧向力/kN
#29	仿真值	69.42	5.87	5.16
	理论值	72.31	6.67	6.878
#30	仿真值	66.36	5.53	8.34
	理论值	70.69	6.52	10.62
#31	仿真值	62.45	5.18	13.66
	理论值	67.55	6.23	14.98
#32	仿真值	58.67	4.80	18.67
	理论值	63.72	5.88	21.85

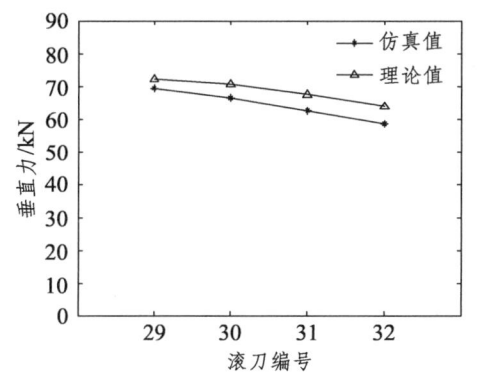
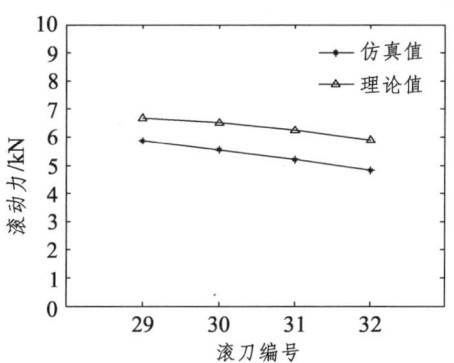

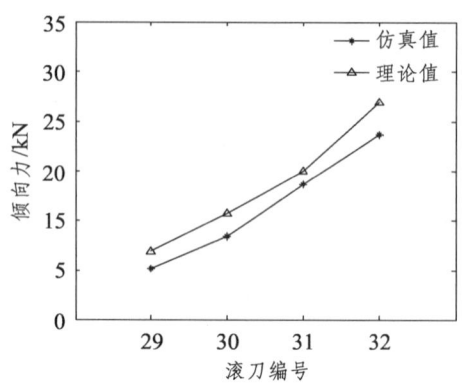

图 5-18　不同倾角滚刀三向力变化趋势

从图中可以看到三向力的仿真结果和理论计算的变化趋势是一致的，仿真值比理论值要小一些，可能是因为在模型中将滚刀刀圈看作刚体，而实际的滚刀刀圈是线弹性体，相比实际破岩时的受力情况简单，不过从力的变化趋势看，仿真结果是较为可信的。利用边滚刀受力分析公式代入这4把滚刀的三向力仿真结果后计算它们的破岩比能耗，结果如表5-6所示。其中表中的破岩体积由仿真结束后计算被删除单元的数量乘以单个单元的体积得到。

表 5-6　破岩比能耗计算结果

滚刀刀号	#29	#30	#31	#32
破岩体积/cm^3	456	404	338	292
破岩比能耗/（MJ/m^3）	28.2132	30.705	35.1035	38.3866

越靠近刀盘边缘的滚刀破岩比能耗越大，这样的结果与工程实际经验是符合的。由于边滚刀安装倾角增大，其垂直力和滚动力减小，侧向力减小，将直接影响到滚刀的贯入能力和破岩能力。而且在实际施工过程中，越靠近边缘的边滚刀因为破岩轨迹长所以需要破碎更多的岩石，因此如果边滚刀配置不合理的话，极易发生滚刀磨损失效，从而开始磨损刀盘边缘或者在刀盘推力较小的时候发生掘不动岩石的情况，将会严重影响到设备的使用寿命和施工进度。

5.4　边滚刀破岩特性因素研究与优化

影响滚刀破岩效率的因素有很多，且它们之间有可能是相互制约的，比如增大滚刀贯入度可以提高刀盘旋转单周的破岩量，提高刀盘转速也可以增加单位时间的破岩量。但贯入度较大的时候不宜采用大的刀盘转速，同理刀盘转速较大的时候也不宜采用大贯入度，不过单独作用时它们对于破岩效率的影响是单调递增的。单因素分析的目的就是得到单个因素作用下对破岩效率的影响趋势，如若不是单调趋势，则有可能找到该因素的最优值。本节所研究刀盘的开挖直径为 6 280 mm，属于中型盾构机，采用的滚刀刃宽为 20 mm，刀刃角为 20°，安装倾角范围 7°～70°，刀盘圆弧过渡半径为 500 mm，以这些参数为单因素分析的恒定值和中值，其中安装倾角的恒定值取 35°，制定仿真参数如表 5-7 所示。

表 5-7 仿真参数表

刀圈刃宽/mm	刀刃角/(°)	安装倾角/(°)	圆弧过渡半径/mm
10	10	15	300
15	15	25	400
20	20	35	500
25	25	45	600
30	30	55	700

5.4.1 单因素对破岩效率的影响

1）刀圈刃宽对破岩效率的影响研究

采用上面介绍的建模方法，修改相应的参数，刃宽分别取 10 mm、15 mm、20 mm、25 mm、30mm，仿真结果如表 5-8 所示。由于仿真组数较多，将破岩比能耗的计算过程用 matlab 编程计算更具有高效性。三向力以及比能耗随刀圈刃宽变化的趋势如图 5-19 所示。

表 5-8 刃宽单因素仿真结果

刃宽/mm	平均垂直力/kN	平均滚动力/kN	平均侧向力/kN	破岩体积/cm³	比能耗/(MJ/m³)
10	38.63	3.66	20.48	186	45.6491
15	44.24	4.16	21.54	224	43.0893
20	53.13	4.41	23.69	256	40.0663
25	58.95	5.12	25.78	284	41.8922
30	67.45	5.94	26.12	318	43.3933

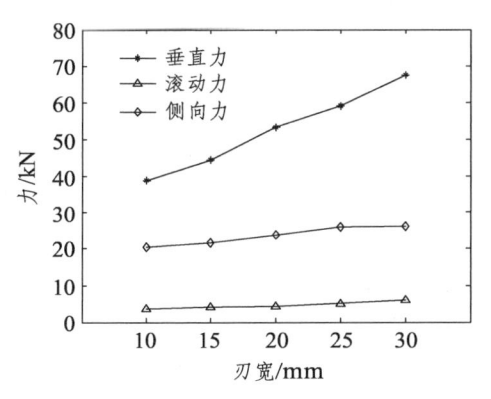
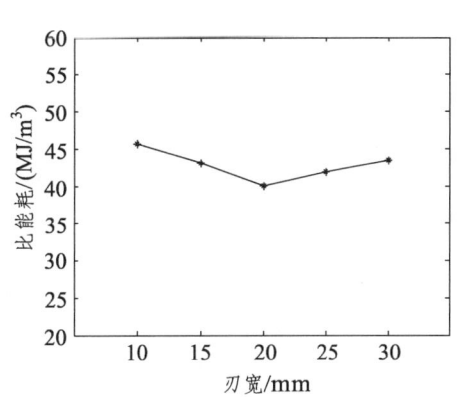

图 5-19 三向力及比能耗随刃宽变化趋势

随着刃宽不断增加，可以看到三向力都是不断增大的，其中垂直力增大是因为刀圈变宽使得刀头变钝，所以需要提供较大的力才能侵入岩石中。同时与掌子面接触面积增大、摩擦力增大使得滚动力同样增大，刀圈两侧受力不平衡使得侧向力增大。破岩比能耗的变化说明了虽然刀圈较窄的时候更容易侵入岩体中，但破岩体积少。在硬岩中可以选用较小的刃宽以提高贯入能力，但刃宽不能太小，否则承载能力有限。刀圈较宽时破岩能力较强，在软岩或砂土地层中可以选用较大的刃宽以提高破岩量，但需要提供较大的推力和扭矩，所以综合来看刀圈的宽度适中破岩效率更高。

2）刀圈刃角对破岩效率的影响研究

采用相同的方法，修改相应的参数，刃角分别取 10°、15°、20°、25°、30°，仿真结果如表 5-9 所示，三向力以及比能耗随刀圈刃角变化的趋势如图 5-20 所示。

表 5-9 刃角单因素仿真结果

刃角/(°)	平均垂直力/kN	平均滚动力/kN	平均侧向力/kN	破岩体积/cm³	比能耗/(MJ/m³)
10	48.69	4.04	19.77	214	43.9088
15	49.43	4.19	22.04	234	41.3366
20	53.13	4.41	23.69	256	40.0663
25	57.49	4.77	26.63	278	39.9078
30	62.12	5.19	28.93	292	41.3339

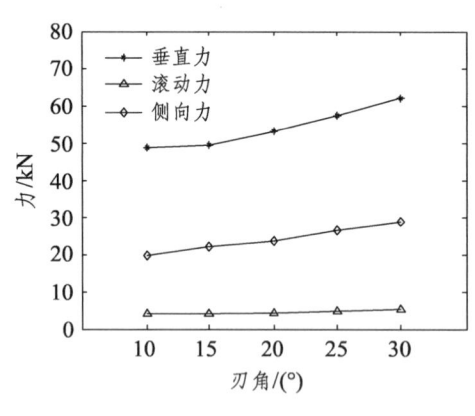 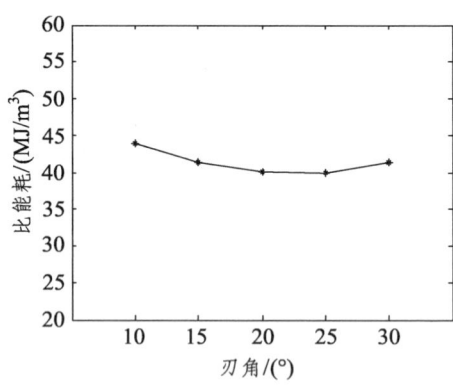

图 5-20 三向力及比能耗随刃角变化趋势

随着刀圈刃角的增加，三向力都是不断增大的，这是因为在不考虑刀尖圆角的情况下，刃角增大意味着侵入岩石中的滚刀其侧面与围岩的接触面积增大，对两侧围岩形成较大的挤压作用使得侧向力增加，而且由于侧向挤压作用使得需要较大的垂直力和滚动力才能够让滚刀侵入岩石并滚动。不过在贯入度取值较小的时候刃角的影响程度较小，只有大贯入度条件下刃角的影响程度才会比较明显。对于边滚刀，虽然可以选用较小的刃角以提高贯入能力，但因为边滚刀朝向刀盘中心的一侧有可能会磨损得比较快从而发生侧向偏磨现象，刃角过小会影响刀具使用寿命以及承载性能，所以需要选用适中的刃角。

3）安装倾角对破岩效率的影响研究

采用相同的方法，修改相应的参数，安装倾角分别取 15°、25°、35°、45°、55°，仿真结果如表 5-10 所示，三向力以及比能耗随滚刀安装倾角变化的趋势如图 5-21 所示。

表 5-10 安装倾角单因素仿真结果

安装倾角/（°）	平均垂直力/kN	平均滚动力/kN	平均侧向力/kN	破岩体积/cm³	比能耗/（MJ/m³）
15	65.69	5.20	9.69	396	30.5721
25	58.78	4.88	17.45	324	35.0311
35	53.13	4.41	23.69	256	40.0663
45	45.86	3.81	29.21	192	46.1526
55	37.20	3.06	33.83	144	49.4335

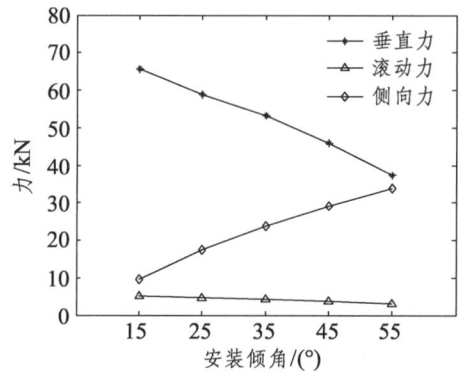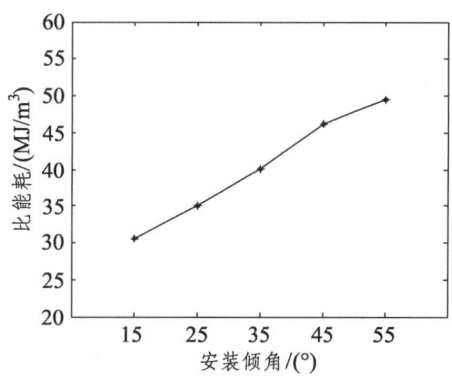

图 5-21 三向力及比能耗随安装倾角变化趋势

随着边滚刀安装倾角的增大，垂直力和滚动力都是在不断急剧减小的，侧向力是在急剧增大的，这种变化趋势与之前的分析是一致的。随着安装倾角的增大，边滚刀法面方向的分力会越来越小，同样会影响到滚动力也变小，而侧向的分力在不断增加使得侧向力显著增大。由于破岩能力下降，比能耗是在不断增大的，所以越靠近刀盘边缘的边滚刀，其与相邻滚刀的倾角差应尽量减小即缩短两滚刀之间的刀间距，或者在同一轨迹布置多把刀，以减小边滚刀的磨损速度，提高刀具寿命。

4）刀盘圆弧半径对破岩效率的影响研究

采用相同的方法，修改相应的参数，圆弧过渡半径分别取 300 mm、400 mm、500 mm、600 mm、700 mm，仿真结果如表 5-11 所示，三向力以及比能耗随刀盘圆弧过渡半径变化的趋势如图 5-22 所示。

随着圆弧过渡半径的增大，垂直力和滚动力是增大的，这是因为圆弧半径越大，过渡区域越平缓。滚刀在实际破岩时裂纹既向内部扩展也向掌子面表面扩展，而圆弧半径越小，受两侧围岩挤压的作用，裂纹更容易向内部扩展而非向表面扩展，侧向力也随之增大，只有缩短两滚刀之间的间距才可以实现协同破岩。所以从裂纹发展形式看，圆弧半径越大消耗的能量越多，但是破碎的岩石也多，所以比能耗是下降的。不过圆弧半径越大，最边缘的边滚刀安装倾角越小，一旦出现磨损很容易直接开始磨损刀盘。此外，圆弧过渡区域占据刀盘面积越大将会影响到正面滚刀的布置，有可能降低刀盘系统整体的破岩效率。所以需要根据刀盘尺寸选择合适的圆弧过渡半径。

表 5-11　圆弧过渡半径单因素仿真结果

圆弧过渡半径/mm	平均垂直力/kN	平均滚动力/kN	平均侧向力/kN	破岩体积/cm^3	比能耗/（MJ/m^3）
300	45.26	3.77	27.23	192	45.6656
400	49.65	4.20	25.67	214	45.6297
500	53.13	4.41	23.69	256	40.0663
600	56.61	4.70	20.89	278	39.3216
700	59.42	4.93	18.22	296	38.7382

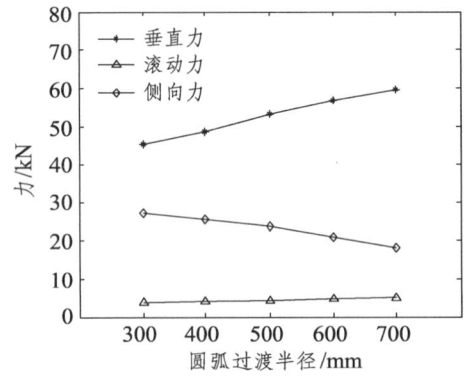
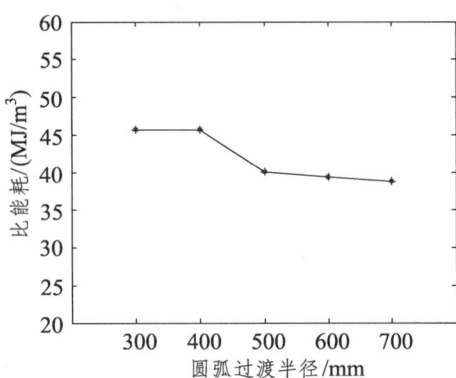

图 5-22　三向力及比能耗随圆弧半径变化趋势

5.4.2　多因素综合作用对边滚刀破岩效率的影响及优化分析

从单因素分析的结果可以看到，刀圈刃宽、刃角、安装倾角以及刀盘圆弧过渡半径都是对破岩效率有影响的。而当它们都为可变量时，对破岩效率的影响就有可能会变得非常复杂了，各因素之间可能存在相互制约，哪个因素对于效率的影响程度更大也未可知，所以研究多因素同时作用是非常有必要的。正交试验是一种适用于解决多因素、多指标、多水平问题的试验方案，主要利用正交表的设计来挑选部分有代表性的水平组合进行试验，摸清各因素对试验指标的影响情况，确定主次关系，找出最优组合水平。

1）正交试验及其结果分析

正交试验的基本步骤有：
① 确定试验指标，即明确要解决的问题，确定考核标准。
② 确定因素与水平，制定试验因素水平表。

③ 确定正交表。
④ 处理数据及结果分析。

基于表 5-7 单因素分析的参数，本试验共设置 4 个因素，即刀圈刃宽、刃角、安装倾角和刀盘圆弧半径，每个因素设置 5 个水平，仿真得到的三向力和破岩体积是为了计算破岩比能耗，所以仅选取破岩比能耗作为试验指标。根据正交表的设计原则，应选取 $L_{25}(5^6)$ 的前四列作为本试验安排的正交表，"L"表示正交表，"25"表示要进行 25 次试验，"5"表示每个因素有 5 个水平，"6"表示该正交表最多可进行 6 个因素的试验。由于因素数量不满足，正交表中有空白列可作为误差列以衡量试验的可靠性，将空白列隐去，得到如表 5-12 所示的试验水平表。

表 5-12 L25（56）试验水平

因素水平	试验因素			
	A 刃宽/mm	B 刃角/(°)	C 安装倾角/(°)	D 圆弧半径/mm
1	10	10	15	300
2	15	15	25	400
3	20	20	35	500
4	25	25	45	600
5	30	30	55	700

运用 SPSS Statistics 软件可以生成正交数据表，然后依据每一次试验的参数修改仿真模型进行模拟，将仿真的结果代入已编写的 matlab 程序计算破岩比能耗，如表 5-13 所示。

表 5-13 正交试验参数及仿真结果统计

试验号	刃宽/mm	刃角/(°)	安装倾角/(°)	圆弧半径/mm	比能耗/(MJ/m³)
1	10	30	35	400	43.469 7
2	20	25	25	400	40.158 7
3	20	15	15	600	37.824 1
4	25	25	35	600	40.697 2
5	15	25	15	700	38.177 1
6	10	20	25	600	41.757 0
7	30	30	25	700	39.624 1
8	20	10	35	700	40.594 9
9	20	20	45	500	45.152 6
10	30	25	45	300	43.779 8
11	10	25	55	500	44.364 2
12	30	20	15	400	39.915 4
13	10	15	45	700	43.369 1
14	30	15	35	500	42.694 6

续表

试验号	刃宽/mm	刃角/(°)	安装倾角/(°)	圆弧半径/mm	比能耗/(MJ/m^3)
15	10	10	15	300	41.448 9
16	15	10	25	500	40.533 9
17	15	15	55	400	44.872 3
18	25	20	55	700	42.532 6
19	25	10	45	400	44.295 8
20	15	20	35	300	44.937 4
21	25	15	25	300	40.981 4
22	30	10	55	600	43.914 3
23	15	30	45	600	42.524 4
24	25	30	15	500	38.466 1
25	30	30	55	300	44.124 8

在统计学中，显著性检验是统计分析过程非常重要的步骤，它主要是判断某因素对指标的影响程度。在没有进行显著性检验之前，即使已经通过试验得知某因素对指标变化的影响趋势，但显著性检验后发现该因素并不显著，对其研究则毫无意义，甚至影响趋势只是试验过程的误差造成的。只有找到显著影响因素进行完善和改进才能促进指标的优化。

基于表 5-13 的数据，多因素方差分析法的计算结果如表 5-14 所示。

表 5-14 方差分析计算结果

指标	差异源	平方和 SS	自由度 df	均方和 MS	F	显著性
比能耗	因素 A	SS_A=6.858	4	MS_A=1.714	3.894	*
	因素 B	SS_B=6.06	4	MS_B=1.515	3.441	
	因素 C	SS_C=86.821	4	MS_C=21.705	49.302	*
	因素 D	SS_D=15.981	4	MS_D=3.995	9.075	*
	误差 e	SS_e=3.522	8	MS_e=0.44		
	总和 T	SS_T=119.242	24			
	$F_{0.05}(4, 8)$=3.84					

表中各数据的计算过程如下，其中总偏差平方和 SS_T 以及自由度 df_T 为：

$$SS_T = \sum_{i=1}^{i}\sum_{j=1}^{n} x_{ij}^2 - \frac{1}{n}\left(\sum_{i=1}^{i}\sum_{j=1}^{n} x_{ij}\right)^2 = Q_T - C \quad (5-22)$$

$$df_T = n-1 \quad (5-23)$$

$$Q_T = \sum_{i=1}^{i}\sum_{j=1}^{n} x_{ij}^2 \quad (5-24)$$

$$C = \frac{T^2}{n} = \frac{1}{n}\left(\sum_{i=1}^{i}\sum_{j=1}^{n} x_{ij}\right)^2 \tag{5-25}$$

式中　i——因素数量，此处为 4；

　　　n——试验次数，此处为 25；

　　　Q_T——各数据平方之和；

　　　C——矫正数；

　　　T——所有试验数据的和。

各因素的偏差平方和 SS_i 以及自由度 df_i 为（$i=A$，B，C，D）：

$$SS_i = \sum_{j=1}^{n} x_{ij}^2 - \frac{T^2}{n} \tag{5-26}$$

$$df_i = t - 1 \tag{5-27}$$

式中　t——因素水平数，此处为 5。

误差的平方和 SS_e 为：

$$SS_e = SS_T - SS_A - SS_B - SS_C - SS_D \tag{5-28}$$

误差的自由度 df_e 为：

$$df_e = df_T - df_A - df_B - df_C - df_D \tag{5-29}$$

各因素与误差的平均偏差平方和 MS 为（$m=A$，B，C，D，e）：

$$MS_m = \frac{SS_m}{df_m} \tag{5-30}$$

各因素的 F 统计量为（以 A 因素为例）：

$$F_A = \frac{SS_A / df_A}{SS_e / df_e} \tag{5-31}$$

由表 5-14 的计算结果可知：

① 在 0.05 水平的置信区间内，刀圈刃宽、安装倾角、刀盘圆弧过渡半径的 F 值均大于 3.84，所以这三者是显著的。其中安装倾角的 F 值远远大于另外三个因素，对破岩效率的影响是最大的，在进行边滚刀的优化布置时应该着重考虑该因素的影响。

② 刃宽及刃角对破岩效率的影响较小，为了提高边滚刀的荷载及使用寿命，可以适当选用刃宽和刃角较大的滚刀刀圈。

2）边滚刀安装倾角的优化

正交试验的结果显示安装倾角是对边滚刀破岩效率影响程度最显著的因素，安装倾角越大的边滚刀，破岩力和滚动力相比正面滚刀来说都处于较低水平，破岩能力有限，而单位时间内其破岩轨迹却比正面滚刀要长，因此磨损速度较快。为了有效降低边滚刀的磨损，通常有以下几种处理方式：

① 在相同的倾角上布置两把或多把滚刀，多把滚刀共同分担旋转一周的破岩量，以达到

减小磨损的目的。

② 增大刀盘圆弧过渡半径,减小最边缘滚刀的倾角,改善受力情况。

③ 减小相邻边滚刀之间的倾角差,以减小刀间距,实现协同破岩,降低滚刀受到的岩石的反作用力。

采用数值模拟的方式对相邻两滚刀的破岩过程进行多组仿真,可以得到低破岩比能耗下的安装倾角,这是一种非常高效的滚刀布置优化方式。

以本节所介绍的成都地铁某盾构刀盘为例,12 把边滚刀与前刀的倾角差如表 5-15 所示,前 7 把滚刀的倾角差都在 7°以上,并没有随着倾角的增大而缩小倾角差。而 38、39、40 三把刀之间的倾角差突然减小,其中 39、40 两把刀位于同一破岩轨迹上,因此从倾角差的分布来看,各个滚刀的破岩量和受力很可能是不均匀的。例如 33、34、35 等几把刀之间倾角差仍为 7°显然是不合理的,因为这样不但会造成能量损耗并加剧其自身的磨损速度,还会影响相邻滚刀的承载状态,引起异常磨损,从而产生"链式反应",导致全盘滚刀损坏或卡机等更加恶劣的结果,所以有必要利用减小相邻滚刀倾角差的方式对安装倾角进行优化布置。

表 5-15　12 把边滚刀倾角差

刀号	#29	#30	#31	#32	#33	#34	#35	#36	#37	#38	#39	#40
倾角/(°)	7	14	22	29	36	43	50	56	62	67	70	70
倾角差/(°)	7	7	8	7	7	7	7	6	6	5	3	0

第一把边滚刀也称为过渡边滚刀,其安装倾角的大小是非常重要的,一般来说后面布置的滚刀与前刀的倾角差是在第一把边滚刀的倾角的基础上依次递减的。所以第一把边滚刀的倾角不能过大或过小,过小会使得后面布置的滚刀很密,造成资源的浪费,过大则无法实现协同破岩,增加了滚刀的负荷。本节利用前面介绍的创建破岩模型的方法建立第一把边滚刀最优倾角的仿真模型。

模型中共设置两把滚刀,分别为最边缘的正面滚刀以及第一把边滚刀,两把刀均进行刚体约束,正刀的质心参考点与回转中心的距离为 2 660 mm,与边刀的质心参考点在刀盘半径方向上的间距为 70 mm,两把刀均与岩体设置面与面接触,分别建立 Hinge 铰接约束控制滚刀的公转和自转,设置相应的边界条件,仿真过程中两把刀以先后顺序切削岩体,所建立的仿真模型如图 5-23 所示。

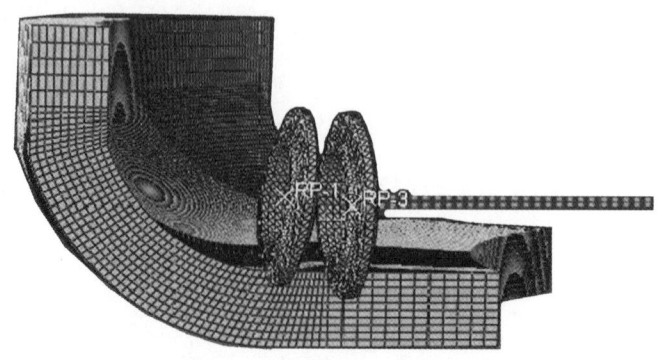

图 5-23　双滚刀破岩模型示意

第 5 章　边滚刀破岩特性及优化布置研究

为了寻找第一把边滚刀破岩比能耗最低时的安装倾角，需要不断地调整边滚刀的倾角进行仿真，然后利用可视化结果观察岩体被切削的效果，其中边刀的安装倾角分别为 5°、6°、7°、8°时的仿真结果如图 5-24 所示。导出破岩量和两把滚刀的破岩力等数据计算，得到的比能耗结果如图 5-25 所示。安装倾角为 7°时，两把滚刀滚压轨迹之间的岩石单元基本都被切削删除，说明在该倾角下滚刀为协同破岩模式，破岩效果较好。倾角为 5°与 6°时两滚刀间的岩石单元同样基本都被切削删除，切削槽的宽度依次递减，说明倾角为 5°与 6°时滚刀为过渡破岩模式，刀间距较小。倾角为 8°时可以看到两滚刀间有较为明显的岩脊，有较多的岩石单元没有被切削删除，切削槽之间的应力较小，说明该倾角下两滚刀刀间距较大。从比能耗上也可以看到倾角从 5°到 7°比能耗是在下降的，在倾角为 8°时比能耗突然增大，所以倾角 7°是该模型边刀与正刀最佳刀间距的临界倾角，该结果与本节刀盘实例采用的首把边滚刀的倾角是相同的，接下来还需要对剩下的边滚刀的倾角进行优化。

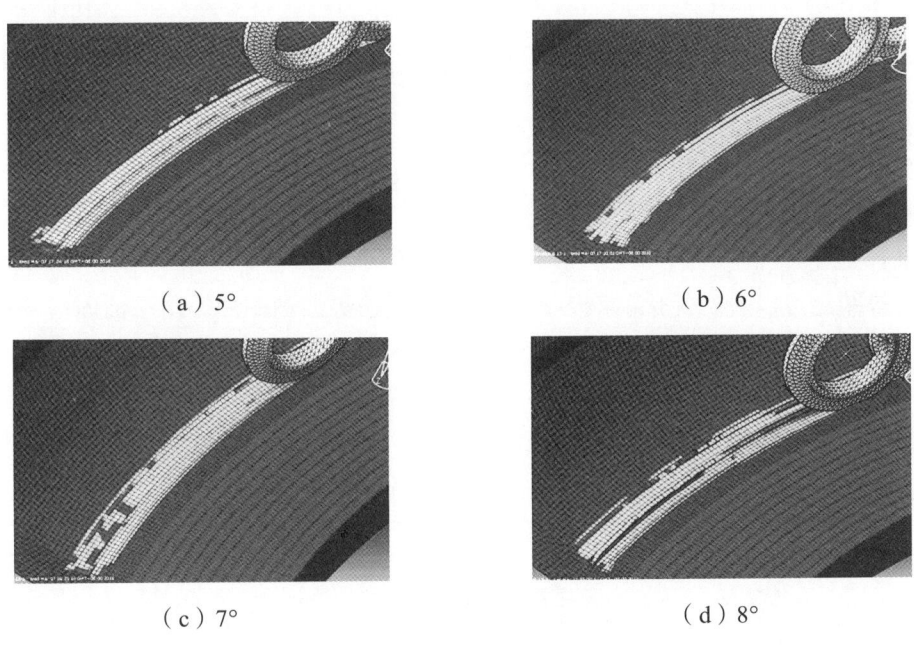

图 5-24　倾角 5°、6°、7°、8°仿真结果

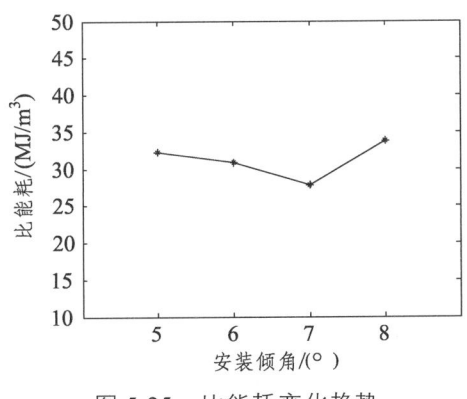

图 5-25　比能耗变化趋势

在得到首把边刀最优倾角的情况下，可以采用相同的方法依次得到后面每一把滚刀的最优倾角，但是这样的仿真工作量非常大，每一把滚刀要得到最优倾角需要进行数次破岩仿真，且每次仿真时倾角参数值难以界定。一般来说，由于随着安装倾角的增大，边滚刀与前刀的倾角差是逐级递减的，由于首把边刀最优临界倾角为 7°，最后一把边滚刀倾角 70°，可以以等差递减方式布置后面所有滚刀的倾角，但为了制造和安装的便利，将倾角差以小数点 0.5 和 1.0 取近似值，如表 5-16 所示。

表 5-16 边滚刀倾角布置示意

刀号		#29	#30	#31	#32	#33	#34	#36	#37	#38	#39	#40
圆整前	倾角/(°)	7	13.8	20.4	26.8	33	39	50.4	55.8	61	66	70
	倾角差/(°)	7	6.8	6.6	6.4	6.2	6	5.6	5.4	5.2	5	4
圆整后	倾角/(°)	7	14	20.5	27	33	39	50.5	56	61	66	70
	倾角差/(°)	7	7	6.5	6.5	6	6	5.5	5.5	5	5	4

以表 5-16 中圆整后的安装倾角数据进行两两滚刀破岩的仿真，导出每一把滚刀的垂直力与滚动力和破岩量计算破岩比能耗，再与表 5-15 中原刀盘安装倾角两两滚刀破岩仿真得到的比能耗结果进行对比，统计结果如表 5-17 所示。由于采用的是双刀模型，每一把滚刀的破岩比能耗结果都是经过与前刀后刀两次仿真求平均值得到。将表中数据绘制成比能耗随滚刀编号的变化趋势图，可以看到优化前滚刀比能耗的变化趋势波动剧烈。由于前面 7 把滚刀的倾角差均等于或大于 7°，其整体比能耗高于优化后的结果，而最后两把滚刀因为布置在同一破岩轨迹上，所以比能耗较小，优化后的滚刀比能耗变化趋势整体比较平缓。从比能耗的变化上可以推断优化后相邻滚刀的破岩效果较好，磨损程度相近，使用寿命更长。

表 5-17 优化前后滚刀比能耗结果统计

刀号	比能耗/(MJ/m³)		刀号	比能耗/(MJ/m³)	
	优化前	优化后		优化前	优化后
#29	28.465	28.465	#35	46.214	37.768
#30	34.278	31.146	#36	45.913	38.833
#31	40.412	31.478	#37	45.768	38.965
#32	38.623	32.697	#38	43.894	39.898
#33	38.956	33.142	#39	40.657	42.225
#34	41.876	35.396	#40	40.657	43.013
			总计	485.713	433.026

因此，在实际工程中设计刀盘的安装倾角时，可以先确定首把边滚刀的最优倾角，然后依据倾角差等差递减的方式布置后面的滚刀，以本优化结果为例，优化后所有边滚刀的破岩比能耗相比优化前减少了 12.17%，优化结果较好，在一定程度上可以提高掘进效率，同时延长了刀具的使用寿命，减少了因为边滚刀损坏而开舱换刀的概率（图 5-26）。

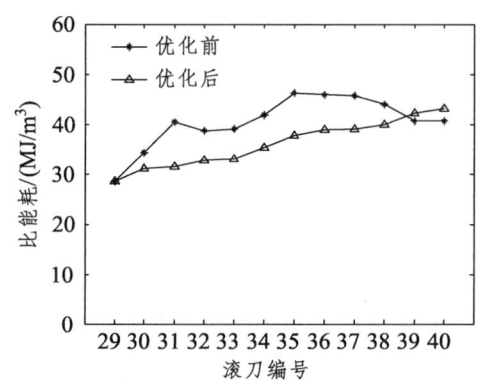

图 5-26 优化前后比能耗随滚刀编号变化示意

5.5 边滚刀优化布置设计方法

5.5.1 边滚刀优化布置的原则

滚刀在刀盘上的布置需遵循一定的原则和要求，以保证破岩效率和刀盘系统的稳定性，具体来说有以下几点：

① 刀盘受力平衡，指的是滚刀的垂直力和侧向力容易使刀盘产生径向不平衡力，一般不平衡力仅占推力大小的1%以下，否则容易引起刀盘振动、主轴承磨损等问题，进而会造成掘进效率偏低，增加施工成本。

② 刀盘倾覆力矩的平衡，滚刀的滚动力和惯性力容易使刀盘产生倾覆力矩，若倾覆力矩过大会造成刀盘变形、主轴承损坏等问题。

③ 分布域布置要求，由于刀盘系统包含了较多的部件和功能，滚刀的安装位置不能干扰刀盘的其他功能，且需能够承受较大的荷载。

④ 质心分布要求，各滚刀总的质心应该靠近刀盘回转中心轴线的位置，避免因质量偏心引起振动。

⑤ 顺次破岩要求，即相邻滚刀需先后破岩，前刀为后刀提供破岩临空面，可提高整体破岩效率。

⑥ 布刀位置不干涉，即同一个相位仅设置1把滚刀，滚刀与滚刀的位置不发生交叉。

根据刀盘设计布置原则和技术使用要求，本节选取上述前两个原则作为优化目标建立目标函数，其余作为约束条件，进行多目标优化。

5.5.2 优化模型的建立

多目标优化模型的建立需要首先对定量、优化量等进行定义，然后建立可以表达各参量之间关系的目标函数，再定义优化的约束条件，最后选择合适的优化算法进行求解。本节对模型的设计变量、目标函数和约束条件的定义过程进行介绍。

1）设计变量的确定

边滚刀在刀盘上的布置参数以及受力形式如图 5-27 所示，刀盘的半径为 R，刀盘回转中心为 O，滚刀在刀盘上的方位坐标可以用极坐标形式表示。假设边滚刀的总数为 n，$n=12$，则第 i 把刀 x_i 在刀盘上的方位坐标可以表示为 $(\rho_i, \gamma_i, \alpha_i)$，$\rho_i$ 表示安装极径，$\rho_i \in (0, R]$，γ_i 表示安装极角，$\gamma_i \in [0, 2\pi]$，α_i 表示安装倾角，$\alpha_i \in \left(0, \dfrac{7}{18}\pi\right]$。

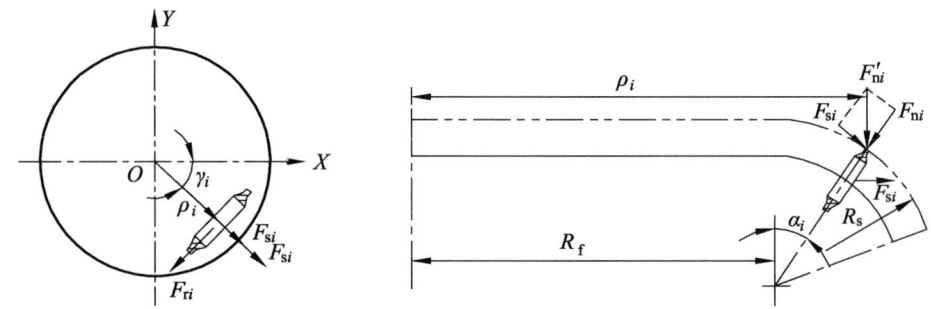

图 5-27　边滚刀布置参数及受力示意

滚刀的安装位置可以用下式表示：

$$x_i = \bigcup_{i=1}^{n}(\rho_i, \gamma_i, \alpha_i) \quad (n=12) \tag{5-32}$$

由图中位置关系可知：

$$\rho_i = R_s \sin\alpha_i + R_f \tag{5-33}$$

其中，R_f 和 R_s 都是已知的，安装倾角为上一章节倾角优化的结果，所以由式（5-31）可知，多目标优化的结果主要是对原刀盘的极角进行优化。综上所述，设计变量为：

$$X = \{x_1, x_2, \cdots, x_i, \cdots, x_n\} \quad (n=12) \tag{5-34}$$

2）目标函数的确定

目标函数 1：刀盘最小径向不平衡力 $f_1(x)$

刀盘在 X 轴和 Y 轴方向所受的合力为：

$$\begin{cases} F_x = \sum_{i=1}^{n}(F_{si}\cos\alpha_i\cos\gamma_i + F_{ri}\sin\gamma_i + F_{ei}\cos\gamma_i - F_{ni}\sin\alpha_i\cos\gamma_i) \\ F_y = \sum_{i=1}^{n}(F_{si}\cos\alpha_i\sin\gamma_i - F_{ri}\cos\gamma_i + F_{ei}\sin\gamma_i - F_{ni}\sin\alpha_i\sin\gamma_i) \end{cases} \tag{5-35}$$

式中　　F_x——刀盘在 X 轴方向所受的合力（kN）；

F_y——刀盘在 Y 轴方向所受的合力（kN）。

其中 F_{ei} 指的是滚刀转动产生的惯性力，由下式计算：

$$F_{ei} = m_i \omega_i^2 \rho_i \tag{5-36}$$

式中　m_i——滚刀质量（kg）；

　　　ω_i——滚刀转动角速度（rad/s）。

各滚刀的垂直力 F_{ni}、滚动力 F_{ri}、侧向力 F_{si} 由第二章的受力分析公式计算，由此刀盘径向不平衡力用下式表示：

$$f_1(x) = \sqrt{F_x^2 + F_y^2} \tag{5-37}$$

目标函数 2：刀盘最小倾覆力矩 $f_2(x)$

刀盘在 X 轴和 Y 轴方向所受的倾覆力矩为：

$$\begin{cases} M_x = \sum_{i=1}^{n}(F_{ni}\rho_i \cos\alpha_i \sin\gamma_i + F_{si}\rho_i \sin\alpha_i \sin\gamma_i) \\ M_y = \sum_{i=1}^{n}(F_{ni}\rho_i \cos\alpha_i \cos\gamma_i + F_{si}\rho_i \sin\alpha_i \cos\gamma_i) \end{cases} \tag{5-38}$$

刀盘倾覆力矩用下式表示：

$$f_2(x) = \sqrt{M_x^2 + M_y^2} \tag{5-39}$$

式中　M_x——刀盘在 X 轴方向所受的合力矩（kN·m）；

　　　M_y——刀盘在 Y 轴方向所受的合力矩（kN·m）。

综上所述，优化目标函数为：

$$\min F(X) = (f_1(x), f_2(x)) \tag{5-40}$$

3）约束条件的确定

约束条件 1：分布域布置要求

对于复合式刀盘来说，开口率较大，边滚刀一般安装在辐条或辐板与刀盘耐磨环的连接处，由图 5-1 可知该刀盘为"米"字形刀盘，可安装的极角范围为：

$$A = \left\{ \gamma \left| \frac{1}{12}\pi, \frac{1}{4}\pi, \frac{5}{12}\pi \leqslant \gamma \leqslant \frac{7}{12}\pi, \frac{3}{4}\pi, \frac{11}{12}\pi \leqslant \gamma \leqslant \frac{13}{12}\pi, \frac{5}{4}\pi, \frac{17}{12}\pi \leqslant \gamma \leqslant \frac{19}{12}\pi, \frac{7}{4}\pi, \frac{23}{12}\pi \right. \right\}$$

由此边滚刀在刀盘上的可安装域用下式表示：

$$g_1(x) = \{(\rho, \gamma) | \rho_s \leqslant \rho \leqslant \rho_t; \gamma \in A\} \tag{5-41}$$

式中　ρ_s——首把边滚刀的极径（mm）；

　　　ρ_t——最大极限倾角边滚刀的极径（mm）。

约束条件 2：质心分布要求

盾构机在设计时要求安装滚刀前后刀盘系统的质心重合，避免因滚刀的安装引起刀盘偏心，其中质心的计算如下式所示：

$$\begin{cases} P_x = \dfrac{\sum_{i=1}^{n} m_i \rho_i \cos \gamma_i}{\sum_{i=1}^{n} m_i} = \dfrac{1}{n}\sum_{i=1}^{n} \rho_i \cos \gamma_i \\ P_y = \dfrac{\sum_{i=1}^{n} m_i \rho_i \sin \gamma_i}{\sum_{i=1}^{n} m_i} = \dfrac{1}{n}\sum_{i=1}^{n} \rho_i \sin \gamma_i \end{cases} \quad (5\text{-}42)$$

质心约束条件为：

$$\begin{cases} g_2(x) = |P_x - x_e| - \delta x_e \leqslant 0 \\ g_3(x) = |P_y - y_e| - \delta y_e \leqslant 0 \end{cases} \quad (5\text{-}43)$$

式中　(P_x, P_y)——刀盘质心的实际位置；

(x_e, y_e)——滚刀安装后期望的刀盘质心位置；

$(\delta x_e, \delta y_e)$——滚刀安装后刀盘质心位置误差许用值。

约束条件 3：顺次破岩要求

相邻破岩轨迹的滚刀在刀盘上安装时需要有相位角差即极角差，前刀破岩后产生切削槽和扩展裂纹，为后刀提供破岩便利性。一般来说，前刀破岩消耗能量大于后刀，对于边滚刀尽量使小倾角滚刀为前刀，大倾角滚刀为后刀，该约束条件可表示为：

$$g_4(x) = |\gamma_{i+1} - \gamma_i| \geqslant \delta\gamma,\ 1 \leqslant i < n \quad (5\text{-}44)$$

其中 $\delta\gamma$ 指的是相邻破岩轨迹滚刀的最小极角差，根据刀盘设计经验该角度一般不小于 30°，亦可根据试验确定。

约束条件 4：布刀位置不干涉要求

由于滚刀是安装在刀箱内的，刀箱具有一定的体积，相邻刀箱之间不能干涉，且需留够排渣的空间，该约束条件可表示为：

$$g_5(x) = \rho_i |\gamma_i - \gamma_{i-1}| \geqslant \delta, 1 < i \leqslant n \quad (5\text{-}45)$$

其中 δ 指的是保证排渣时相邻滚刀的最小间距，可取值为刀盘开口宽度，这里取 600 mm，两把距离最近的滚刀之间刀箱不会发生干涉。

综上所述，边滚刀的优化模型如下所示：

$$\text{Find}\ X = \{x_1, x_2, \cdots, x_i, \cdots, x_n\} \quad x_i = \bigcup_{i=1}^{n}(\rho_i, \gamma_i, \alpha_i), n = 12$$

$$\min F(X) = (f_1(x), f_2(x))$$

s.t. 分布域布置要求：$g_1(x) = \{(\rho, \gamma) | \rho_s \leqslant \rho \leqslant \rho_t; \gamma \in A\}$

质心分布要求：$\begin{cases} g_2(x) = |P_x - x_e| - \delta x_e \leqslant 0 \\ g_3(x) = |P_y - y_e| - \delta y_e \leqslant 0 \end{cases}$

顺次破岩要求：$g_4(x) = |\gamma_{i+1} - \gamma_i| \geq \delta\gamma, 1 \leq i < n$

布刀不干涉要求：$g_5(x) = \rho_i |\gamma_i - \gamma_{i-1}| \geq \delta, 1 < i \leq n$

5.5.3 模型的计算求解

1）多目标优化方法的算法简介

本节中多目标优化方法采用粒子群优化（PSO）算法，粒子群优化（PSO）算法是一种模拟社会行为、基于群体智能的进化技术，具有独特的搜索机理、出色的收敛性能等优点。本节采用多目标粒子群优化算法（MOPSO）对边滚刀的布置进行优化。

该算法的原理是假设在 d 维搜索空间中建立粒子种群，第 i 个粒子具有初始位置 $X_i = (x_{i,1}, x_{i,2}, \cdots, x_{i,d})$ 和初始速度 $V_i = (v_{i,1}, v_{i,2}, \cdots, v_{i,d})$，每一次迭代计算之后，粒子通过个体极值 p_{best} 和全局最优解 g_{best} 来不断地更新自己。粒子主要是根据下面的控制参数方程来进行位置和速度的更新：

$$\begin{cases} x_{i,j}(t+1) = x_{i,j}(t) + v_{i,j}(t+1), j = 1, 2, \cdots, d \\ v_{i,j}(t+1) = v_{i,j}(t) + c_1 \times r_1 \times (p_{i,j} - x_{i,j}(t)) + c_2 \times r_2 \times (p_{g,j} - x_{i,j}(t)) \end{cases} \quad (5\text{-}46)$$

式中　c_1、c_2——学习因子；

r_1、r_2——0 到 1 之间均匀分布的随机数。

整个粒子种群利用控制参数方程不断地通过迭代计算更新位置和速度以寻找最优解，因此粒子种群的粒子数量、最大速度和学习因子等是控制算法速度和准确性的关键参数，需要进行合理的选择。

应用粒子群算法解决多个约束条件的多目标优化问题时，可以通过构造相应的惩罚函数，将问题转化为非约束优化目标，由惩罚函数构造的广义目标函数如下式所示：

$$F(x) = f(x) + h(k)H(x) \quad (5\text{-}47)$$

式中 $f(x)$ 是多目标优化的原始目标函数，$h(k)H(x)$ 是惩罚项。其中 $h(k)$ 为惩罚函数的惩罚系数，一般初始的 $h(k) = \sqrt{k}$ 或 $k\sqrt{k}$，$H(x)$ 为多级分配惩罚函数，可用下式定义：

$$H(x) = \sum_{i=1}^{m} \sigma(q_i(x)) q_i(x)^{\lambda(q_i(x))} \quad (5\text{-}48)$$

$$q_i(x) = \max\{0, g_i(x)\}, i = 1, \cdots, m \quad (5\text{-}49)$$

式中　m——约束条件的个数；

$\sigma(q_i(x))$——多级分配函数；

$q_i(x)$——约束违反度函数；

$\lambda(q_i(x))$——惩罚函数的级数。

$\sigma(q_i(x))$、$q_i(x)$、$\lambda(q_i(x))$ 均由约束条件进行控制，它们的作用是通过定义多级分配函数来表达惩罚函数与约束条件之间的关系，根据约束违反度函数值的大小分为不同的等级，通过分级达到优化目标的目的。多级分配函数定义如下：当 $q_i(x) < 1$ 时，级数 $\lambda(q_i(x)) = 1$；当 $q_i(x) \geqslant 1$ 时，级数 $\lambda(q_i(x)) = 2$；当 $q_i(x) < 0.001$ 时，$\sigma(q_i(x)) = 10$；当 $0.001 < q_i(x) < 0.1$ 时，$\sigma(q_i(x)) = 20$；当 $0.1 < q_i(x) < 1$ 时，$\sigma(q_i(x)) = 100$；当 $q_i(x) \geqslant 1$ 时，$\sigma(q_i(x)) = 300$。

多目标优化的目的是使得每一个子目标都在原有的基础上得到优化，消除短板的存在，所以有些多目标优化算法的结果并不唯一。例如遗传算法有可能会得到几组解，然后再人为从中选择，这无疑使得优化的过程变得复杂了，利用粒子群算法可以通过理想点法简化选择某一个解的过程，计算得到的结果即是最优结果。其中总优化目标可表示为：

$$\text{Find } X = (x_1, x_2, \cdots, x_n), \ \min F(X) = (f_1(x), f_2(x), \cdots, f_n(x)) \tag{5-50}$$

理想点法是首先将总优化目标中的每一个分目标函数分别在所有约束条件下优化得到各自的最优值，然后借助最小二乘法的思想，将多目标优化问题转化为求单目标函数（评价函数）的极值。构造的评价函数可表示为：

$$F(X) = \sum_{i=1}^{n} w_i \left[\frac{f_i(x) - f_i^0}{f_i^0} \right]^2, \ \sum_{i=1}^{n} w_i = 1 \tag{5-51}$$

式中　w_i——各子目标权重系数，和为 1；

f_i^0——第 i 个子目标在所有约束条件下的最优值。

因此，多目标粒子群优化算法的步骤是：

① 在约束条件下，分别求得各目标函数的最优值。

$$f_i^0 = \min f_i(x) \tag{5-52}$$

② 利用多级罚函数粒子群算法求总体评价函数的最优值。

$$\begin{cases} \min F(X) = \min \sum_{i=1}^{n} w_i \left[\dfrac{f_i(x) - f_i^0}{f_i^0} \right]^2, \ i = 1, 2, \cdots, n \\ h_k(x) = 0, (k = 1, 2, \cdots, l) \\ g_j(x) \leqslant 0, (j = 1, 2, \cdots, m) \\ \sum_{i=1}^{n} w_i = 1 \end{cases} \tag{5-53}$$

③ 求得评价函数的最优值，得到优化结果。

2）优化结果与分析

以本节所介绍的成都地铁盾构机的刀盘为例，共 12 把边滚刀，均为 18 英寸宽刃滚刀，刃宽 20 mm，刀尖圆弧过渡角 5°，刀刃角 20°，刀圈半径 228.5 mm，滚刀质量 195 kg，刀尖压力分布系数-0.2，滚刀与岩石接触角 0.04 rad。刀盘转速 3 r/min（0.314 rad/s），贯入度 4 mm。岩石抗压强度 145 MPa，抗拉强度 4.6 MPa，岩石破碎角 1.12 rad。安装后刀盘质心位置误差许用值 δx_e 取 50 mm，δy_e 取 50 mm。

先对径向不平衡力和倾覆力矩分别进行约束优化，考虑到二者对于刀盘的影响和破坏都是非常严重的，所以认为其权重系数相同，即 $w_1 = w_2 = 0.5$。利用 matlab 编程计算，最后得到最优总体评价函数值 $F^0(X) = 0.54$，如图 5-28 所示，求解后的结果如表 5-18 所示。

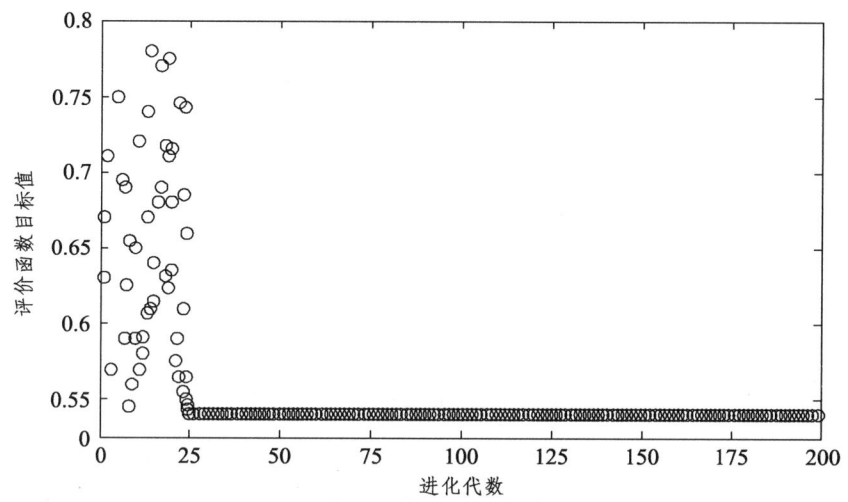

图 5-28　多目标评价函数迭代曲线

表 5-18　优化前后目标函数值对比

参数	F_x/N	F_y/N	$f_1(x)$/N	M_x/(N·m)	M_y/(N·m)	$f_2(x)$/(N·m)
优化前	1976.4233	11131.9245	11306.02	19823.46	174632.78	175754.31
优化后	1448.6725	9464.6548	9574.88	10554.21	141286.67	141680.32
优化率			15.31%			19.39%

从优化结果可以看到，各项指标都有所优化，径向不平衡力减小了 15.31%，倾覆力矩减小了 19.39%。不过优化后的径向不平衡力和倾覆力矩仍然较大，这是由于优化过程没有考虑正面滚刀和刮刀的影响，仅基于第 4 章安装倾角的优化结果对边滚刀的极径进行了优化，优化后的刀盘刀具布置如图 5-29 所示，图中标黑处为边滚刀位置。统计 12 把边滚刀优化前后的安装倾角、极径以及极角如表 5-19 所示。

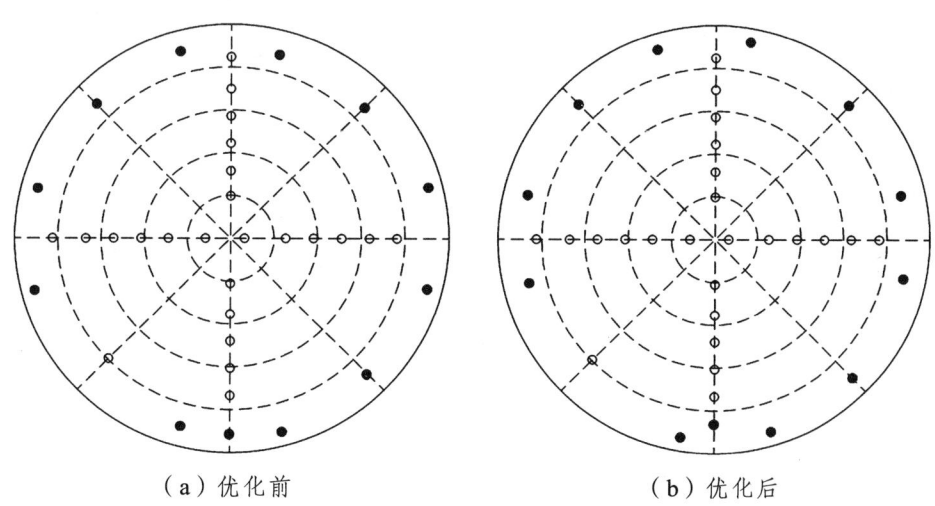

（a）优化前　　　　　　　　　（b）优化后

图 5-29　滚刀布置示意

表 5-19　优化前后刀具布置参数

滚刀编号	优化前			优化后		
	倾角/(°)	极径/m	极角/rad	倾角/(°)	极径/m	极角/rad
#29	7	2.73	0.78	7	2.73	4.71
#30	14	2.795	2.355	14	2.795	0.802
#31	22	2.855	5.495	20.5	2.845	0.209
#32	29	2.911	4.457	27	2.897	3.367
#33	36	2.966	1.317	33	2.942	6.053
#34	43	3.014	4.71	39	2.985	2.913
#35	50	3.054	1.823	45	3.024	5.495
#36	56	3.086	4.972	50.5	3.056	2.355
#37	62	3.111	2.887	56	3.085	4.919
#38	67	3.13	6.027	61	3.107	1.884
#39	70	3.14	3.402	66	3.127	4.361
#40	70	3.14	0.262	70	3.14	1.221

从刀具布置图中可以看到，边滚刀的安装位置满足布置域要求，且互不干涉，最大安装极径与原数据相同，满足隧洞直径的开挖要求，因此综合来看，优化的结果较为可信和满意。

第 6 章 螺旋机的选型及适应性改进研究

螺旋输送机作为土压平衡盾构机的关键部件,在盾构施工过程中,集排渣和土舱压力调节功能于一体,能够通过控制螺旋轴转速来调节土舱压力,从而保证开挖面稳定。因此,螺旋输送机在盾构施工中具有重要的地位。在成都富水、富含大漂石砂卵石地层盾构施工中,螺旋输送机在排渣过程中产生了一系列问题,如螺旋输送机磨损、断轴,土舱压力难以建立,容易发生喷涌等,这对螺旋输送机的耐磨性、寿命及防喷涌能力等提出了更高的要求。

6.1 螺旋输送机的基本构造及工作原理

6.1.1 螺旋输送机的基本构造

螺旋输送机是土压平衡盾构机的重要组成部分,如图 6-1 所示:

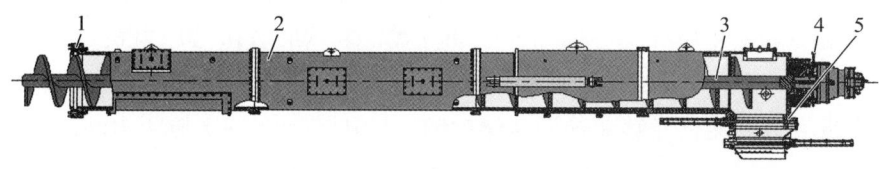

图 6-1 螺旋输送机示意

1—前闸门;2—筒体;3—螺旋轴;4—驱动装置;5—出口闸门

螺旋输送机主要由前闸门、出口闸门、筒体、螺旋轴以及驱动装置等组成,此外在筒体上还设有伸缩油缸、泡沫注入孔和检修窗以及土压力传感器等。

前闸门用来使土舱与螺旋输送机之间相隔离,有一体式与分离式两种形式(图 6-2),分离式将前闸门整合到土舱隔板上,如图 6-2(b)所示。当工作人员需要进入土舱时,关闭前闸门能够使土舱内环境稳定,保证人员安全;当螺旋输送机故障时也需要关闭前闸门,防止螺旋输送机内渣土流动。

出土闸门一般安装于螺旋输送机末端,渣土通过闸门径向排出。出土闸门由液压缸控制,可以调整渣土出口大小、停止掘进或维修时关闭。在紧急断电情况下,后闸门可以通过蓄能器储存的能量紧急自动关闭,以防止土舱和螺旋输送机中的水以及渣土在压力作用下进入盾构机。如图 6-3 所示为滑动式结构出口闸门,由一对液压油缸控制闸门开启和关闭。为了预防喷涌情况，采用双出口闸门结构，并配置保压泵和紧急自动关闭系统。

图 6-2　螺旋输送机前闸门

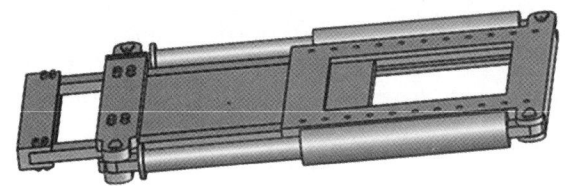

图 6-3　出口闸门

筒体一般分为 3~5 节，使用螺栓连接，其中伸缩套筒能够使螺旋轴进入筒体，关闭前闸门就能与土舱分离，进而在不影响土舱稳定的情况下，实现对螺旋输送机的修理和维护。

一般根据筒体的长度会开几个添加剂注入孔，以便在有需要的时候往筒体内注水、泡沫等。添加剂能够降低渣土的黏性，减少出土的阻力，从而提高出土效率。此外，筒体上都会安装有检修窗，当螺旋输送机在工作过程中发生卡停、堵塞时，可以通过检修窗确定堵塞位置并对螺旋输送机进行修理。在筒体内还安装有传感器，用来实时监测螺旋输送机内部的压力。

螺旋输送机一般采用后部中心驱动的驱动方式，驱动装置由液压电机、减速机、回转支承等组成，如图 6-4 所示。液压马达通过减速机驱动螺旋轴的转动，推动渣土沿轴向运动；液压电机可以实现无级调速，能够通过调节螺旋输送机转速来维持土舱压力动态平衡。

图 6-4　驱动装置

螺旋输送机根据螺旋轴形式分为有轴式和无轴式，如图 6-5 所示。在富水砂卵石地层中，轴式螺旋输送机相比于带式螺旋输送机，可以减小喷涌现象的发生，在同直径情况下，轴式螺旋输送机所输送的砂砾直径要小于带式螺旋输送机，轴式螺旋输送机输出卵石的大小受叶片直径和中心轴限制，带式螺旋输送机输送卵石粒径受叶片直径及螺距大小的影响。

（a）有轴式　　　　　　　　　（b）无轴式

图 6-5　螺旋轴形式

6.1.2　螺旋输送机的工作原理

盾构掘进过程中，刀盘切削下来的土体进入密封的土舱，对开挖面地层形成被动土压与开挖面上的主动土压相抗衡。螺旋输送机一端与土舱相接，当土舱和螺旋输送机内有足够多的切削土体时，产生的被动土压即可与开挖面上的主动土压大致相等，使开挖面的土层达到稳定状态。在密封土舱与开挖面土压保持平衡的状态下，盾构向前推进的同时，启动螺旋输送机，液压电机带动螺旋轴旋转，向外输送土舱内的渣土；并根据土舱内的压力传感器与螺旋输送机土压传感器的压力差，调节螺旋轴的转速和出渣门的开度，使排土量等于开挖量，保持动态的土压平衡，保证开挖面一直处于稳定状态，而不出现施工路面隆起或沉陷。土压平衡盾构螺旋输送机的工作原理如图 6-6 所示。

图 6-6　螺旋输送机工作原理示意

螺旋输送机的主要功能：

① 从有压力的密封土舱内将刀盘切削下的渣土排出盾构。

② 渣土在螺旋输送机内输送过程中形成土塞，使土舱内的压力沿螺旋输送机渐进衰减以保持土舱内压力的稳定。

③ 通过调整螺旋输送机转速，改变排土量，调节土舱内土压力值，使其与掘进面水压力和土压力保持动态平衡。

6.2 螺旋输送机的选型设计

6.2.1 螺旋输送机参数确定

1）螺旋升角和螺距

螺旋叶片的螺旋面为正螺旋面，螺旋叶片上任意一点的螺旋升角为该点法线与螺旋轴线的夹角，计算公式由式（6-1）确定：

$$\varphi_i = \arctan\left(\frac{S}{\pi D_i}\right) \quad (6\text{-}1)$$

式中 φ_i——螺旋叶片上一点的螺旋升角（°）；
S——螺旋输送机的螺距（mm）；
D_i——螺旋叶片上该点的直径（mm）。

螺距 S 和螺旋升角 φ_i 是螺旋输送机的重要参数，直接影响渣土在螺旋输送机内的运动状态，决定土体运动的滑移面，因此，螺距和螺旋升角应根据渣土和螺旋面的受力和运动状态并结合卵石大小等条件来确定。由式（6-1）可知，螺旋升角与螺旋叶片的直径相关，正螺旋面螺旋叶片展开如图 6-7 所示。

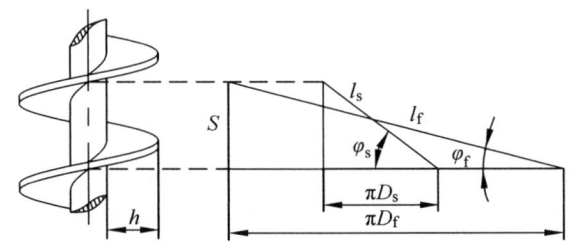

图 6-7 正螺旋面螺旋叶片展开

由式（6-1）和图 6-7 可知：

$$\varphi_f = \arctan\left(\frac{S}{\pi D_f}\right) \quad (6\text{-}2)$$

$$\varphi_s = \arctan\left(\frac{S}{\pi D_s}\right) \quad (6\text{-}3)$$

式中 φ_f——螺旋叶片最外端的螺旋升角（°）；
φ_s——螺旋叶片在螺杆处的螺旋升角（°）；
D_f——螺旋轴的公称直径（mm）；
D_s——螺旋轴螺杆的直径（mm）。

根据螺旋升角计算公式，可以看出螺旋叶片上螺旋升角从内到外是逐渐减小的，螺旋叶片靠近螺杆处升角最大，边缘处升角最小。成都某盾构螺旋输送机螺旋升角变化如图 6-8 所示。

第 6 章 螺旋机的选型及适应性改进研究

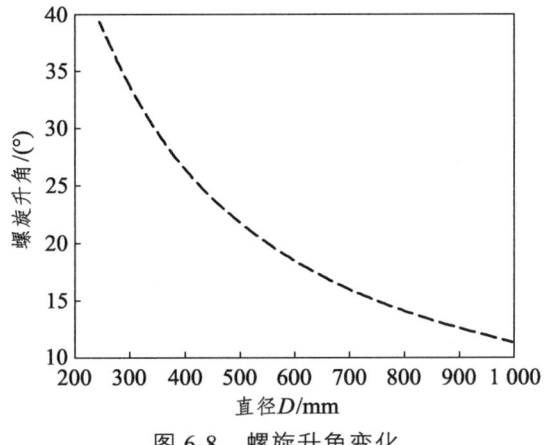

图 6-8 螺旋升角变化

2）排渣能力

盾构螺旋输送机排渣能力需根据使用要求设计，与横截面积、填充系数、螺距、转速等参数有关。螺旋输送机理论排渣能力 Q 为：

$$Q = 60 \cdot n \cdot \frac{D_f^2 - D_s^2}{4} \cdot \pi \cdot S \cdot \psi \tag{6-4}$$

式中　Q——螺旋输送机理论排渣能力（m^3/h）；

　　　n——螺旋输送机转速（r/min）；

　　　ψ——充填系数，全部充满时 $\psi=1.0$。

螺旋输送机的实际排渣能力与转速的关系，如图 6-9 所示。而螺旋输送机的工作转速在 0~20 r/min 之间，转速较低，螺旋输送机的转速与排渣能力近似成正比关系，排土效率为 η，则实际排渣能力 Q' 为：

$$Q' = \eta Q \tag{6-5}$$

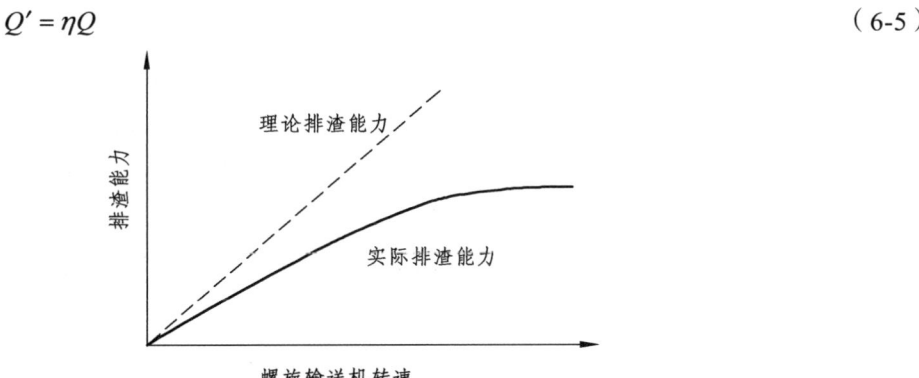

图 6-9 螺旋输送机排渣能力与转速关系

盾构螺旋输送机的排渣能力要与刀盘的开挖能力相匹配，通过控制土舱的进土量和出土量，可以调节土体密度和土舱压力，保持开挖面稳定。因此，盾构螺旋输送机的最大排渣能力 Q'_{max} 要大于刀盘的开挖能力 Q_k。刀盘的开挖能力 Q_k 为：

$$Q_k = \frac{3}{200} \lambda \pi D_k^2 V \tag{6-6}$$

式中　λ——地层松散系数；

D_k——盾构刀盘开挖直径(m);

V——盾构推进速度(mm/min)。

盾构螺旋输送机的最大转速 n_{max} 需要满足下式条件:

$$n_{max} > \frac{\pi D_k^2 V}{\left(D_f^2 - D_s^2\right)S\psi} \tag{6-7}$$

3) 通过能力

在进行螺旋输送机选型时,螺旋轴主要从两方面进行考虑:一是螺旋轴形式,二是直径和螺距。这两项设计需要根据最大输送粒径、地层情况和排渣效率等条件来确定。螺旋输送机通过性能,可以根据下式确定:

$$\begin{array}{l} H \leqslant 0.35D(\text{轴式}) \\ H \leqslant 0.6D(\text{带式}) \end{array} \tag{6-8}$$

式中 H——最大输送粒径(mm);

D——螺旋输送机内径(mm)。

轴式和带式螺旋输送机的最大通过粒径示意图,如图 6-10 所示。可见,带式螺旋轴比轴式螺旋轴的通过性能更好,在无水砂卵石地层中,带式螺旋输送机能得到更好的应用。但是,富水砂卵石地层需要更好的承压效果,因此,适应成都富水砂卵石地层采用的盾构螺旋输送机螺旋轴为有轴式。

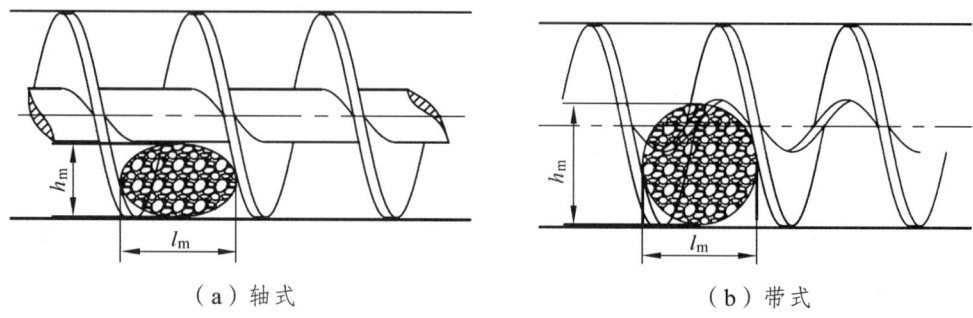

(a)轴式　　　　　　　　　　(b)带式

图 6-10　螺旋输送机最大通过粒径示意

螺旋输送机直径与输送卵石最大尺寸关系,在不考虑螺距情况下,如表 6-1 所示。

表 6-1　螺旋输送机最大输送卵石尺寸

螺旋输送机直径/mm	输送卵石最大尺寸(直径/长度)/(mm/mm)	
	轴式	带式
300	105/230	200/300
350	125/250	250/340
400	145/280	270/375
500	180/305	340/400
650	250/405	435/650
700	280/415	470/700
1000	425/750	650/1000

4）螺旋输送功率

螺旋输送机的螺旋轴功率损耗确定：结合减速机的传动效率，可以得到液压电机的功率。对于有轴式螺旋输送机，其功率损耗 P 主要包含以下几个部分：

$$P = P_1 + P_2 + P_3 + P_4 + P_5 \tag{6-9}$$

式中　P_1——土体与螺旋叶片摩擦功率损耗（kW）；
　　　P_2——土体与螺杆摩擦功率损耗（kW）；
　　　P_3——土体与筒体摩擦功率损耗（kW）；
　　　P_4——轴承摩擦功率损耗（kW）；
　　　P_5——土体相对运动功率损耗（kW）。

① 土体与螺旋叶片摩擦功率损耗：

$$P_1 = 2\int_0^L F_1(L) v_1 \frac{\mathrm{d}L}{\sin\varphi} \tag{6-10}$$

式中　L——输送长度（m）；
　　　F_1——单位长度上土体与螺旋叶片间的摩擦力（N/m）；
　　　v_1——土体相对于螺旋叶片的运动速度（m/s）。

② 土体与螺杆摩擦功率损耗：

$$P_2 = \int_0^L F_2(L) v_2 \mathrm{d}L \tag{6-11}$$

式中　F_2——单位长度上土体与螺杆间的摩擦力（N/m）；
　　　v_2——土体相对于螺杆的运动速度（m/s）。

③ 土体与筒体摩擦功率损耗：

$$P_3 = \int_0^L F_3(L) v_3 \mathrm{d}L \tag{6-12}$$

式中　F_3——单位长度上土体与筒体间的摩擦力（N/m）；
　　　v_3——土体相对于筒体的运动速度（m/s）。

④ 轴承摩擦功率损耗：

$$P_4 = G\mu_4 v_4 + k_4(P_1 + P_2 + P_3) \tag{6-13}$$

式中　G——螺旋轴重力（N）；
　　　μ_4——轴承摩擦系数；
　　　v_4——轴承切向速度（m/s）；
　　　k_4——荷载作用在轴承上的磨擦系数。

⑤ 土体相对运动功率损耗：

土体之间存在着相对运动，如摩擦、碰撞和滚动等，要消耗一部分能量。

$$P_5 = k_5 k_4 (P_1 + P_2 + P_3) \tag{6-14}$$

式中　k_5——修正系数，一般取 $k_5 = 1.2 \sim 2.0$。

综上所述，螺旋输送机所需轴功率 P_0 为：

$$P_0 = (1 + k_4 + k_4 k_5)(P_1 + P_2 + P_3) + G\mu_4 v_4 \quad (6\text{-}15)$$

可以简化为：

$$P_0 = k_0(P_1 + P_2 + P_3) + G\mu_4 v_4 \quad (6\text{-}16)$$

在初始计算时，各项功率损耗计算复杂，水平螺旋输送机功率可以简化成两部分：土体输送所需功率 P_A 和螺旋轴空转功率 P_B，按下式计算：

$$P_A = \frac{Q\rho\omega_0 L}{3.67 \times 10^5} (\text{kW}) \quad (6\text{-}17)$$

$$P_B = \frac{DL}{20} (\text{kW}) \quad (6\text{-}18)$$

式中 ω_0——土体的阻力系数，对于砂卵石，取 3.2。

但是，盾构中螺旋输送机有一定的倾斜角度，则：

$$P_A = \frac{Q\rho\omega_0 L}{3.67 \times 10^5} + \frac{Q\rho\omega H}{3\,600} (\text{kW}) \quad (6\text{-}19)$$

式中 H——螺旋输送机排渣口高度（m）。

则螺旋输送机的驱动装置的额定功率为：

$$P = \frac{k(P_A + P_B)}{\eta} \quad (6\text{-}20)$$

式中 k——备用功率系数，取 1.2~1.4；
　　　η——驱动装置传递总效率，一般为 0.9~0.94。

6.2.2 螺旋输送机的配置选型

类比于盾构选型方法，对螺旋输送机的配置选型也可根据地层的土质种类、地层的渗透系数、地下水压进行螺旋输送机配置选型。通过实际项目总结及相关资料收集，总结归纳出螺旋输送机配置选型与水文地质条件之间的关系，如表 6-2 所示。

针对表中水文地质给出以下说明：

① 表中软土地层指未固成岩的软土、某些半固结成岩及全风化围岩。复合地层指开挖面范围内和开挖延伸方向上，由两种及两种以上不同地层组成，且这些地层的岩土力学、工程地质和水文地质等特征相差悬殊的地层组合。复合地层的组合方式复杂多样，大致可分为三大类：第一类是在断面垂直方向上不同地层的组合；第二类是在水平方向上地层的不同组合；第三类是上述两者兼有。

② 地层渗透系数：根据第 2 章的图 2-10 中各种单一地层渗透系数、各地层所占比例及分布形式可以分析出施工地层的地层渗透系数。

③ 地下水压由当地降水量、地下水含量、地下河等方面决定。

表 6-2　螺旋输送机配置选型

水文地质条件			螺旋输送机配置选型							
地层土质类型	地层渗透系数 /(m/s)	地下水压 /MPa	螺旋轴耐磨块		筒体耐磨块		防喷涌措施		维修措施（隔板舱门、伸缩筒）	
			无	有	无	有	无	二级螺旋机或保压泵	无	有
软土地层	≤10⁻⁴	≤0.3	O		O		O		O	
		>0.3	O		O			△	△	O	
复合地层	≤10⁻⁴	≤0.3		O		O	O			O
		>0.3		O		O		△	△		O
	>10⁻⁴	≤0.3		O		O	O			O
		>0.3		O		O		O			O

表中，"O"表示原则上符合选用条件，"△"表示应用时需进行具体研究，其中筒体耐磨板覆盖率可根据实际施工时地层颗粒级配进行讨论。

6.3　盾构施工中螺旋输送机遇到的问题及解决措施

6.3.1　螺旋输送机的磨损及解决措施

成都砂卵石地层含有大量的砂卵石、漂石等，其粒径大、硬度高，对筒体、螺旋轴和螺旋叶片都产生了较大的磨损，见图 6-11。

图 6-11　螺旋输送机磨损

为了提高螺旋轴的使用寿命，需对螺旋轴进行特殊的耐磨处理。主要的耐磨措施有焊接网格耐磨焊、焊耐磨层、焊接复合耐磨板和焊接合金块等形式。其中焊接网格耐磨焊主要适用于软土地层掘进、磨损比较小的情况，在芯轴以及叶片两侧面按事先画好的网格线焊接出相应的网格耐磨焊。焊接耐磨层主要适用于复合地层磨损比较严重的工况，耐磨层主要位于螺旋轴前三节螺旋叶片的两侧面，其余部位由于磨损相对比较小，采用网格耐磨焊的形式。焊接复合耐磨板以及焊接合金块的耐磨形式主要适用于磨损非常严重的地层，如全断面砂卵石地层和石英含量高的岩石地层。

如图 6-12 所示，分别对螺旋输送机前端筒体、斜套筒及叶片表面堆焊耐磨层，同时在叶片周边加焊耐磨块，这些措施使得该螺旋输送机在实际工程施工过程中取得了良好的使用性能，大大增加了其耐磨性，从而增加了螺旋输送机的使用寿命。

（a）筒体焊耐磨层　　　　（b）螺旋轴耐磨层　　　　（c）叶片焊耐磨层

图 6-12　耐磨措施

6.3.2　螺旋机卡死现象及解决措施

成都地下水含量丰富，使得渣土中的细颗粒砂、少部分黏土等随着地下水流失，螺旋输送机筒体内剩下的几乎是大块的碎石，从而造成螺旋输送机的严重磨损，有时甚至发生螺旋机卡停现象。当螺旋输送机被卡死而难以脱困时，严禁采用提高螺旋输送机转速的方法去解决脱困问题，而是应该采用人工辅助的方法进行脱困。

1）加入润滑剂

在施工过程中，发现螺旋输送机被卵石卡停时，应通过盾构机的泡沫系统往螺旋筒里注入泡沫剂，或者也可以通过螺旋机上预留的管路接口、圆形盖板等装置，注入泡沫剂、膨润土、泥浆等润滑物质。

再注入一定量的润滑剂之后，即可通过正反转螺旋轴的方法进行脱困，且在此过程中应该谨慎操作，避免因操作不当而造成螺旋轴的断裂，应逐渐增加扭矩。

2）人工辅助

当螺旋输送机卡停时，先了解其情况并确认是否已经完全被卡死，然后打开螺旋筒上的检查口，人工进行清理。当螺旋筒内的卵石被清除到一定量的时，即可采用加入润滑剂的方法辅以脱困，以节约人力、节约时间。

6.3.3 螺旋轴断裂现象及解决措施

在成都复杂地层盾构施工，螺旋输送机断轴现象较其他工程盾构施工尤为突出。在富大漂石、砂卵石地层中采用盾构施工时，伸入土舱内的螺旋轴前端部分受到土舱内渣土的摩擦力以及摩擦扭矩相对较大，长期的磨损致使其疲劳强度降低，易造成螺旋轴的前端部分发生疲劳断裂（图 6-13）。

图 6-13 螺旋轴断裂

在盾构施工过程中遇到螺旋机螺旋轴断裂的情况，一般的处理方式是将断裂的螺旋轴取出，经过焊接以及一系列耐磨处理再重新装进筒体内继续工作。现有一种在隧道内修复螺旋轴的方法：

1）准备工作

断开螺旋机液压及电气管线并固定，关闭舱门，清理出维修空间；在螺旋轴断裂处的筒体左右对称位置各开一个 400 mm×400 mm 的临时窗口；清理该段筒体内的泥土。

2）初步定位

对螺旋轴断裂处用固定钢板进行定位，然后对断裂处进行点焊，先初步使其连接在一起；缓慢转动螺旋轴，使断裂面转至方便焊接位置后停止；用钢板垫调整螺旋叶片与筒体内径的间隙，使螺旋轴处于筒体内径中心位置后，点焊钢板垫定位。

切除螺旋轴断裂处临时固定钢板使断轴分离，并通过螺旋轴转动及伸缩，使两段断轴的断裂面吻合。吻合后调整两段断轴的同轴度，以满足技术要求。

使用钢条在螺旋轴断裂处做 3 道标记，在断轴上用边长为 50 mm 的方钢焊接 3 道骨架，方钢长度超出螺旋轴断口 100 mm 即可。

3）断裂位置处理

将两段断轴分离，清理断裂位置的耐磨层及焊缝位置，清理螺旋叶片的焊接坡口，并在螺旋轴断裂位置做出焊接坡口（坡口角度为 30°、深度为 80 mm）。

4）最终定位

按照螺旋轴断裂处的 3 道标记重新定位，并再次检验两段断轴的同轴度，若不符合技术要求应进行调整，确保定位后螺旋叶片与筒体内径上、下、左、右间隙一致。

5）对接焊

使用割枪对焊接部位预热至 200 ℃ 左右；由两名焊工使用型号为 ER50-6 的焊丝，在筒体两侧临时作业窗口同时对称进行焊接，以防止螺旋轴产生热应力变形；焊接后自然冷却。

6）试机

检查螺旋轴焊接后的同轴度，去掉螺旋轴定位钢板及垫片，确认无误后试机。试机时螺旋输送机先进行慢速正向旋转，然后逐步加速至最大转速，观察螺旋输送机工作情况，检查螺旋输送机伸缩情况及前部闸门工作情况。试机时对照出厂标准值进行检验。

6.3.4 喷涌现象及防控措施

砂卵石地层架构较为松散，黏粒含量少，胶结水平低，土舱内难以形成持续稳定的土压力。砂卵石地层稳定性差，不易建压，富水地层中易发生喷涌。开挖面压力不稳定，掘进过程中和停机时都容易出现地层变形。

盾构开挖下来的土体经过改良和搅拌后，土体结构变得松散，大小土体颗粒重新组合叠加形成多孔介质，而一般的螺旋输送机输送土体均匀稳定，会保持土体的松散状态，细小颗粒很容易从大的颗粒之间流出，在螺旋输送机中形成小通道，一旦地下水含量过高，会顺利通过此通道连接到排渣口，造成喷涌。因此，在防止喷涌时最有效的方法是在螺旋输送机中将松散的土体中的空隙减小，在实际工程中有以下几种方案。

1）减小螺距

螺旋输送机的填充率随着螺距增大而减小，且螺旋输送路径也增长，能够在一定程度上增加承压能力。但是螺旋输送机的螺距，是根据最大卵石粒径和出渣能力设计的，减少螺距不能满足大粒径卵石的输送要求，在实际工程中不可行。

2）两段式螺旋轴

两段式螺旋轴是将螺杆上的螺旋叶片分为前后不连续的两段，两段螺旋叶片之间形成一个"光杆"空间，如图 6-14 所示。此空间的渣土不受螺旋叶片推动，只能依靠下方渣土推动才能向前运动，经过挤压形成一个"柱状"土塞，以提高螺旋输送机的承压能力。

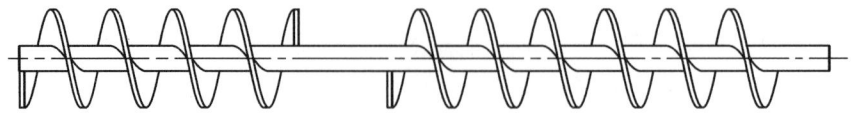

图 6-14 两段式螺旋轴

3）双螺旋输送机

双螺旋输送机是在一级螺旋输送机上连接另一级螺旋输送机，利用两级之间的空间，来形成土塞，类似于两段式螺旋轴形成的土塞形式。双螺旋输送机两级之间的连接形式主要有对接、搭接和间断三种，如图 6-15 所示。在工程实际中，搭接形式应用最多，间断和对接形式容易堵塞，而未被应用。

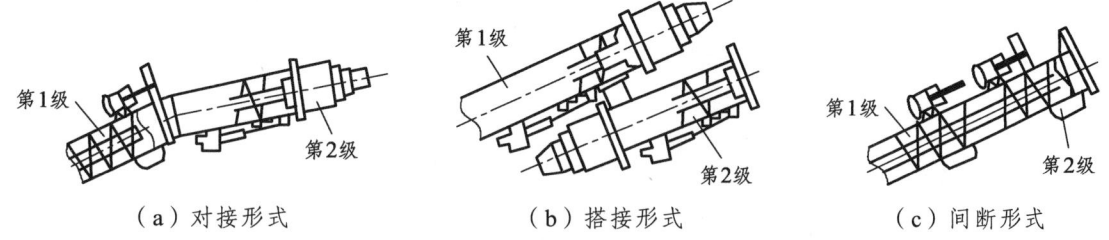

图 6-15 双螺旋输送机连接形式

双螺旋输送机可以独立调节各级的转速，能进一步增大土塞的承压能力。但是，双螺旋输送机需要具备两套驱动系统，也使得盾构内部空间更加紧凑。

4）螺旋叶片变螺距设计

土体的轴向运动速度与螺距有关。将螺旋轴分成三部分，即进土段、土塞段、排土段，如图 6-16 所示。各部分有不同的螺距，土塞段的螺距最小，此段土体轴向运动较慢，进土段土体运动较快，之后进入土塞段，开始压缩形成土塞。为防止堵塞，排土段也需要大于土塞段的螺距，防止堵塞顺利将土体排出。

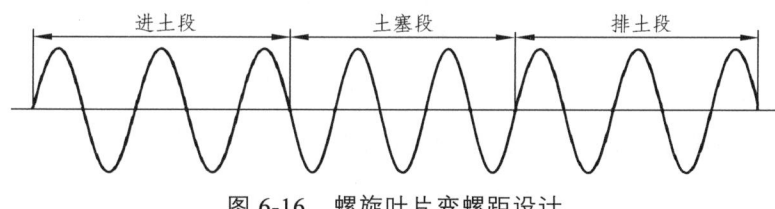

图 6-16 螺旋叶片变螺距设计

螺旋叶片变螺距设计仅需一级螺旋输送机就能实现良好土塞，且形成的螺旋土塞要比两段式螺旋轴形成的柱状土塞的承压效果好。

6.4 螺旋轴变螺距设计

6.4.1 理论模型及假设

螺旋输送机土塞承压模型是进行承压特性研究的基础，合理的模型能够提高计算准确度，因此，首先要选择合适的微元体。

根据螺旋输送机结构,选取螺旋叶片方向的微元体,如图 6-17 所示,这样选取能够体现螺旋输送机的结构和土体运动的形式,对螺旋输送机内部各种力的体现比较直观。选取的微元体 $d\theta$,从其上方看,其受力分析如图 6-18 所示。

$$\theta = 2\pi \frac{L}{S} \tag{6-21}$$

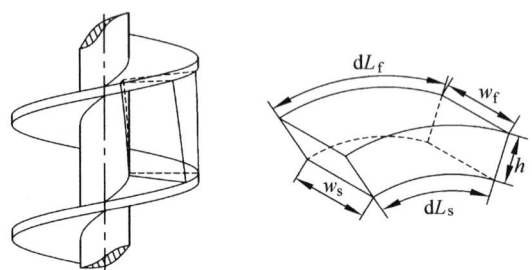

图 6-17 螺旋输送机微元体选取

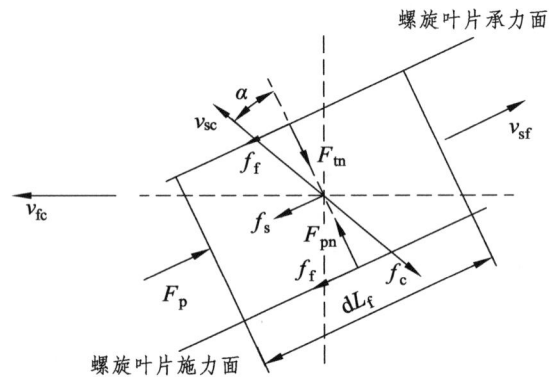

图 6-18 微元体受力分析

微元体在螺旋切线方向受力平衡,建立平衡方程:

$$-f_c \cos\varphi_f + f_s + 2f_f - F_p = 0 \tag{6-22}$$

假设螺旋叶片厚度为 e,微元体的长度:

$$\begin{aligned} w_f &= (S-e)\cos\varphi_f \\ w_s &= (S-e)\cos\varphi_s \end{aligned} \tag{6-23}$$

$$\begin{aligned} dL_f &= \frac{d\theta D_f}{2\cos\varphi_f} = \frac{dL}{\sin\varphi_f} \\ dL_s &= \frac{d\theta(D_f - 2h)}{2\cos\varphi_s} = \frac{dL}{\sin\varphi_s} \end{aligned} \tag{6-24}$$

为了方便计算和有效分析螺旋输送机在土压平衡盾构中的原理,还需要作如下的假设:

① 盾构螺旋输送机内部充满土体,且均匀连续,形成良好土塞。
② 土体具有理想的流塑状态,不出现流动分层。
③ 为方便计算,忽略土体重力。

6.4.2 受力计算

1) 土体与螺旋叶片之间摩擦力 f_f

$$f_\mathrm{f} = \int_{D_\mathrm{s}}^{D_\mathrm{f}} \tau_\mathrm{f} \mathrm{d}L_\mathrm{a} \frac{\mathrm{d}D}{2} = \int_{D_\mathrm{s}}^{D_\mathrm{f}} \tau_\mathrm{f} \frac{\mathrm{d}L}{\sin\varphi_\mathrm{a}} \cdot \frac{\mathrm{d}D}{2} \qquad (6\text{-}25)$$

式中　τ_f——抗剪强度；

$\mathrm{d}L_\mathrm{a}$——微元体平均边长。

根据研究的螺旋输送机结构，$\dfrac{1}{\sin\varphi_\mathrm{a}}$ 随直径的变化曲线如图 6-19 所示。

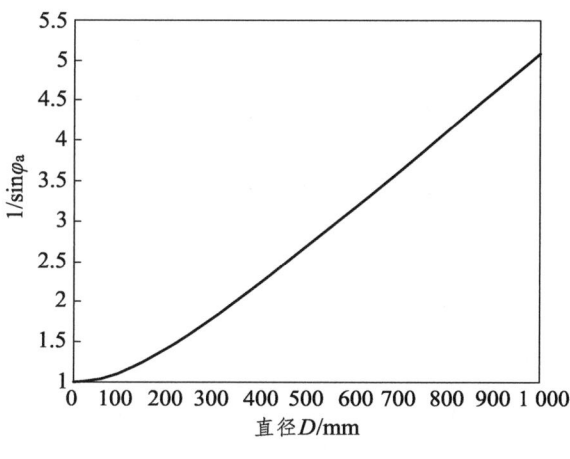

图 6-19　$\dfrac{1}{\sin\varphi_\mathrm{a}}$ 随直径的变化曲线

螺旋叶片直径范围在 245~1 000 mm，所以近似成直线进行求解。故式（6-25）可以近似成：

$$f_\mathrm{f} = \frac{\tau_\mathrm{f} h}{2}\left(\frac{1}{\sin\varphi_\mathrm{s}} + \frac{1}{\sin\varphi_\mathrm{f}}\right)\mathrm{d}L \qquad (6\text{-}26)$$

2) 土体与螺杆之间摩擦力

$$f_\mathrm{s} = \tau_\mathrm{s} w_\mathrm{s} \mathrm{d}L_\mathrm{s} = \frac{\tau_\mathrm{s}(S-e)}{\tan\varphi_\mathrm{s}}\mathrm{d}L \qquad (6\text{-}27)$$

3) 土体与外壳之间的摩擦力

$$f_\mathrm{c} = \tau_\mathrm{c} w_\mathrm{f} \mathrm{d}L_\mathrm{f} = \frac{\tau_\mathrm{c}(S-e)}{\tan\varphi_\mathrm{f}}\mathrm{d}L \qquad (6\text{-}28)$$

4) 微元体两侧因为压力差所产生的阻力

$$F_\mathrm{p} = \int_{D_\mathrm{s}}^{D_\mathrm{f}} w_\mathrm{a} \frac{\mathrm{d}D}{2}\mathrm{d}P = (S-e)\frac{\sqrt{(\pi D_\mathrm{f})^2 + S^2} - \sqrt{(\pi D)^2 + S^2}}{2\pi^2}\mathrm{d}P \qquad (6\text{-}29)$$

联立式（6-22）和式（6-25）~式（6-29），得：

$$\frac{dP}{dL} = \frac{2\pi^2}{\sqrt{(\pi D_f)^2 + S^2} - \sqrt{(\pi D_s)^2 + S^2}} \cdot \left[-\frac{\tau_c \cos\varphi_f}{\tan\varphi_f} + \frac{\tau_s}{\tan\varphi_s} + \frac{\tau_f}{S-e}\left(\frac{1}{\sin\varphi_s} + \frac{1}{\sin\varphi_f}\right) \right] \quad (6\text{-}30)$$

则土塞两端能承受的最高压力差 ΔP 为：

$$\Delta P = \frac{2\pi^2 L}{\sqrt{(\pi D_f)^2 + S^2} - \sqrt{(\pi D_s)^2 + S^2}} \cdot \left[-\frac{\tau_c \cos\varphi_f}{\tan\varphi_f} + \frac{\tau_s}{\tan\varphi_s} + \frac{\tau_f}{S-e}\left(\frac{1}{\sin\varphi_s} + \frac{1}{\sin\varphi_f}\right) \right] \quad (6\text{-}31)$$

6.4.3　承压分析

假设螺杆、螺旋叶片和筒体与土体之间的剪切应力为常数，显然 $\frac{dP}{dL}$ 为常数，令 $k_p = \frac{dP}{dL}$，用来表示螺旋输送机的承压能力，k_p 在一定程度上也能反映螺旋输送机的结构参数的防喷涌能力。

k_p 随螺旋输送机结构参数的变化，如图 6-20 所示。

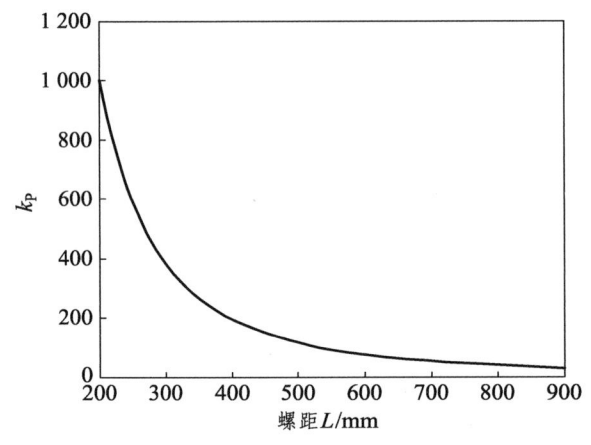

图 6-20　k_p 随螺距变化

可见螺距越小，螺旋输送机的承压能力越大，有较好的防喷涌性能，但是，螺距小容易造成堵塞，不利于大颗粒的输送。

k_p 随螺旋输送机结构参数的变化，如图 6-21 所示。

可见螺杆直径越大，螺旋输送机的承压能力越大，有较好的防喷涌性能，在保证足够的输送能力下，可以适量增大螺杆的直径来获得较好的承压能力。

成都砂卵石地层，渗透性高，且盾构的螺旋输送机需要有良好的通过性能将大块卵石顺利排出，这就使得螺旋输送机的直径和螺距比一般地层下的要大，而较大的螺距会导致螺旋输送机内渣土填充率较低，不能形成良好土塞，非常容易造成喷涌等现象。工程中认为，一般螺旋输送机的止水能力上限为 0.3 MPa 左右，但是对于该盾构采用大直径螺旋输送机不能满足工程要求，因此需要对其结构进行改进，以形成良好土塞，增加螺旋输送机的止水能力，防止喷涌发生。

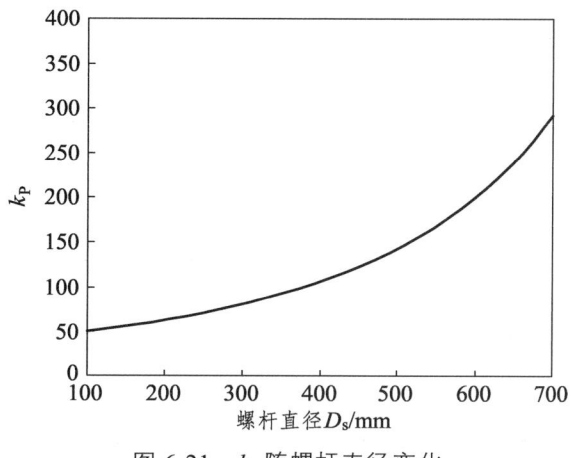

图 6-21　k_P 随螺杆直径变化

6.4.4　变螺距仿真分析

1）螺旋轴模型

为保证螺旋输送机有足够的通过性能，最小螺距即土塞段螺距采用 630 mm，即 S_2=630 mm。

受卵石颗粒、渣土改良不均等的影响，土体不能完全填充螺旋输送机内部空间，形成空隙，地下水很容易进入，若空隙大且水压高，容易造成喷涌。取等螺距输送时的填充率为 80%，则进土段的螺距为：

$$S_1 = \frac{S_2}{80\%} = 0.7875，取 800 \text{ mm 螺距}。$$

排土段的螺距要比土塞段大一些，取 $S_3 = 700 \text{ mm}$。

变螺距螺旋轴参数如表 6-3 所示。螺旋叶片的三维模型，如图 6-22 所示。

表 6-3　变螺距螺旋轴参数

参数	进土段	土塞段	排土段
螺距 S/mm	800	630	700
长度 L/m	4.0	3.15	6.85

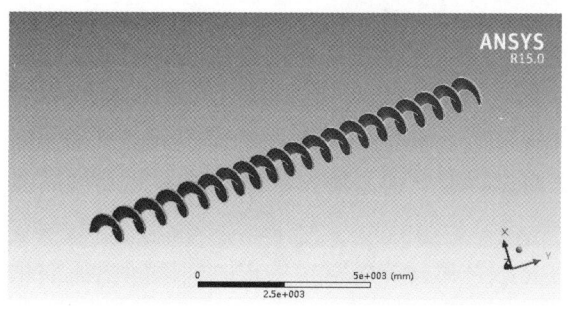

图 6-22　变螺距螺旋叶片

2) 仿真结果分析

① 土体运动分析。

螺旋输送机中颗粒在螺旋输送机中的速度分布,如图 6-23 所示,不同颜色深度的颗粒速度不同。

螺旋输送机中土体总速度和轴向速度沿轴向距离的分布,如图 6-24 所示。由图中可以看出,变螺距螺旋输送机进土段的速度高于后面部分,土塞段的运动速度减小,这说明土塞段的填充效果比进土段的更好,形成了较好的土塞。

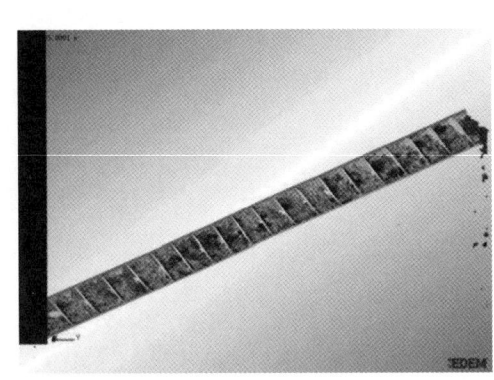

图 6-23 土体速度分布

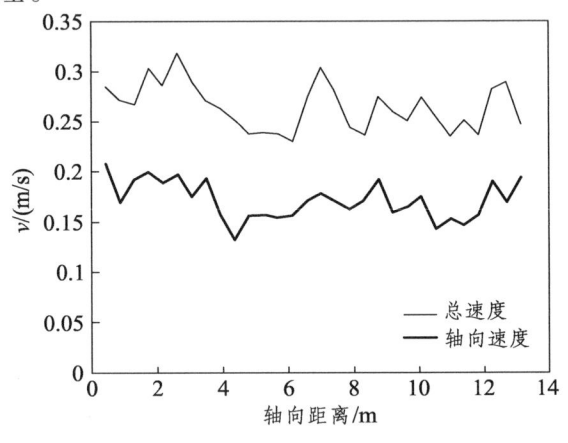

图 6-24 土体速度沿轴向分布

② 磨损分析。

变螺距螺旋输送机的螺旋轴和筒体的磨损分布情况,分别如图 6-25、图 6-26 所示,不同颜色深度代表不同磨损程度。

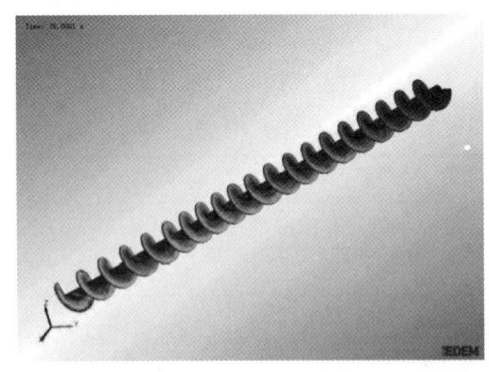

图 6-25 螺旋轴磨损情况

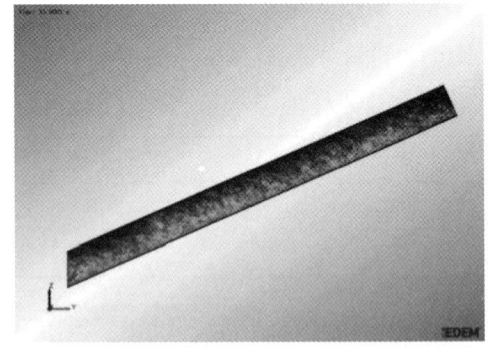

图 6-26 筒体磨损情况

变螺距螺旋输送机的螺旋轴和筒体的土塞段的磨损比等螺距同位置处的磨损增大,这说明土塞段的土塞效果有了明显提升,但是磨损加剧需要在此部位加强耐磨能力。

③ 螺旋输送机扭矩。

变螺距螺旋轴的受力大小之和与等螺距在一定时间区间内的变化,如图 6-27 所示。

由图中可以看出,变螺距螺旋轴的受力更大,主要是土塞段的受力增大,这就需要加强土塞段螺旋叶片的强度。

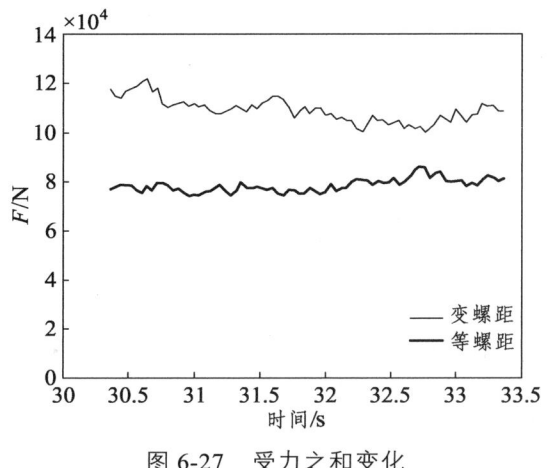

图 6-27 受力之和变化

变螺距螺旋轴的扭矩与等螺距在一定时间区间内的变化,如图 6-28 所示。

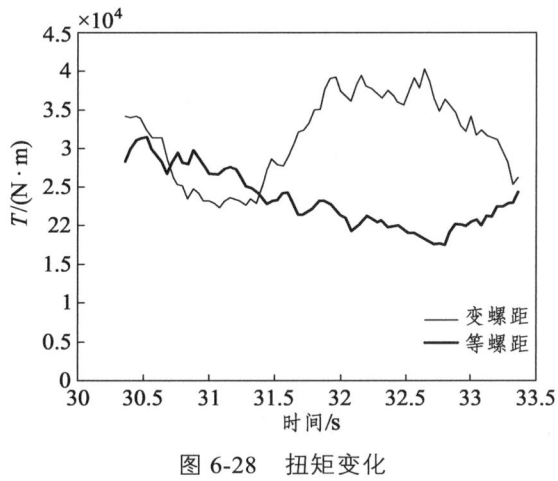

图 6-28 扭矩变化

由图 6-28 中可以看出,变螺距螺旋轴的扭矩比相同情况下的等螺旋输送机的扭矩更大,主要是土塞段的扭矩增大,则变螺距螺旋输送机工作时需要的驱动扭矩更大。

针对螺旋轴的变螺距设计及仿真分析可以看出,在成都富水富砂卵石地层的盾构施工中,变螺距对于富水情况下的防喷涌能力是比较显著的,但是由于大漂石、大粒径砂卵石的存在,要求螺旋机具有更强的耐磨性及更大通过粒径的能力,而变螺距螺旋轴由于中间承压段螺距相对较小,可能容易造成螺旋机的卡停以及更加严重的磨损。而在卵石含量较少的其他地层中,变螺距螺旋轴的优势将会有更大程度上的发挥。盾构螺旋输送机变螺距的研究将为更多其他地层土压平衡盾构施工提供新的思路。

第 7 章　滚刀及切刀磨损分析

在盾构施工过程中，刀具磨损研究对于盾构机顺利掘进以及减少成本具有重要意义。盾构滚刀及切刀是刀盘破岩的主要刀具，滚刀刀圈属于易损易消耗的部件，破岩时直接作用于开挖面，具有工作环境恶劣、工作荷载不稳定、受荷载冲击大等特点，其耗损和寿命直接影响着掘进的质量、效率和成本。同时，切刀在掘进过程中也会存在相当大的磨损。因此，对滚刀和切刀磨损规律研究尤为重要。通过磨损分析，我们可得到刀具的磨损规律，从而预测刀具寿命及换刀时机，提高盾构掘进施工的安全性和效率。

7.1　滚刀磨损机理及受力分析

7.1.1　滚刀磨损形式

1）**正常磨损**

滚刀的正常磨损是指刀圈径向磨损量和刃宽磨损量基本相同。正常磨损是滚刀失效的最主要形式，一般发生在单一地层。正常磨损的滚刀更换新的刀圈后可正常使用，其寿命可得到最大化的使用，破岩效率最高，如图 7-1 所示。

图 7-1　滚刀正常磨损

2）**刀具偏磨**

刀圈偏磨主要表现为刀圈径向各部位的磨耗程度不一致，在某一弦位置上持续磨损，如

图 7-2 所示。这种情况常见于软弱不稳定地层或砂卵石地层,主要是由于滚刀的启动扭矩较高,或者砂卵石地层下开挖面过于松散,抗力不足,不能提供足够的转动力矩来平衡滚刀轴承的启动扭矩,在刀盘转动的同时,滚刀的轴承没有转动,刀圈没有转动且呈现单边受力磨损的状态。另一种情况是掘进参数设置不合理,在未加膨润土、泡沫剂的情况下长时间持续掘进。刀圈偏磨为纯滑动摩擦,偏磨磨损速度非常快,如果不及时更换刀圈,会造成刀体和轴承磨损,引发不可恢复的损伤。

图 7-2 滚刀偏磨

在盾构掘进过程中,刀圈出现偏磨而未及时发现和更换是极其危险的。滚刀的偏磨会造成相邻的滚刀因过载而提前失效,继而迅速向四周扩展,造成周围区域面积的滚刀整体出现损坏。

3)刀圈断裂和刀圈移位

滚刀向前滚动破岩推进的过程中,遇到地层突然变硬或是砂卵石时,存在非常高的瞬间力荷载和速度荷载,加上刀圈的材质硬度高且脆,导致刀圈局部过载产生应力集中而发生断裂。究其原因,是由于漂石的存在,安装半径大的滚刀以很大的速度冲撞在漂石上,滚刀受到过大的冲击荷载而产生刀圈断裂和刀圈移位,如图 7-3 所示。在滚刀刀圈已经发生均匀磨损和偏磨的情况下,更容易发生刀圈断裂。造成刀圈移位或脱落的主要原因是掘进参数取值不合理、刀圈装配质量不合格、刀圈在破岩时承受了很大的侧向力、岩渣磨损和卵石冲击而造成刀圈和刀体焊口断裂。

(a)刀圈断裂 　　　　　　　　　(b)刀圈移位

图 7-3 滚刀刀圈断裂和移位

7.1.2 滚刀磨损机理

磨损是指两个物体相对运动时,在接触表面之间由微观去除机制造成物体表面材料损失或出现残余变形的现象,也称为磨耗。在工程中,材料的微观磨损形式随着时间、工况和被磨材料的性质的改变而改变,一般会出现几种磨损形式共存的现象,但通常是由一种磨损形式起主导。目前研究成熟的磨损机理主要有:磨粒磨损、黏着磨损和疲劳磨损。

1)**磨粒磨损**

磨粒磨损的主要成因是硬质材料对较软材料的表面进行微观切削作用而形成沟槽所导致的。滚刀的磨粒磨损分为直接磨损和二次磨损。直接磨损由开挖岩体的强度、磨蚀性等决定,是高应力磨粒磨损,主要指滚刀破碎新鲜岩面所产生的磨损;二次磨损是低应力磨粒磨损,是因为岩渣的滞排效应,堆积在刀圈附近的岩石颗粒在滚刀侧面滑动造成的磨损。已有研究表明,塑性去除磨损和脆性断裂去除磨损是滚刀直接磨粒磨损的两种主要形式。

2)**黏着磨损**

由于材料表面微观的不平整,接触一般发生在两个表面上的微凸起之间,在一定外界法向力的作用下,当微凸起的局部压力超过材料的屈服强度时会发生塑性变形,进而产生胶合作用;在胶合作用下,被磨材料随磨损材料往复移动,这部分材料就会与基体材料发生分离,产生宏观上的磨损。

3)**疲劳磨损**

接触疲劳是接触面在滚动和滑动叠加作用下,由于剪切或者撕裂的作用,导致材料表面质量进一步恶化的现象。疲劳磨损裂纹发源于材料的不良表面一点,随着接触频率的增大,裂纹扩展到材料表面,最终导致表面材料的脱离。

在盾构掘进的过程中,滚刀随着刀盘的旋转在开挖掌子面上滚动,由于盾构推进力的作用,滚刀部分嵌入岩石内部,在掌子面上形成起裂区,滚刀破岩示意图如图 7-4 所示,其过程分为以下四个阶段:

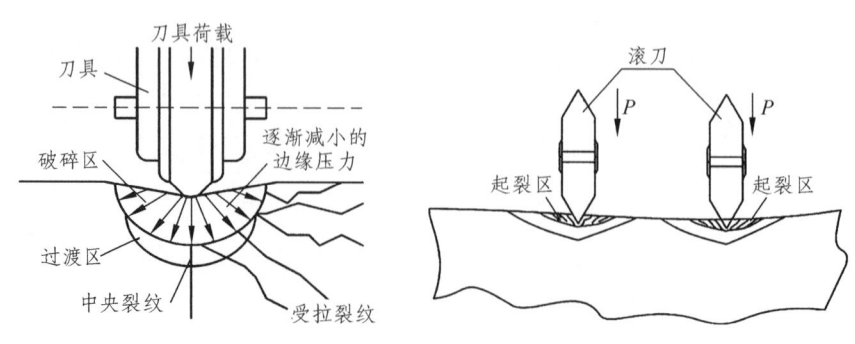

图 7-4 滚刀破岩机理示意

① 滚刀与岩石接触,对岩石造成弹性变形。

② 部分岩石达到破碎能量时发生压溃，在刀刃下方形成密实核。
③ 密实核扩大，岩石出现微裂纹。
④ 裂纹向刀刃两侧扩展，当扩展到岩石面时岩石碎片贯穿掉落。

7.2 滚刀磨损分析

7.2.1 滚刀磨粒磨损计算模型

滚刀磨粒磨损计算模型运用圆锥体的滑动犁沟磨粒磨损模型，如图 7-5 所示。锥底直径为 $2r$（即犁出的沟槽宽度），θ 为圆锥体半角，P 为法向荷载，x 为压入深度，滑动距离为 1，σ_s 为被磨损材料的屈服强度。πr^2 为磨粒在垂直方向的投影面积，假设每个颗粒可以完整压入被磨损面，法向荷载只作用于磨粒前进方向的半个锥面，接触面上磨粒有 n 个微凸体，则其受到的法向荷载为：

$$P = n\frac{\pi r^2}{2}\sigma_s \tag{7-1}$$

$$n = \frac{2P}{\pi r^2 \sigma_s} \tag{7-2}$$

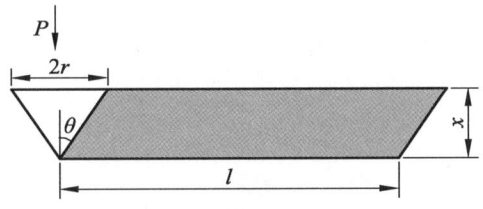

图 7-5　磨粒磨损模型

犁去的体积即为磨损体积，其投影面积为一个三角形，则滑动单位距离的体积磨损量 Q_s：

$$Q_s = nrx = \frac{2P}{\pi r^2 \sigma_s} r \frac{r}{\tan\theta} = \frac{2P}{\pi \sigma_s \tan\theta} \tag{7-3}$$

考虑微凸体相互作用产生磨粒的概率数 K，则单位滑动距离的磨损体积为：

$$Q_s = Knrx = K\frac{2P}{\pi \sigma_s \tan\theta} = K_s \frac{P}{\pi \sigma_s} \tag{7-4}$$

式中　K_s——磨粒磨损系数，是概率数 K 和几何因数 $2/\tan\theta$ 的乘积。

磨粒磨损系数对滚刀磨损预测的准确性影响较大，该系数的取值与磨粒磨损的类型、磨粒尺寸、材料特性等因素有关。磨粒磨损系数如表 7-1 所示。

表 7-1 磨粒磨损系数

年份	研究者	磨损类型	磨粒尺寸/μm	材料	K_s (×10^{-3})
1956	赛尔	两体	70	钢	16
1958	赫鲁晓夫	两体	80	多种	24
1958	托波罗夫	三体	150	钢	6
1961	拉宾诺维奇	三体	80	钢	4
1961	拉宾诺维奇	三体	40	多种	2

7.2.2 滚刀黏着磨损计算模型

当摩擦副相对滑动时，由于黏着效应所形成结点发生剪切断裂，被剪切的材料或脱落成磨屑，或由一个表面迁移到另一个表面，此类磨损称为黏着磨损，又称咬合磨损，如图 7-6 所示：

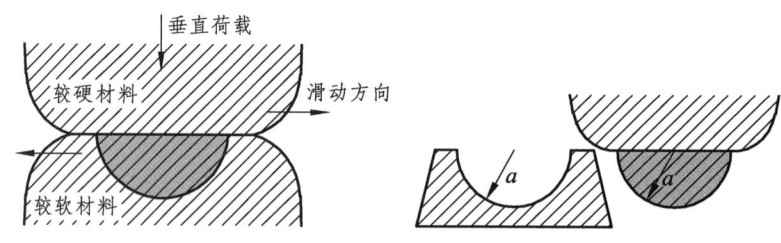

图 7-6 黏着磨损微观模型

黏着磨损计算模型假设刀具材料的受压屈服强度不随时间变化；摩擦副之间的黏着结点作用面是以 a 为半径的圆，则每个黏着结点作用面的接触面积为 πa^2，荷载 P 由若干个半径为 a 的相同微凸体承受，则：

$$P = \pi a^2 \sigma_s \tag{7-5}$$

若摩擦副产生相对滑动，且滑动时每个微凸体上产生的磨屑为半球形，则单位滑动距离磨损体积量 V 可以表示为：

$$V = P/(3\sigma_s) \tag{7-6}$$

因此，考虑到并非所有的黏着点都形成半球形的磨屑，引入黏着磨损常数 K_d，且 $K_d \leqslant 1$，则滑动单位距离的体积磨损量 Q_d：

$$Q_d = K_d P/(3\sigma_s) \tag{7-7}$$

黏着磨损常数根据不同的滑动材料组合和不同的摩擦条件在 $10^{-7} \sim 10^{-2}$ 波动。刀具破岩的黏着磨损系数为 3.09×10^{-6}。

7.2.3 滚刀疲劳磨损计算模型

材料的疲劳磨损是不可忽略因素。当被磨材料承受循环应力时，不可避免地会产生疲劳磨损，疲劳寿命一般用零部件的应力-循环次数（p-N）表示。在大荷载下，磨损形式由单一的磨粒磨损转化为磨粒磨损与疲劳磨损同时存在的形式，从而计算疲劳磨损量。与磨粒磨损形式计算类似，滑动单位距离的疲劳体积磨损量表达式为：

$$Q_\mathrm{p} = \frac{V}{L} = K_\mathrm{p} \frac{P}{\sigma_\mathrm{s}} \tag{7-8}$$

对式中的 K_p 值赋予新的含义，即 $K_\mathrm{p} = 1/N$，N 为产生疲劳破坏的应力循环数，对滚刀来说应力循环数即为转数；P 为被磨材料所受压力；σ_s 为硬度。

7.2.4 滚刀磨损及寿命预测模型

刀具磨损主要由磨粒磨损、黏着磨损和疲劳磨损三种情况共同组成，因此假设磨粒磨损量在总磨损量中的权重为 a，黏着磨损权重为 b，疲劳磨损权重为 c，则刀具磨损量 δ 可表示为：

$$\delta = a\delta_\mathrm{s} + b\delta_\mathrm{d} + c\delta_\mathrm{p} \tag{7-9}$$

式中 δ_s——磨粒磨损量；
δ_d——黏着磨损量；
δ_p——疲劳磨损量。

为了避免磨损形式之间的相互转化而带来的计算困难和研究方便，在计算过程中，通常假定拟合系数是唯一不变的，即不随磨损距离而改变，则有 $a + b + c = 1$。

令滚刀每转动一圈滚刀刀刃与岩体的总接触距离为 L，则总接触距离为滚刀前进方向上的半弧长，即：

$$L = R\varphi \approx \sqrt{2Rh} \tag{7-10}$$

式中 R——滚刀半径（mm）；
φ——滚刀与岩石接触角（°）；
h——滚刀贯入度（mm）。

则滚刀在半径方向上的磨损量 δ_r 为：

$$\delta_\mathrm{r} = \frac{QL}{2\pi RT} \tag{7-11}$$

式中 T——滚刀刀圈刃宽（mm）。

令盾构机掘进距离为 X，第 i 把刀安装半径为 R_i，则在盾构掘进 X 的距离后，刀盘转动圈数：

$$N_0 = X/h \tag{7-12}$$

则在盾构掘进 X 的距离后，第 i 把滚刀转动圈数：

$$N_i = N_0 \frac{2\pi R_i}{2\pi R} = \frac{XR_i}{hR} \tag{7-13}$$

因此，可得滚刀磨损量：

$$\delta = a\frac{LN_iQ_s}{2\pi RT} + b\frac{LN_iQ_d}{2\pi RT} + c\frac{XQ_p}{2\pi RT} \tag{7-14}$$

滚刀受力分析采用 CSM 模型，具体推导过程见第 5.1 节边滚刀的受力分析，可知滚刀垂直力：

$$F_n = F_t\cos\frac{\varphi}{2} = C\frac{rT\varphi}{1+\psi}\sqrt[3]{\frac{S\sigma_c^2\sigma_t}{\varphi\sqrt{rT}}}\cos\frac{\varphi}{2} \tag{7-15}$$

将前面所得滚刀磨粒磨损、黏着磨损和疲劳磨损磨损量计算公式及式（7-15）代入式（7-14）可得滚刀磨损量预测模型：

$$\delta = \frac{CX}{\pi^2(1+\psi)}\left(\frac{S\sigma_c^2\sigma_t}{4T^{\frac{1}{2}}R_0^3\sigma_s^3}\right)^{\frac{1}{3}}\left[R_ih^{-\frac{1}{6}}\left(\frac{aK_s}{\pi}+\frac{bK_d}{3}\right)+\frac{cR_0^{\frac{1}{2}}h^{\frac{4}{3}}}{R_i}\right] \tag{7-16}$$

又一般认定当滚刀磨损量最大达到 20 mm 时将进行换刀，则滚刀的寿命预测模型为：

$$X = \frac{20\pi^2(1+\psi)}{C\left(\dfrac{S\sigma_c^2\sigma_t}{4T^{\frac{1}{2}}R_0^3\sigma_s^3}\right)^{\frac{1}{3}}\left[R_ih^{-\frac{1}{6}}\left(\dfrac{aK_s}{\pi}+\dfrac{bK_d}{3}\right)+\dfrac{cR_0^{\frac{1}{2}}h^{\frac{4}{3}}}{R_i}\right]} \tag{7-17}$$

通过滚刀寿命预测模型，根据实际施工中的磨损测量参数，通过 MATLAB 进行编程等方法求得磨粒磨损量权重 a，黏着磨损权重 b，疲劳磨损权重 c，从而可获得具体施工地段滚刀寿命预测模型。

7.3 切刀切削机理及磨损分析

7.3.1 切刀切削机理

切刀的基本切削过程是：刀具通过刀刃的切削作用和前刀面的推挤作用使得被开挖土体产生应力与变形。其中刀刃的切削作用使得切削层土体的应力超过土体的强度，使切削层土体沿刀刃方向产生分离。前刀面的推挤作用使得已分离的土体产生变形而与母体分离形成土屑，土屑再随切刀正面进入开口，因此刀具既有切削的功能也有装载的功能。

刀具切削时渣土破坏形态，与地层性质、刀具参数（前、后角）、切削厚度等有关，已有学者将常见的渣土流动破坏形态与切削刀切削机理相对应，概括为 4 种：流水型切削、剪切型切削、断裂型切削、剥落型切削，如图 7-7 所示。

第 7 章 滚刀及切刀磨损分析

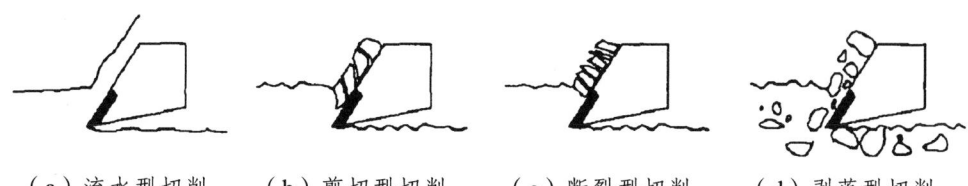

（a）流水型切削　　（b）剪切型切削　　（c）断裂型切削　　（d）剥落型切削

图 7-7　4 种不同切削机理

在成都砂卵石地层中，刀具对土体的破坏主要为断裂型破坏和剥落型破坏，刀具表现更多的是非正常磨损，包括未切削地层和土舱渣土对刀具的二次磨损。刀具剥落卵石或砾石时造成的合金崩裂，及卵石掉落时对合金的冲击破坏，分别如图 7-8 所示。在该类地层中掘进时，应尽可能形成剥落型切削，尽量避免刀具直接切削地层所导致的刀刃与卵石正面冲击，刀具设计时减小前角，增大合金截面尺寸，头部避免过于尖锐，增强抗冲击能力。同时充分发挥先行刀的作用，可有效减小刀具受力，减低刀具非正常磨损的概率，延长刀具寿命。

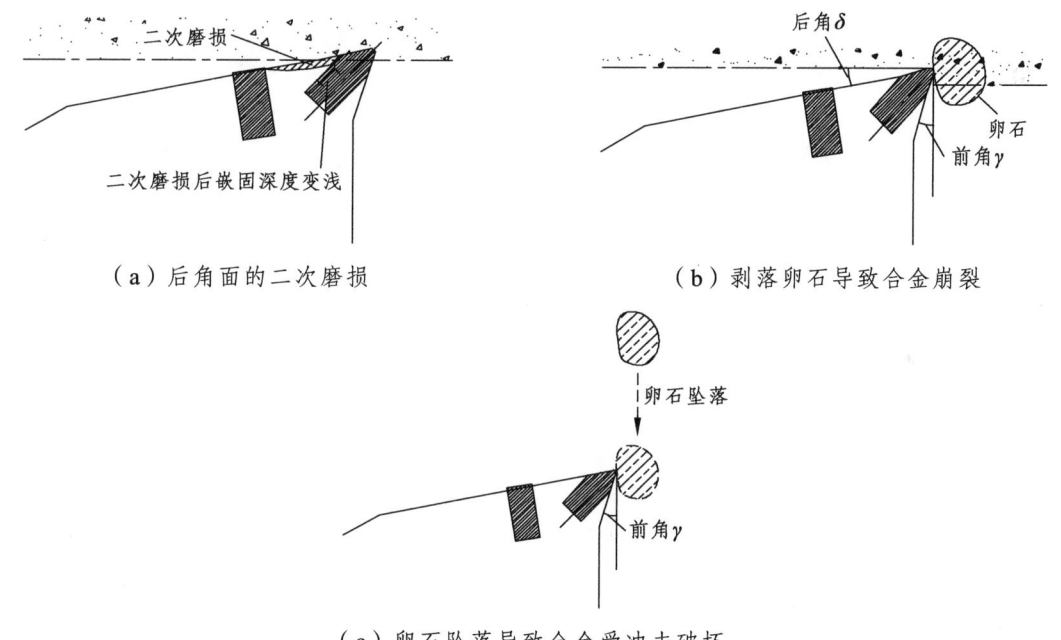

（a）后角面的二次磨损　　　　　　　　（b）剥落卵石导致合金崩裂

（c）卵石坠落导致合金受冲击破坏

图 7-8　卵石对刀具的破坏

综合分析不同地层刀具切削机理，结合已有设计实例，总结不同地层对应刀具合理参数和掘进参数选择见表 7-2。

表 7-2　不同地层刀具参数和推进参数选择

地层	前角/(°)	后角/(°)	刀刃截面尺寸/(mm×mm)	刀具宽度/mm	锥入度/(mm/r)	先行刀高差/mm	备注
淤泥地层富水黏土、粉土地层	15~20	5~10	≥15×35	无要求	无要求		可不配先行刀
粉细砂地层	10~15	10~15	≥15×45	无要求	无要求	5~10	先行刀要求低

续表

地层	前角/(°)	后角/(°)	刀刃截面尺寸/(mm×mm)	刀具宽度/mm	锥入度/(mm/r)	先行刀高差/mm	备注
高强度黏土、粉土地层	20~25	5~15	≥20×45	无要求	30左右	10~15	高转速
砾砂地层	5~10	10~15	≥25×45	≥150	≥35	≥35	低转速
砂卵石地层	5~10	10~15	≥25×50	≥200	≥50	≥50	低转速

7.3.2 切刀力学分析

切刀切削原理如图 7-9 所示，其基本工作过程为：切削时，刀具通常做两个方向的运动。一个是沿开挖面的运动，它起着分离岩土的作用；另一个是切入开挖面的运动，它改变切屑的厚度。

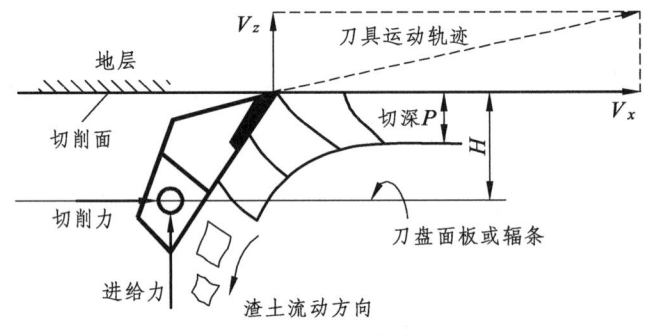

图 7-9 刀具切削原理

刮刀工作角度为：切削角 α，刃角 β，后角 δ，前角 γ，如图 7-10 所示。其中切削角 $\alpha = \beta + \delta$，$\alpha + \gamma = 90°$，切削角小于 90°时，前角为正值；切削角大于 90°时，前角为负值。

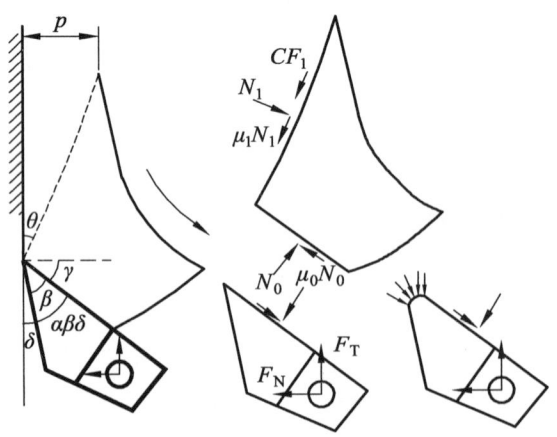

图 7-10 切削刀工况和受力分析

刀具切削时，切屑顺着刀具前刃面流动，假设切屑前端由于剪切作用而出现破坏，剪切破裂面与切割面成 θ 夹角，由塑性力学和土力学原理知，$\theta = (90° - \varphi)/2$，必为土的内摩擦角。

取切断土体作为隔离体，进行受力分析。作用在隔离体上的力有刀具与土体接触面上的法向力、摩擦力，剪切破裂面上的法向力、摩擦力及黏结力。因切断土体较小，且流动速度较慢，此处暂不考虑土体的重力和惯性力。

1）**刀刃未磨损时**

由力的平衡关系，可得：

$$\begin{cases} \sum X_i = 0, N_0\cos\alpha - \mu_0 N_0\sin\alpha + N_1\cos\theta - (CF_1 + \mu_1 N_1)\sin\theta = 0 \\ \sum Y_i = 0, N_0\sin\alpha - \mu_0 N_0\cos\alpha + N_1\sin\theta - (CF_1 + \mu_1 N_1)\cos\theta = 0 \end{cases} \quad (7\text{-}18)$$

联立可得 N_0 和 N_1。

根据作用力与反作用力的关系可得：

$$F_t = N_0\cos\alpha - \mu_0 N_0\sin\alpha = \frac{CF_1}{A(\sin\theta + \mu_1\cos\theta)} \quad (7\text{-}19)$$

$$F_n = N_0\sin\alpha - \mu_0 N_0\cos\alpha = \frac{CF_1}{B(\cos\alpha - \mu_0\sin\beta)} \quad (7\text{-}20)$$

其中

$$A = \frac{\cos\alpha - \mu_0\sin\alpha}{\sin\alpha + \mu_0\cos\alpha} + \frac{\cos\theta - \mu_1\sin\theta}{\sin\theta + \mu_1\cos\theta} \quad (7\text{-}21)$$

$$B = (\cos\alpha - \mu_0\sin\alpha)(\sin\theta + \mu_1\cos\theta) + (\cos\theta - \mu_1\sin\theta)(\sin\alpha + \mu_0\cos\alpha) \quad (7\text{-}22)$$

式中　F_t——切刀沿开挖面方向的分力（kN）；

F_n——切刀沿垂直开挖面方向的分力（kN）；

N_0、N_1——刀刃与土体接触面上的法向力和剪切破裂面上的法向力（kN）；

μ_0、μ_1——刀刃与土体接触面间及刀刃与剪切破裂面间的摩擦系数；

C——剪切破裂面上土体的黏聚力（kPa）；

F_1——剪切破裂面的面积（m²）。

2）**刀刃磨损后**

盾构在岩石地层或砂卵石地层中掘进时，会产生较严重的磨损，此时刀刃变钝，在刀刃部位将产生较大的切削阻力。此时刀具沿开挖面切向和法向切削力变为：

$$\begin{cases} F_t' = F_t + P_t \\ F_n' = F_n + P_n \end{cases} \quad (7\text{-}23)$$

式中　F_t'——刀刃变钝后的切向反力（kN）；

F_n'——刀刃变钝后的法向反力（kN）；

P_t——刀刃部阻力的切向分力（kN）；

P_n——刀刃部阻力的法向分力（kN）。

一般来说，切削刃口磨钝后，由于磨损面对岩土的挤压作用和磨损面与岩土间的摩擦力，会使切削阻力增加 40%~100%。

由各切刀在刀盘上的安装半径，可求得刮力所产生的扭矩和推力：

$$T = \sum F_{ti} r_i \tag{7-24}$$

$$F = \sum F_{ni} \tag{7-25}$$

式中 F_{ti}——第 i 把切削刀沿开挖面方向的分力（kN）；

r_i——第 i 把切削刀切削半径（mm）；

F_{ni}——第 i 把切削刀沿垂直开挖面方向的分力（kN）。

7.3.3 切刀寿命验算

刀具正常磨损包括两部分：其一为刀刃直接切削土体引起的磨损，主要造成刀刃变短变平，直接影响切削效果；其二为渣土流动对刀具的磨损，包括刀刃、刀体、刀座甚至刀盘面板的磨损均来源于此。两部分磨损中刀刃直接切削土体引起的磨损是主要的，但在砾砂地层中，二次磨损及卵石冲击引起刀刃硬质合金崩裂非常严重，应引起足够重视。

刀具磨损计算公式如下：

$$\delta = \frac{L k_m n \pi D}{v} \tag{7-26}$$

式中 δ——刀具磨损量（mm）；

L——掘进距离（km）；

k_m——同轨迹布置 m 把刀时刀具综合磨损系数（10^{-3} mm/km）；

n——刀盘转速（r/h）；

D——刀具挖掘外径（m）；

v——推进速度（mm/min）。

同一道切削轨迹布置 m 把刀与仅布置 1 把刀，其磨损系数的关系为：

$$k_m = k m^{-0.333} \tag{7-27}$$

土压平衡盾构切削刀正常磨损时磨损系数 k 统计表见表 7-3。

表 7-3 土压平衡盾构切削刀正常磨损时磨损系数 k 统计

土层	有先行刀保护	无先行刀保护
黏性土、淤泥	5	10
砂质土	15	30
砂卵石	25	50
卵石	40	60

7.4 滚刀及切刀耐磨措施

7.4.1 滚刀耐磨措施

提高滚刀的耐磨性可以从滚刀材料、优化掘进参数、渣土改良、刀具互换以及结构改进等方面进行考虑。

1）滚刀材料

滚刀刀体硬度要高，抗冲击能力要强，且制作时应采取有针对性的保护措施，避免滚刀轴承的损坏；尽量采用加厚刀体与厚刃刀圈，提高滚刀耐磨性、增强刀体抗撞击和抗变形的能力，如在成都富含大漂石砂卵石地层中推进时通过采用重型刀圈、定制特殊刀毂、规范刀具维修等刀具配置优化措施有效提高刀具利用效率和减少刀具更换数量。滚刀再次使用时，刀体外侧加焊耐磨层。

2）优化掘进参数

滚刀所受荷载与贯入度成正比，贯入度太大时将导致滚刀过载而破坏，掘进过程中可适当降低刀盘推力避免刀圈或轴承的损坏；滚刀临界最大贯入度随岩石抗压强度增加而急剧减小，在硬岩中应适当降低贯入度，以贯入度控制推力。前期研究阶段应进行分析论证（有条件的可开展模型试验，确定合理的掘进模式与掘进参数如有效推力、刀盘转速、扭矩等），并根据施工中前方地质情况与盾构机械性能优化掘进参数，最大限度地延长刀具的使用寿命。

3）渣土改良

渣土改良是优化掘进参数、减少刀具正常磨损与弦磨、提高刀具使用寿命的重要措施之一，与上述方法配合使用，效果较佳。目前，常用的渣土改良方法有很多，具体改良方法见本书第 8 章。

4）刀具互换

刀具破岩适应性与盾构选型、岩机作用机制及岩石特性密切相关。在同样的地层条件下刀具的适应性也可能有不同的结论，例如在成都砂卵石地层中中心滚刀、重型撕裂刀、盘形滚刀之间的互换。成都地铁 6 号线 3 标段盾构机施工中就将边滚刀由原有的单刃滚刀改为双刃滚刀，可增大转动力矩并能保护刀毂，并在实际施工中取得了较好的效果，降低了滚刀的磨损。

5）滚刀及刀座结构改进

成都地铁 6 号线 3 标段盾构机施工利用了降低滚刀刀座的方法，将原设计 17 英寸边滚刀更换为 18 英寸边滚刀，不改变刀盘开挖直径，在不改变开挖直径的前提下，增大了边滚刀尺寸，同时也增加了滚刀的刀刃刃宽，由原来的 25 mm 增至 30 mm。提高了边滚刀的耐磨性及寿命。

7.4.2 切刀耐磨措施

切刀作为刀盘上的固定刀具，其耐磨措施除了渣土改良、加焊耐磨层、控制掘进参数外，还可以通过合理选择刀具材料、设计外形尺寸以及选择修刀工艺来提高耐磨性。

1）合理选择刀具材料

刀具母材与刀刃应选用硬度大的、抗磨蚀性好的优质钢材。采用大合金块设计，必要时增设保护刀。合金块附近的刀柄周围堆焊硬质合金焊条以保证合金块不因刀柄磨损过大而崩落。

2）合理设计外形尺寸

选择合理的刀具外形尺寸并优化布局设计。成都地区以砂卵石地层为主，且存在富水、富含大漂石砂卵石地层。因此，在盾构机施工中对于切削刀的选择可以根据具体地层进行合理的设计。例如在成都地铁 6 号线 3 标段富水、富含大漂石砂卵石地层中施工时便采用了宽切刀，如图 7-11 所示。

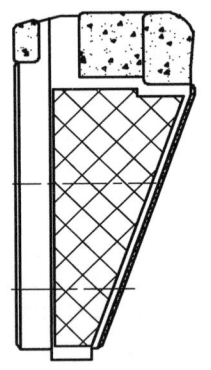

图 7-11　宽切刀简图

3）合理的修刀工艺

采用合理的修刀工艺。合理的修刀工艺是刀具管理制度的重要内容。根据散发的特殊气味及时判定刀具的破坏并立即停机换刀；换刀时必须校准紧固螺栓的扭矩，防止因螺栓松动造成刀具脱落或断裂。正确选用零部件，制定合理的零部件磨损极限，制定正确的修刀工艺确保刀具零件的加工精度，规范组装工艺保证组装质量。

第8章 特殊复杂地质条件下的盾构施工技术

成都地铁的盾构施工主要穿越砂卵石、泥岩及砂岩地层，施工技术复杂，影响因素多，尤其是富水、富含大漂石的砂卵石地层，盾构施工难度更大，会带来诸如始发掘进扭矩过大、洞门突泥、卡刀盘和复驱困难等问题，更具特殊性和复杂性。成都6号线3标段穿越的富水、富含大漂石的砂卵石地层的盾构施工难度为成都隧道施工之最，本章主要以该段的施工技术为例，阐述成都特殊复杂地质条件下的盾构施工技术。

8.1 盾构机始发掘进技术

针对成都轨道交通6号线一、二期工程土建3标富水砂卵（漂）石地层盾构机始发施工过程中遇到的洞门涌水突泥、刀盘扭矩过大、推力过大、刀盘卡死、出渣困难等难题及衍生问题，本节提出了如何避免和克服相关问题的应对措施。

8.1.1 盾构始发常见问题及危害

1）洞门涌水漏浆

土压平衡盾构机始发初期，盾体基本完全暴露在始发井内，土舱与外部之间采用洞门软密封装置进行密封，不能承受过大压力，因此盾构机始发初期开挖舱内无法实现土压平衡。成都砂卵石地层普遍富水且汇水速度快，开挖断面遇水即塌陷。区间盾构始发施工前必须采用端头加固和管井降水等措施保证开挖面短时间相对稳定。但盾构掘进期间为了润滑、冷却刀盘和降低刀盘扭矩，须向刀盘前方开挖面和土舱内加入膨润土、惰性浆液、泡沫和水等添加剂进行渣土改良。盾构机始发阶段掘进速度较慢，开挖面砂卵石地层经过刀盘扰动遇水即流入土舱，如果不能很好地控制螺旋输送机的出渣量与土舱进入的渣土量保持平衡，就会使土舱压力升高，超过洞门软密封装置的密封压力，大量的水和泥砂就会从密封的薄弱位置涌出，土舱突然失压，导致开挖面上方土体塌陷，引起地表沉降过大甚至地面塌陷，危及地面建构筑物及地下管线的安全。

2）刀盘扭矩过大

由于前期车站施工始发端位置长时间降水，导致地层中细微颗粒流失，大粒径卵石堆积，内摩擦角增大。因此在盾构机掘进过程中刀盘扭矩大，掘进速度慢。为了控制出渣量，螺旋输送机须以较低的转速运行，这导致大粒径卵石无法从螺旋输送机内顺畅地排出，在土舱内堆积，进一步增大了刀盘的扭矩，形成恶性循环。刀盘扭矩可达 4 500 kN·m，盾体滚动角变化较快，严重时会瞬间引起盾体滚动超限。例如成都某标段盾构机在始发后掘进-2 环期间，盾体未完全进入围岩，推力 11 000 kN，速度 50~60 mm/min，刀盘转速达到 1.7 r/min，刀盘扭矩瞬间由 4 000 kN·m 上升至 5 200 kN·m，使盾体逆向滚动约 32°，如图 8-1 所示为盾体扭转之后现场情形。

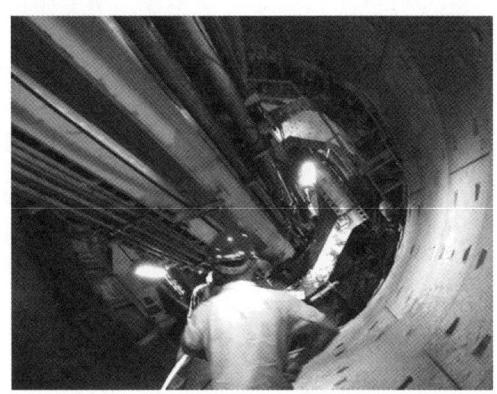
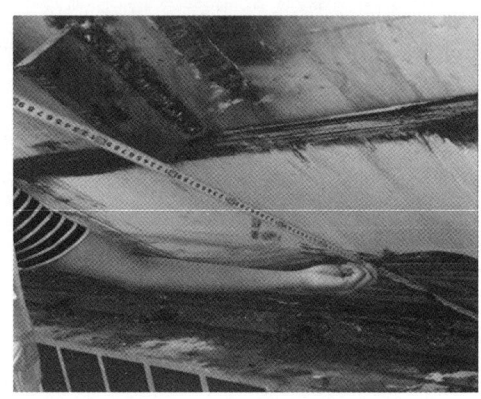

图 8-1　某标段盾构始发-2 环盾体扭转

3）掘进速度过慢

成都轨道交通 6 号线一、二期工程土建 3 标，在始发初期盾构机推力整体可控，一般控制在 7 000~9 000 kN，掘进速度为 30~40 mm/min。但是掘进至第 3~8 环时推力增加至 12 000 kN 以上，掘进速度下降至 20 mm/min 以内，不但出渣量控制困难而且威胁反力架和始发托架的稳定性。

4）刀盘结"泥饼"

富水砂卵石地层盾构始发阶段，刀盘结"泥饼"现象也比较常见。为了控制出渣量，使土舱内渣土堆积，导致刀盘前方逐渐板结形成"泥饼"。"泥饼"若未及时清理会严重影响盾构机掘进参数、渣土改良效果及掘进速度等，最终导致刀盘扭矩大，刀盘偏磨严重，输送机出渣口产生喷涌，掘进速度变慢，推力大同时还会引起出渣超排。

5）螺旋输送机排渣不畅

始发阶段为了控制出渣量与较低的掘进速度相匹配，螺旋输送机处于低转速状态出渣，部分细颗粒在地下汇水及改良剂的作用下被螺旋输送机输出。剩余较大卵石产生沉底积舱现象，在螺旋输送机上部形成"搭桥"，使上部渣土无法进入螺旋输送机出渣区域，螺旋输送机无法排出渣土或只排出泥水。

6）螺旋输送机卡停

在始发掘进过程中因为低速掘进，刀盘不断搅动及地下汇水冲洗，导致大粒径卵石及小石块沉积在土舱底部，螺旋输送机转动时可能导致数块大粒径卵石同时进入螺旋输送机，螺旋转动过程中卵石间发生挤压或堆垒，卡停螺旋输送机。另外，盾构机始发期间掘进辅助时间相对较长，通常每环间停机在 2 h 以上，此间石块与水分离，下一环掘进时螺旋机内先涌水，过后又出现渣土过干的现象，最终导致螺旋输送机扭矩过大发生卡停现象，甚至卡断螺旋轴。如图 8-2 所示为某标段螺旋机轴被卡断。

图 8-2　某标段螺旋机轴被卡断

7）地表沉降变形大

成都砂卵石（含漂石）地层盾构始发掘进速度慢，地层砂卵石遇水后失去自稳性，在渣土改良剂和刀盘长时间旋转扰动的作用下，刀盘上部及前方大量渣土快速进入土舱内，使土舱压力升高，推进力上升，刀盘扭矩增大，大部分时间伴有卡刀盘现象。螺旋输送机连续排渣就会导致渣土超排，刀盘及盾体上方就会出现孔洞，若未及时发现或处理不及时将会逐渐扩散至地表，引起地表沉降量超出控制值或地表塌方，危及地下管线及地表周边建构筑物的安全。

8）始发托架移位或反力架变形移位

成都富水砂卵石（含漂石）地层盾构始发掘进过程中通常推力较大，最大推力可达到 15 000 kN，因此对盾构始发托架及反力架有着较大的考验。成都地铁盾构施工部分施工单位曾出现过始发托架及反力架整体移位或变形的事故。

9）盾构机姿态超限

富水砂卵石地层盾构始发阶段，当盾构机主机中心进入洞门后，盾构机前盾及刀盘在重力的作用下会向下"栽头"，然而中盾后半部及尾盾依然在始发托架上，无法通过调整分区推进油缸的推力来调整盾构机姿态，因此盾构姿态会持续发生恶化，最终导致盾构机姿态超限，后期调整困难。

10）管片成型质量差

富水砂卵石地层盾构始发阶段，盾构机姿态不好控制，导致盾构间隙差，使拼装后的管片出现错台或破损问题；一般洞门前 3~4 环成型管片壁后无法注浆，脱出盾尾的管片在重力作用下会向下掉落一定量，形成错台或破损；当盾尾完全进入洞门且有一定的空隙后需要进行洞门封堵注浆，此时如果压力控制不好会导致部分管片在注浆压力作用下产生径向位移形成错台。

8.1.2 预防及应对措施

上述富水砂卵石地层盾构机始发出现的问题中部分成因是一致或有关联的,针对以上问题及其发生的原因,本施工段采取了如下措施:

1)始发掘进参数设置

盾构始发掘进参数与正常掘进参数有所差别,在考虑 6 号线 3 标盾构始发掘进参数的设定时,要综合考虑刀盘转速、刀盘扭矩、滚动角变化、出渣方量、推进速度及推力等因素。该标段采用中国铁建重工生产的 ETC6250 型盾构机在含漂石的富水砂卵石地层始发掘进,根据该段的施工经验,建议掘进参数如表 8-1 所示:

表 8-1 始发掘进参数

刀盘转速	刀盘扭矩	掘进速度	推力	螺旋机转速
1.1~1.3 r/min	≤4 000 kN·m	30~45 mm/min	≤13 000 kN·m	3~5 r/min

2)渣土改良措施

成都富水砂卵石地层盾构机始发段,由于始发端头长期降水,原状渣土相对较干,且地层较稳定。盾构始发掘进过程中要根据输出渣土情况和掘进参数判断渣土改良情况,进而调整渣土改良方式。始发段根据掘进情况一般要适当注入膨化好的膨润土来改善渣土的和易性和流动性,以降低盾构机掘进刀盘和螺旋输送机的扭矩,以及避免刀盘结"泥饼"现象的发生。

3)洞门密封措施

成都富水砂卵石地层盾构始发洞门围护桩采用玻璃纤维桩,通过安装洞门延伸钢环增加盾构机在软密封以内的长度,使洞门橡胶密封和"扇形"折叠板与盾体之间密实贴合形成洞门软密封系统。在盾构始发前可在密封内圈填充一些絮状物,在盾构掘进过程中,絮状物吸收泥浆或渣土后膨胀,有效填充洞门橡胶与盾体之间的间隙,可有效地防止洞门涌水漏浆问题。

4)降低推力措施

成都富水砂卵石地层盾构始发掘进中推力较大,对始发托架及反力架的考验较大。通过渣土改良改善渣土的和易性和流动性的同时改善盾构机掘进参数,确保盾构机掘进速度与螺旋机出渣量匹配,确保进入土舱的渣土与螺旋机排除渣土属性保持一致,避免土舱与刀盘前方石块堆积。

5)出渣控制措施

成都富水砂卵石地层盾构机通过适应性方案评估后进行了一些改造,改造后的盾构能够很好地克服卡刀盘、卡螺旋输送机的问题。为了更好地避免同类问题的发生,建议司机在控制出渣量的同时,根据实际情况适当提高螺旋转速,将部分大卵石排出土舱。

6）地表沉降控制措施

盾构始发前先在即将施工的盾构隧道中心线上方对应地表布设 100 m 以上地表沉降监测点，待测点稳定后采集初始值并向第三方报验合格。

8.2 盾构正常掘进施工技术

8.2.1 盾构掘进工序流程与开挖监控

盾构机正常掘进施工流程如图 8-3 所示。

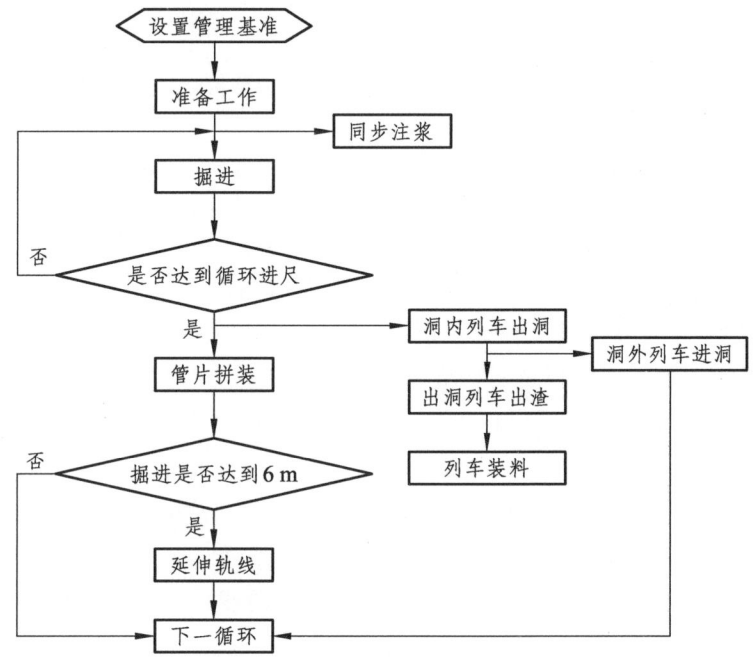

图 8-3 掘进作业工序流程

盾构掘进开始于启动刀盘旋转和盾构机推进，然后螺旋输送机以与掘进速率匹配的转速旋转并保持限定压力。盾构机在完成始发段 100 m 掘进后，对始发设施进行必要的调整，调整工作包括：拆除负环管片、始发基座和反力架；在车站端头铺设双线轨道和道岔；安装通风设施；其他各种管线的延伸和连接等。

盾构机在掘进过程中为了使土舱的进土量和出土量保持平衡，可采取以下措施：

① 盾构机掘进速度根据保持刀盘前方稳定所需的限定压力而设定。

② 在保证土舱压力的情况下，螺旋输送机的转速设定为渣土的排出量等于被挖泥土量与注入物质量之和。

③ 当限定压力因地层条件、螺旋输送机排渣效率或土舱里的混合条件发生变化而变化时，

就必须及时优化螺旋输送机的转速。

④ 如果调整螺旋输送机的转速不能使限定压力达到要求时，应该改变盾构机掘进速度。

同时，在掘进时需要进行实时的施工开挖监控，主要包括限定压力、土压控制、挖方量控制等，具体如下：

① 限定压力控制。限定压力主要包括以下三种作用：与地下水压保持平衡，防止盾构机周围的地下水循环以及大量地下水涌入土舱干扰刀盘前方的稳定；平衡水平土压力，防止刀盘前方坍塌；分担洞顶的稳定性，防止其坍塌而导致沉降甚至危及地面。

② 土压控制。盾构机的承压隔板在不同位置安装了土压传感器。在控制室里的监视屏上显示其压力，可帮助操作人员选择必需的限定压力。操作人员应经常检查螺旋输送机弃土流动性的变化情况，要根据具体情况，改变盾构机的掘进参数。

③ 超挖方量控制。在整个施工过程中，操作人员必须检查盾构机是否按开挖路径排出泥土，且没有发生超方现象。

8.2.2 盾构掘进控制

从盾构机吊装到正常掘进、测量与地面监测数据的相互关系看，施工中应实行动态管理，根据掌握的地质情况、施工和测量数据，随时对掘进参数和施工环节做相应调整。

① 盾构机在掘进过程中，盾构机的行程、上下左右四个区域千斤顶压力、螺旋输送机转速、盾构扭转、俯仰等参数将显示在显示屏上，相关人员应及时做好参数记录，并参照仪表显示、人工测量资料和施工经验调整盾构机姿态和各项参数，使盾构机始终按设计的轴线推进。

a. 直线段推进和地层变形的控制。推力、推进速度和出土量三者的相互关系，对盾构施工的轴线和地层变形量的控制起主导作用。在盾构施工中，施工单位应根据不同土层和覆土深度、地面建筑物、监测信息的分析及时调整土舱压力值和注浆量，同时要求保持推进坡度相对稳定，以减少对土体的扰动，为管片拼装创造良好条件。

b. 曲线段推进和地层变形的控制。施工单位应根据曲线的施工特点调整推力、推进速度、出土量和注浆量，并根据地层变形信息数据及时调整各种施工参数，将土压平衡值和注浆量调整至曲线推进的最佳状态。曲线推进实际上是将处于曲线的切线位置上的管片进行折线拟合，推进的关键是确保对盾构头部的控制。由于曲线推进盾构环环都在纠偏，为此必须要做到勤纠，纠偏量要小，管片纠偏量通过盾构机 SLS-T 系统计算，利用封顶块位置的转向实现。

② 盾构应根据当班指令设定的参数推进，推进过程中出土与注浆需同步进行。在盾构施工中要根据不同土质和覆土厚度以及地面建筑物配合监测信息，分析并及时调整平衡压力值的设定，同时根据推进速度、出土量和地层变形的监测数据，及时调整注浆量，从而将轴线和地层变形控制在允许的范围内，将地表的最大变形量控制在 +10 ~ -30 mm 之内。

③ 在卵石土地层中掘进，需向刀盘、土舱及螺旋输送机内注入泡沫和膨润土等添加剂，以使开挖土体具有良好的流塑状态、较低的透水性和较小的内摩擦角。

④ 为防止盾构掘进时，地下水及同步注浆浆液从盾尾窜入隧道，需在盾尾钢丝刷位置压

注盾尾油脂,确保施工中盾尾与管片的间隙内充满盾尾油脂,以达到盾构的密封功能。施工中需不定时地进行集中润滑油脂的压注,保持盾构机各部分的正常运转。

8.3 盾构管片拼装技术

根据盾构法施工特点,盾构管片是隧道的最终受力结构,管片安装质量的好坏直接关系到隧道成洞的质量。盾构管片安装与盾构机推进相辅相成,盾构管片为盾构机推进提供直接反力,良好的管片姿态能保证盾构机推进中形成良好的盾构机姿态,同样,良好的盾构机姿态也为管片拼装提供良好的拼装条件。

8.3.1 管片选型及拼装工艺

成都地铁 6 号线区间管片选择钢筋混凝土管片,其设计强度等级为 C50,抗渗等级为 P12。衬砌环外径 6 000 mm,内径 5 400 mm,管片幅宽 1 500 mm,管片厚度 300 mm,每环衬砌环由 6 块管片组成,分为 3 块标准块、2 块邻接块和 1 块封顶块。采用 4°接头角和 9°插入角,设计采用了左、右转弯楔形环,通过与标准环的组合来达到满足曲线段线路拟合及施工纠偏的需要,楔形环采用楔形量为 38 mm 的双面楔形式。管片连接采用弯螺栓连接,环向使用 12 套 M27 螺栓;纵向使用 10 套 M27 螺栓,共计 22 套螺栓。

成都地铁 6 号线盾构区间管片结构剖面示意图如图 8-4 所示。

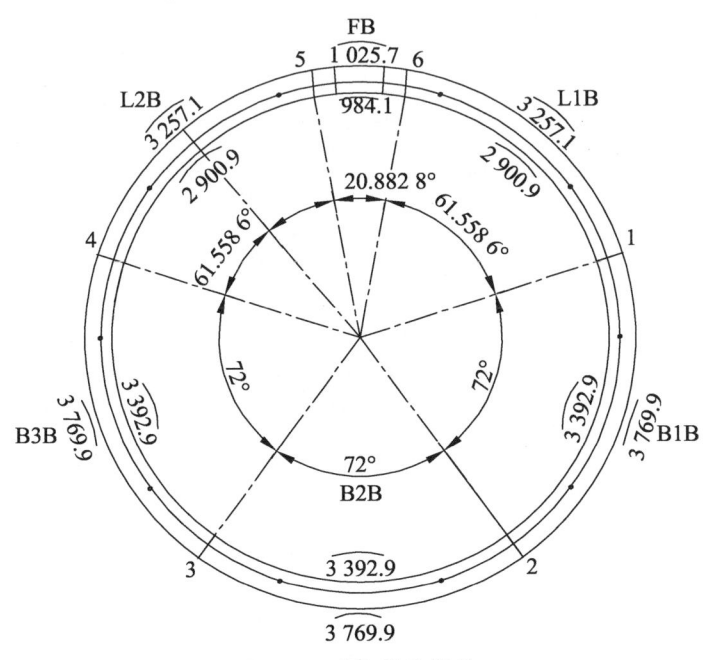

图 8-4 盾构管片结构

管片生产采用进口钢模具,管片养护采用蒸养结合水养进行,首先在模具内采用蒸汽养护,达到一定强度后运至水养池,养护到设计要求时间。管片生产出来后,经过 3 环管片试拼装,合格后方可运用到施工现场。

管片拼装采用错缝拼装。由于错缝相比于通缝拼装其最大正、负弯矩较大,对应的轴力减少,所以单点变形量比通缝拼装少。错缝拼装由于纵向接头引起衬砌圆环的咬合作用,刚度增强,并且产生的变形被相邻管片约束,内力加大,空间刚度加大,反之减少衬砌圆环变形量,对隧道防水有利。成都地铁 6 号线区间隧道的管片都采用错缝拼装方式(除联络通道处切割环外)。

错缝拼装展开图如图 8-5 所示。

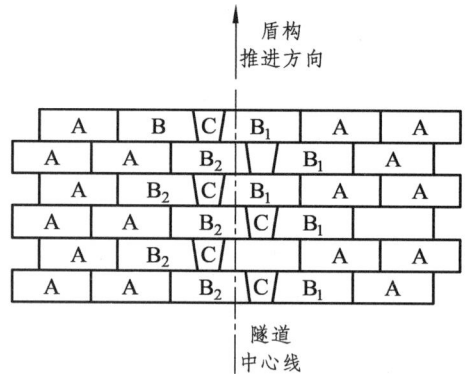

图 8-5 盾构管片错缝拼装展开

管片拼装流程如图 8-6 所示:

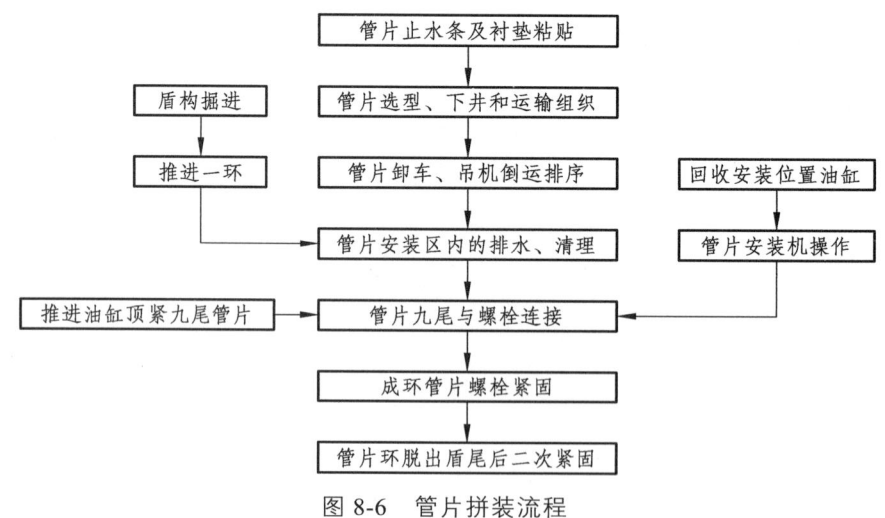

图 8-6 管片拼装流程

管片拼装工艺为:

① 管片进场后检查管片有无缺陷,不合格的管片退场处理,对合格的管片进行清理,然后粘贴止水胶条和密封垫,经现场监理验收合格后方可下井。

② 管片在吊运中应避免吊碰,当管片吊运到工作井内时,检查管片有无缺陷,运到盾构机机头时也应进行相应检查。

③ 安装过程中彻底清除盾壳安装部位的垃圾，同时必须注意管片的定位精度，尤其第一环要做到居中安放。

④ 用管片拼装机将管片吊起，沿吊机梁移动到盾尾位置。

⑤ 安装时千斤顶交替收回，即安装哪段管片收回哪段相对应的千斤顶，其余千斤顶仍顶紧，保证土压舱土压不降低。

⑥ 把握好管片环面的平整度，控制环面超前量以防出现椭圆状。

⑦ 边拼装管片边扭紧纵、环向联结螺栓。

⑧ 在整环管片脱出盾尾后，再次按规定扭紧全部联结螺栓。

8.3.2 盾构管片拼装常见问题及解决措施

1）管片错台

管片错台指的是管片位移的尺寸偏差，错台过大时由于管片间的连接螺栓承受过大的剪切作用力易出现螺栓剪断等破坏现象。螺栓受力过大则导致螺栓孔附近管片应力集中，造成螺栓孔附近管片崩角、掉块等破坏问题。千斤顶推力作用在管片环面上，错台将导致千斤顶推力偏心作用，其产生的附加偏心距对管片内力分布影响较大，容易造成管片破损。过大的错台还可能导致隧道侵限等对隧道质量影响很大的问题，所以分析管片错台影响因素和控制措施具有普遍价值和施工指导意义。

① 错台原因。

a. 管片拼装选型不规范。

管片拼装施工时需要根据线路走向选择合适的管片，管片选型不当可能造成推进油缸的行程差过大，导致管片受力不均出现破坏。管片拼装应严格按照设计的顺序和原则进行，拼装操作不当易导致成环管片圆度不够，相邻环间出现错台。拼装时若未及时紧固螺栓或拼装接缝面未清理干净都可能造成管片错台甚至破损。

b. 盾构姿态控制不利。

从实际施工过程分析可知，盾构姿态调整不当所造成的管片错台占的比例较大，线路曲线段特别是小半径曲线段更容易出现此类问题。盾构施工时盾构机需要不断调整盾构姿态以满足线路走向，盾构机实际推进时呈"蛇形"曲线向前运动，这将会导致管片与盾尾间隙变化。当盾尾间隙过小时，将会影响管片拼装作业，盾尾壳体作用在管片上的不均匀挤压亦会造成错台甚至破损。盾构在曲线段推进时由于姿态调整，管片与盾构不能保持正常的位置关系，造成管片与盾尾环向的一侧间距过小，不能满足曲线纠偏要求，从而盾构姿态变化与管片线形不符，导致管片脱出盾尾后与相邻管片产生位移偏差，出现错台。

c. 千斤顶推力控制不当。

千斤顶推力变化保证了盾构姿态能够随着线路曲线走向进行调整，当千斤顶偏心推力过大时，其产生的偏心力矩将使管片受不均匀力的作用，出现位移变化导致错台和破损。千斤顶推力使已安装的管片接触更加紧密，增大了隧道纵向刚度，有利于减小管片位移。但过大的千斤顶推力可能造成管片局部挤压破坏，实际施工中必须注意控制千斤顶推力大小和受力方式。

d. 壁后注浆控制不当造成管片错台。

壁后注浆包括同步注浆和二次注浆。浆液压力和注浆方式不同时，错台的大小和分布位置有一定的变化。壁后注浆不足时，管片壁后间隙未得到有效填充出现空洞，则易导致管片上浮产生错台。

② 防止管片错台的措施。

a. 根据线路走向选择合适的管片，在管片拼装过程中采取正确的拼装操作。

b. 对盾构姿态偏移都不应急于纠正，需要逐步校正。

c. 合理控制千斤顶推力大小和受力方式。

d. 要防止管片施工过程中的排列错误，避免隧道轴线由于人为原因偏离设计轴线。

e. 要按照相关规范进行操作，包括管片进入隧道前的检查、注浆、盾构机推力和扭矩等参数的设定、管片的吊运和安装等。

f. 盾构施工过程中管片壁后存在一定的盾构间隙，同步浆液对盾构间隙的填充可以有效防止隧道后期的位移变形。

2）管片破损

管片破损易引起隧道渗漏水及隧道施工质量安全问题。引起管片裂缝的原因主要有：

① 管片的设计质量，在这一方面管片的配筋设计，特别是管片接缝面的构造配筋尤为重要。

② 管片制作过程中的施工质量，主要环节有混凝土自身的品质、振捣工艺、蒸汽养护技术、管片脱模后的养护等，在管片制作中特别容易形成肉眼不能观测到的微细裂缝，当管片安装后由于受掘进推力或周边围压的作用，这些微细裂缝就会扩展。

③ 由于拼装管片不当而出现错缝或开缝时，易导致拼装管片和已经安装成型的管片角部发生点接触或者线接触，管片接缝达不到理想的接触状态，造成管片的角部先受力，从而导致管片边、角部位出现破损，如图8-7所示。人为误差造成管片拼装环面不平整使得千斤顶作用下管片出现较大的劈裂力矩，造成管片开裂，如图8-8所示。

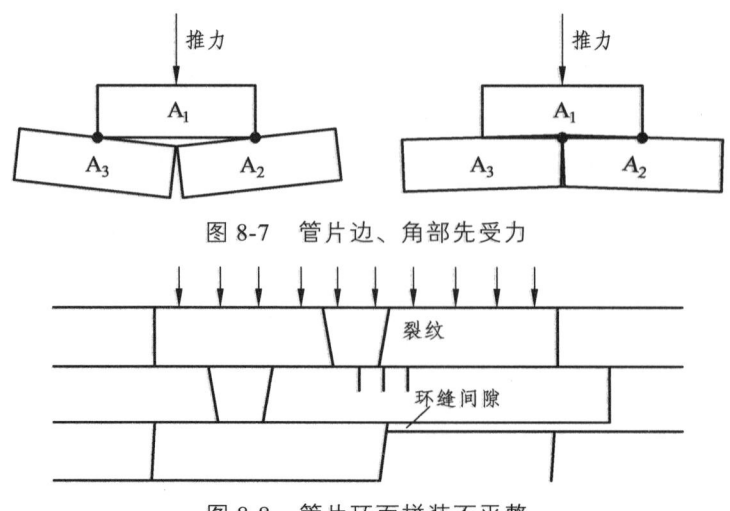

图8-7 管片边、角部先受力

图8-8 管片环面拼装不平整

④ 盾构姿态与管片姿态不一致也容易导致管片出现裂损的现象。

⑤ 盾构推进时千斤顶推力通过撑靴作用在管片环面上，管片错台过大可能使管片处于偏心受力的状态，所产生的附加弯矩影响管片结构受力从而导致管片裂损现象，如图8-9所示。

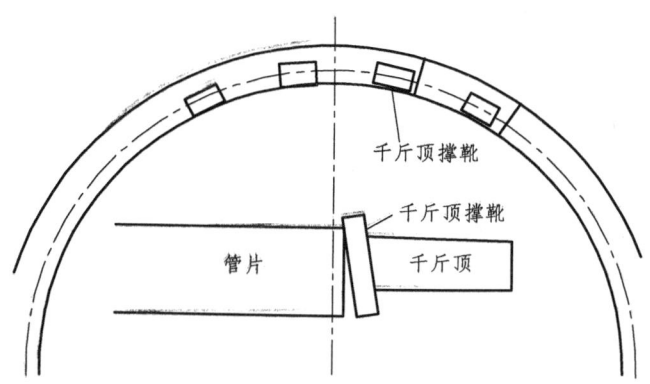

图 8-9　千斤顶推力偏心作用于管片断面示意

3）防止管片破损的措施

① 控制盾构发生扭转，选择合理的推力，及时更换重心偏位的千斤顶撑靴。对于管片环面不平整和千斤顶撑靴重心偏位情况要及时更换新的千斤顶撑靴予以调整。通过合理正确的操作，尽量避免管片的破损。

② 管片选型要确保盾尾间隙均匀。盾尾间隙的不合理，往往会造成盾尾压迫管片，致使管片外周局部受力，造成管片开裂或局部破损和错台。选择管片时应将盾尾空隙作为参考因素，用几何学可求出盾构转弯曲线半径与管片形式的合理搭配。

③ 控制盾构机姿态与曲线段匹配。正确控制好转弯地段的盾构姿态，宜缓慢掘进，慎重纠偏，应及时补充盾尾密封油脂。

④ 根据需要选择合适的联结螺栓，避免螺栓孔的破坏，做好螺栓防水。

8.3.3　安装管片质量保证措施

在进行管片拼装时，需要严格保证管片的质量。因此，在进行管片拼装时要注意以下事项：

① 严格进行进场管片的检查，破损、裂缝的管片不用，管片吊装下井和运送管片时注意保护管片和止水条，以免损坏。

② 管片安装前对管片安装区进行清理，清除污泥、污水，保证安装区及管片相接面的清洁。

③ 管片拼装过程中，第一块管片的位置尤为重要，它决定了本环其他管片的位置及拼缝的宽窄。管片高于相邻块，将会导致封顶块的位置不够；低于相邻块，纵缝过大，防水性降低。同时，第一块应平整，防止形成喇叭口。

④ 严禁非管片安装位置的推进油缸与管片安装位置的推进油缸同时收缩。

⑤ 管片安装时必须运用管片安装的微调装置将待装的管片与已安装管片的内弧面纵面调整到平顺相接以减小错台。调整时动作要平稳，避免管片碰撞破损。

⑥ 同步注浆压力必须得到有效控制，注浆压力不得超过上限值。

⑦ 管片安装质量要满足设计要求的隧道轴线偏差和有关规范要求的椭圆度及环、纵缝错台标准。

8.4 刀盘卡停防控技术

成都地铁 6 号线土建 3 标工程主要穿越含大漂石的砂卵石地层，在遇到的众多的施工问题中，刀盘卡停问题总是难以避免。刀盘卡停就意味着盾构掘进无法再进行，从而会造成工期延误和经济损失。因此，研究刀盘卡停原因，一定程度上预防刀盘被卡，以及研究处理刀盘卡停复转的措施是十分必要的。

8.4.1 刀盘卡停原因分析

1）渣土改良问题

渣土改良是保证盾构顺利施工的关键。在砂卵石地层中，盾构机卡刀盘的主要原因是渣土改良不到位。但是由于砂卵石地层本身就不具备均质性，卵石粒径、漂石含量、细颗粒含量等参数存在随机性，因此在砂卵石地层中渣土改良引起刀盘卡停主要分为以下两类：

① 在砂卵石地层中，若细颗粒含量大或存在粉细砂透镜体，渣土改良不到位会导致刀盘结"泥饼"问题的发生。泡沫剂注入量少或发泡效果差则会出现刀盘结泥饼现象，而刀盘结泥饼会导致盾构机掘进速度慢、推力大等现象。此时，刀盘结泥饼后会引起刀盘与掌子面接触面积增大且盾构机推力明显大于正常值，从而引起刀盘前表面上的摩擦力矩大幅增加，导致刀盘卡停。

② 在砂卵石地层中细颗粒含量低或漂石含量大的情况下，渣土改良不到位会导致渣土离析，失去和易性和流动性。在富水砂卵石地层中，渣土改良不到位极易引起螺旋机喷涌问题，在刀盘卡停前几乎都会发生螺旋机喷涌现象，喷涌导致渣土中起润滑作用的细颗粒快速流失，渣土中卵石间处于硬摩擦状态，刀盘与渣土的摩擦系数增加，在盾构机掌子面土压力的作用下，引起刀盘前表面上、刀盘圆周面以及刀盘背面的摩擦力矩增大，导致刀盘卡停。

2）掌子面坍塌

在砂卵石地层中盾构施工超方和卡刀盘都是常见问题，且二者有着很强的关联性，卡刀盘基本都会出现超方现象，而超方后会导致地层松散，从而导致掌子面坍塌引起刀盘卡停。砂卵石地层由于本身自稳性很差，在盾构机刀盘扰动后极易坍塌。当出现超方后扰动范围进一步增大，掌子面发生坍塌时地层中砂卵石未经改良直接迅速涌进土舱，导致土舱压力急剧增大，引起刀盘前表面上、刀盘圆周面以及刀盘背面的摩擦力矩和刀盘土舱内的搅动力矩增大，同时地层中卵石涌入土舱后部分卵石会直接卡在刀盘开口处，极大增加刀盘开口槽的剪切力矩，导致刀盘卡停。

3）长时间停机

盾构机长时间停机会导致土舱内渣土改良效果消失，舱内渣土离析，大粒径卵石沉舱，渣土与刀盘的摩擦系数增大。同时，长时间停机也会导致盾体上方和掌子面的土体坍塌，增大刀盘与地层接触面积，引起刀盘扭矩增大，导致刀盘启动困难。

4）漂卵石粒径大、含量多，地层细颗粒少

在漂卵石粒径大、含量多，且起润滑作用的细颗粒含量少的地层中进行盾构施工时，对渣土改良工作的要求特别高，尤其是在降水地段（盾构始发端、到达端、开舱位置等）掘进时，若渣土改良不到位，极易引起刀盘卡停。另外，大粒径漂石地层中盾构施工也容易发生卵石沉舱现象，即大粒径漂卵石从刀盘开口进入土舱后无法通过螺旋输送机排出，过多的卵石沉舱将会导致刀盘卡停。

5）盾构司机水平低

盾构司机的水平高低是盾构施工能否顺利的关键，这点在大漂石砂卵石地层中体现得尤为明显，尽管在砂卵石地层中进行盾构施工的操作方法有多种，但司机的操作失误仍然会引起盾构机刀盘卡停。

8.4.2 刀盘卡停的防控措施

成都地铁 6 号线土建 3 标段前期刀盘卡停现象发生频繁，耽误工期，造成了较大的经济损失。在分析发生卡停原因以及总结大量经验的基础上，施工单位提出了刀盘卡停的防控措施，在采用该方法后，刀盘卡停现象得到有效控制，取得了良好的效果。

1）预防措施

为预防在大粒径砂卵石地层中盾构施工出现刀盘卡停现象，在日常施工过程中应做好以下措施：

① 在每环掘进完成前 100 mm 开始逐步降低刀盘扭矩，减小推进速度和刀盘贯入度，在砂卵石地层中盾构机的正常推进速度应为 55～75 mm/min，在停机前应逐渐减小盾构机推力，降低推进速度和刀盘贯入度，停机前推进速度应在 15 mm/min 左右保持 30 s 以上。

② 停机前减小推进速度的同时减小螺旋输送机转速，保证螺旋输送机转速与掘进速度匹配，停机前螺旋输送机转速应控制在 1 rad/min 左右。

③ 停机之前刀盘扭矩降低至 2 000 kN·m 以下。

④ 长时间停机之前应在土舱内注入高浓度膨润土，保证土舱压力在 0.15 MPa 以上，预计停机时间超过 24 h，应采取膨润土置换一部分渣土，同时在停机过程中发现土压降低后应及时注入膨润土保压。

⑤ 停机复推开始时逐渐打开螺旋输送机闸门，同时转动螺旋输送，逐渐排出螺旋输送机内的积水和积渣，尽量防止螺旋输送机喷涌和卡停。

2）解决措施

当出现刀盘卡停问题时，可以通过以下措施进行解决：

① 刀盘出现卡停后应尽快尝试脱困，因停机后土舱内渣土改良效果将逐渐消失且刀盘周边土体也会发生坍塌，对刀盘脱困十分不利。

② 刀盘卡停后应立即开始正反转刀盘，如果正反转刀盘转速是递增趋势，则可以继续此方法，应根据每次正反转刀盘的转速来决定该方法的可行性。

③ 如果正反转刀盘无法正常进行，则采用缩油缸方法，为了保证前一环管片不变形从而保证管片质量，可以选择性压缩油缸，来降低刀盘与掌子面的压力，然后继续正反转刀盘直到正常。

④ 采用油缸全部缩回的方法，再次降低掌子面的压力，继续正反转刀盘。此时需注意，盾构机在全部推进油缸收回后会因掌子面土压力而发生退后现象，退后量不应大于 5 cm。

⑤ 出渣，土舱的总容积 27 m³，在正常推进的情况下土舱里面的渣土占土舱总容积的 3/5，也就是在 16 m³ 左右，出渣之前所有油缸必须全部顶上，防止掌子面的土涌入土舱。然后开始高速出渣，同时转动刀盘，如果此法没有效果，则停止正反转刀盘，继续出渣，出渣量控制在 10 m³ 左右，出渣结束后，所有油缸收回，继续正反转刀盘。

⑥ 保压置换，所有油缸顶在管片上并保持推进油缸压力在 3.5 MPa 以上，注入高浓度的膨润土，待土压达到预计值时，进行膨润土与渣土的置换，其间要求膨润土的黏度必须达到 45 s 以上，尽量排出大粒径卵石，注入膨润土保压的同时一定要注意出渣情况，如发现螺旋输送机有膨润土排出则立即停止出土，并开始正反转刀盘。

⑦ 膨润土泡舱，当保压置换仍然无法转动刀盘时则往土舱内注入高浓度膨润土，土舱压力达到 0.15 MPa 时停止注入，泡舱 8～12 h 后重新启动刀盘，若多次泡舱无效则考虑开舱取石措施。

⑧ 刀盘脱困后应继续推进一段距离后及时进行地面打孔，查找因脱困超方造成的地层空洞，发现空洞后应先回填再推进。为防止回填混凝土进入土舱，包裹盾体，回填下部应采用细沙，上部采用混凝土。待回填混凝土初凝后再次打孔埋入袖阀管进行注浆，回填因混凝土收缩引起的地层间隙。处理完成后应加强刀盘卡停位置的滞后沉降监测。

8.5 刀具检查与开舱换刀技术

8.5.1 开舱作业

成都地铁 6 号线土建 3 标区间盾构掘进过程中遇到富水、富含大漂石砂卵石地层，在该地层中掘进刀具磨损非常严重,在这种情况下选择合适时机进舱对刀具进行检查及更换就成了盾构施工中一项无法回避的任务。本施工采用一种主动开舱措施,从而预防遇到问题时需要进行被动开舱的情况,提高了施工效率。主动开舱流程图如图 8-10 所示。

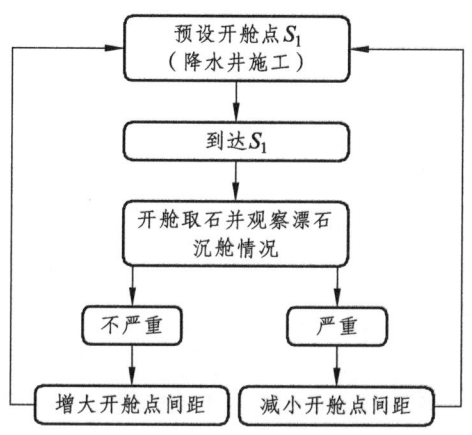

图 8-10 主动开舱流程

本段施工将 100 m 处设为第一次开舱点,观察漂石沉降情况后,将 250 m 处作为第二次开舱点,再次观察后发现舱内漂石堆积情况不严重后增加开舱点距离,将 450 m 处作为下一开舱点。700 m 处为开舱换刀点。在后续施工过程中通过在预设点开舱取石观察漂石沉降情况,酌情增减开舱点距离。

在进行刀具检查和换刀作业时,开舱作业流程图如图 8-11 所示。

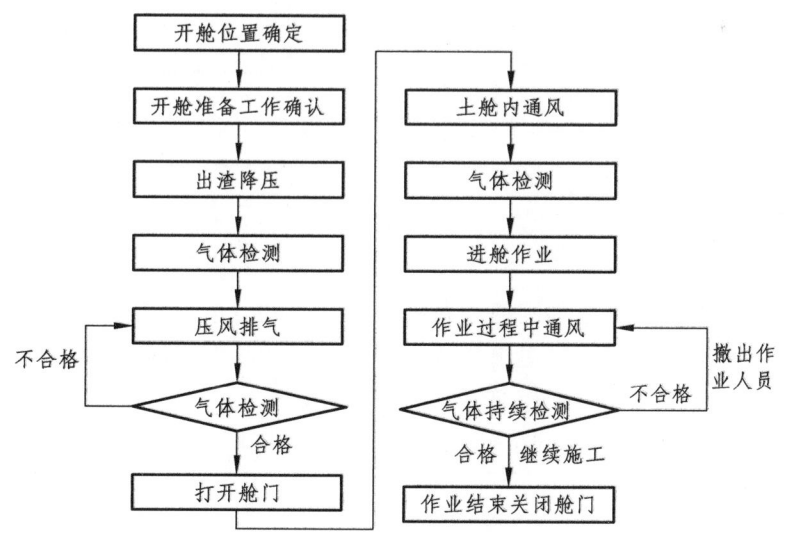

图 8-11 开舱作业流程

在开舱前需要做一些准备工作以确保作业的顺利进行。

1)作业准备

① 在开舱作业前需提前准备好卷尺(规格 1 m)、量刀工具等量测工具。

②铁锹、羊镐、风镐等清渣、取石作业工具。
③吊环、吊带（2 t）、葫芦（3 t）等运输大粒径漂石的工具。
④刀具。

2）出渣降压

开舱前在保证降水井已将水位至少降至盾构机拱底 0.5 m 以下时，通过螺旋输送机将土舱内的渣土排出，尽量将土舱内渣土出空。在出土过程中注意观察土舱内的压力变化，以判断土体的自稳性。在保证土体自稳性没问题时，将土舱内渣土降至人舱门底部以下之后（土体处于土舱中下部），停止出渣。

3）气体检测

通过螺旋机出闸口和人舱板上的球阀对土舱内气体进行检测，并经气体检测仪进行气体检测合格后方可进行施工，并按要求做好记录。检测标准如表 8-2 所示：

表 8-2 气体检测标准

气体种类	容许最高浓度	标准限量
氧气	19.5%～23%	≥20
CH_4	不超过 1%	<0.75
CO_2	9 000 mg/m^3	≤0.5
CO	不超过 0.002 4%	≤30
氮氧化物	5 mg/m^3	≤5
SO_2	5 mg/m^3	≤0.000 5
H_2S	10 mg/m^3	≤0.000 66
NH_3	30 mg/m^3	≤0.064

4）开舱前压风排气

利用盾构机原有人舱保压系统为排气管路，盾构机主机内和后续台车全部使用原有的管路，远离灯具和高压电缆接头。利用泡沫系统管路，通过刀盘上的泡沫孔，向土舱内送风，同时打开原保压系统管路阀门，将压出气体排至预定区域，气体通过洞内压入新鲜空气的稀释，随洞内空气排出洞外，如图 8-12 所示：

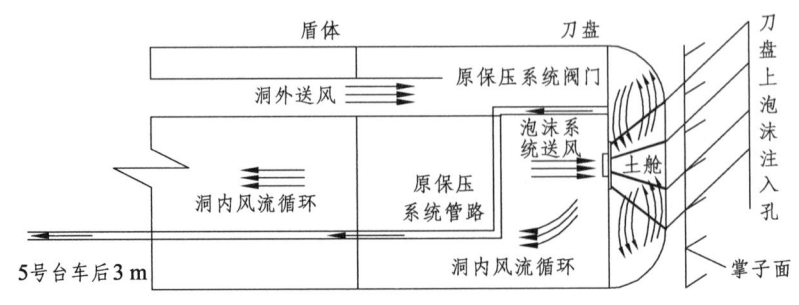

图 8-12 开舱前通风示意

气体检测合格后,首先检查土舱压力在通风过程中是否发生变化、土舱内水位情况是否异常,清查人舱内非防爆设备,在开舱前对人舱空气质量再次进行检测,合格后方可打开舱门。舱门打开后,先进行活物试验,即放置一只鸡或鸭到密闭空间内"探路"。开舱通风后,先进行气体检测,放入土舱下部持续 30 min 观察,如果小动物无烦躁、站立不稳、死亡等现象,经现场负责人同意,并经过监理现场确认,人员方可进入密闭空间作业,至少要两人一组,一人进入密闭空间作业,另一人留在外面,并且能够保证与密闭空间作业的人员相互照应,以备发生紧急情况时能够采取适当的救护措施。进入密闭空间作业的人员应佩带安全绳,最好配备氧气呼吸器或防毒面具等个体防护装备。

舱门打开后,等活物试验完成合格后,气体检测人员携带气体检测仪器和防爆手电,首先对土舱顶部以及人舱附近左下和右下方空气进行检测,同时现场值班土建工程师判断地层情况,确认安全后,方可进入土舱进行下一步检测,全面检测完毕且判断地层稳定、空气质量合格后,经现场负责人复核确认。判断安全后,维保人员进舱,安设安全灯具和打开通风口处舱内盖板,引入风管进行通风,开始空气循环,同时停止泡沫系统的压风,如图 8-13 所示。

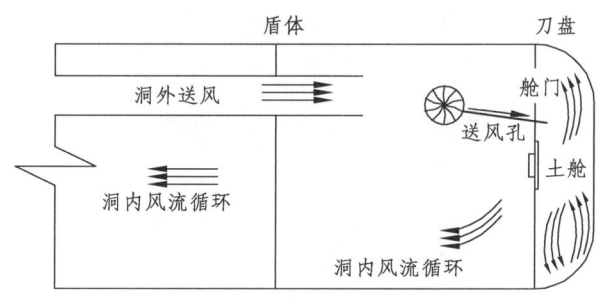

图 8-13 开舱后通风示意

开舱后检查作业的内容包括:
① 检查土舱内及掌子面的卵石及渣土情况。
② 检查刀具磨损情况。

检查、更换刀具结束后对土舱及刀盘前方掌子面进行全面的检查,避免工具、杂物遗漏在土舱内。确认后关闭所有预留送风口、排气口、球阀及舱门,关闭情况由当班机械技术人员检查,盾构副经理复核。

成都地铁 6 号线 3 标段成功的工程实践表明,这种进舱处理方法可作为盾构作业的一项关键技术,也成为成都地铁盾构克服砂卵石地层掘进难点的一个成功处理方法。

8.5.2 刀具检查

砂卵石地层具有明显区别于土压平衡所适应土层的特征,而盾构机的主要工作对象就是土层,因而盾构在砂卵石地层中掘进必然将遇到很多问题。盾构机在砂卵石地层中掘进时,目前所用普通盾构刀具的磨损严重,在这种情况下选择合适时机进舱对刀具进行检查及更换就成了一项无法回避的任务。

在对刀具进行检验过程中，需要对刀盘上所有刀具的坚实性和稳定性进行检查，并仔细检查固定刀具所用螺栓的紧固程度，同时检查挡圈，避免其出现折断和脱落情况。对于刀圈出现脱落的情况，需要检查是否移动，使其保持良好的状态。当刀圈没有出现损坏现象时，需要对刀圈的磨损量进行正确测量，以此来对刀具是否需要更换进行判断，具体测量过程中需要采用特制的模板进行，以此来保证刀圈磨损量计量的准确度。

在盾构工法施工中进舱对刀具进行检查处理大致有3种方法：

① 加压进入土舱进行检查。

② 对前方土体进行加固后在常压情况下进舱检查。

③ 从地面向下做竖井到刀盘前方，从而实现对盾构刀具的检查和维修。

上述 3 种方法各有其适用条件。第一种方法适用于盾构刀盘周边土体能够保证气密性或经过洞内土体改良措施后能保证气密性，同时要求水压力不能过大；第二种方法则是在气密性无法保证或水压力过大的条件下需要采用；第三种方法由于费用很高一般只作为紧急或特殊情况下使用。换刀开舱后的情况见图 8-14。

图 8-14　开舱后情况

成都地铁 6 号线 3 标段盾构推进的过程中成功地采用第二种方法进舱对盾构刀具进行检查和更换。

对刀具检查的步骤如下：

1）刀具外观检查

检查刀盘上所有刀具螺栓是否有脱落现象；刀圈有无断裂及弦磨现象；刀体有否存在漏油现象；挡圈是否断裂或脱落，若挡圈脱落还应检查刀圈是否发生移位。

2）刀具螺栓的检查

用手锤敲击螺栓垫，听其声音辨别螺栓的紧固程度，或一边敲击一边用手感觉其振动情况来辨别螺栓的紧固程度。

3）对加压全过程的压力进行记录

刀具检查的同时对每个刀具进行编号，记录刀具的磨损量并提供刀具检查报告。

8.5.3 换刀技术

利用盾构机进行掘进作业过程中，所使用的刀具需要适时进行更替，这样在避免刀具非正常损耗的同时，还能够有效地降低频繁更换刀具造成的时间浪费，有利于盾构机工作效率的提升。在对具体对刀具进行更换的过程中，需要遵循合理、批量及迅速的原则。

换刀时转动刀盘到指定位置，逐一凿除刀盘开口孔，凿出一把更换一把，每更换一把刀具，需对刀位进行编号并对刀具周边空隙采用棉絮或者纱布进行封堵。新旧刀具的运输采用双轨梁+手拉葫芦接力，将刀具吊至舱内拟安装位置及电瓶车平板上，对于安装到位的刀具，用启动扳手反复紧固，直至扭矩达到要求。

为了装刀工作的顺利进行，拆下的螺栓、垫圈、螺母、压块等必须集中放置。

1）刀具更换的标准及更换操作

盾构刀具磨损的建议标准是：周边刀磨损量为 5~10 mm、齿刀磨损量为 8 mm 左右时就必须进行更换，

该指标和刀具耐磨层厚度有很大关系。具体更换步骤如下：

① 每次更换时先清掉刀具周围的泥土，保证有一定的工作空间。

② 由刀盘外侧向内逐个检查刀具的磨损情况，需要时用对应标号的刀具进行替换。

③ 用套筒及加力杆卸下固定螺栓，将拆下的螺栓及附件放入工具袋内以防丢失。

④ 换下刀具放入料闸同时清洗固定螺栓和固定座并检查有否裂纹，如有裂纹必须更换以确保新装刀具有足够的固定强度。

⑤ 将新的刀具按原位置安装好并用固定螺栓拧紧。

⑥ 每次带一批刀具和螺栓进舱，每批刀具换完后把废刀具和没有安装的新刀放进料闸内。

⑦ 操作手转动刀盘，通过料闸把下一批刀具送入土舱，再继续更换下一组刀具。

⑧ 每换完一批后由值班工程师检查安装质量和有否漏掉或没有固定好的，确认无误后再继续作业。

⑨ 更换速度必须以保证安装质量为前提，齿刀基本上为 30~40 min，周边刀则依据换刀人员的具体情况来定。

2）施工注意事项

① 配置足够数量的低压空气压缩机以保证压缩空气的供给。

② 备有在训练有素的班组管辖下的手动气闸，以便进入切削舱进行修理作业，包括更换刀具和排除意外的困难和障碍。

③ 压缩空气下施工应按现行法规和条例进行，尤其是有关医疗保护和卫生保健条例以及压缩空气中工作时间及减压时间等辅助与安全方面的法规。

8.5.4 盾构刀具的管理

针对成都地铁 6 号线盾构 3 标段地层卵石粒径大、含量高、强度大的情况，对刀盘的强度等级、刀具布置进行了调整。刀具的布置将周边 11 把单刃滚刀改为 18 英寸刀圈的双刃滚刀，有效减少了中心刀的磨损和解决大粒径卵石的破除，正面再加 20 把 17 英寸单刃滚刀、贝壳刀 12 把、导流刀 6 把、宽切刀 36 把。

滚刀在盾构机掘进过程中，起到破岩的作用，因此，对滚刀的磨损检查就显得格外重要。在成都砂卵石地层中，滚刀的启动扭矩是决定一把滚刀能否正常工作的最关键因素之一。如果启动扭矩过大，砂卵石地层无法给滚刀足够的自转反作用力，滚刀就会产生偏磨（在成都地铁 6 号线施工前期，这是滚刀产生偏磨的重要原因之一）；如果刀具的启动扭矩太小，则用于密封刀具的浮动密封预紧力太小（指普通标准尺寸的刀具），会造成滚刀轴承的刀具密封性差。

成都地铁 6 号线盾构 3 标段在开工前就对滚刀进行了启动扭矩的分析，并初步确定滚刀的启动扭矩为 20~25 N·m。一次检查发现有一把正滚刀偏磨（因为刀具与刀箱之间卡了一块大卵石，分析认为偏磨是因为大卵石卡住刀无法转动而造成），没有发现因为扭矩太大而发生自转困难的情况。但是，因采用的是标准密封，故密封的效果有所下降，造成刀具损坏。

从以上实例可知，启动扭矩直接关系到刀具的使用情况。成都地铁 6 号线盾构 3 标段将滚刀的启动扭矩调到 30~40 N·m 后，基本上未发生偏磨的刀具，也很少发生刀具轴承进泥沙的情况。

红尚区间总长 1 283 m，第一次开舱换刀位置为右线 539 环、左线 540 环的联络通道位置，第二次换刀位置为出洞后。根据换刀发现，掘进过程中滚刀磨损严重，周边双刃滚刀全部报废。左线推进 855 环更换刀具 92 把，右线推进 855 环更换刀具 95 把；其中右线报废刀具 23 把，左线报废 25 把，中心刀 4 把（各 2 把）。图 8-15 为单刃滚刀以及双刃滚刀磨损图。

　　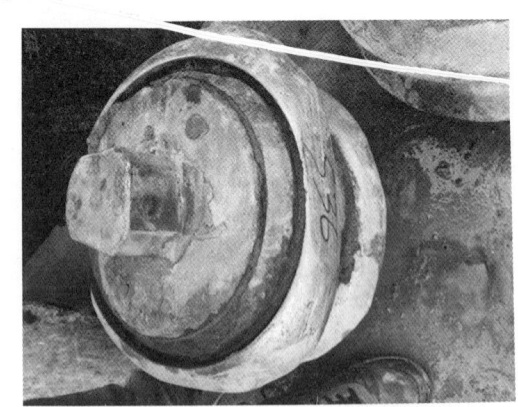

（a）S27 单刃滚刀（磨损量 25 mm）　　　　（b）S36 双刃滚刀（磨损量 56 mm）

图 8-15　滚刀磨损

1）滚刀刀体的选择与二次保护

从刀具工厂采购的新刀都是标准件，对刀体只要求有足够的强度与刚度，但并无特别的耐磨性要求。而在本工程中，砂卵石地层对滚刀的刀圈都有较高的耐磨性要求。因为刀体的加工量比较大，且硬度太高加工困难，故各厂家的刀体硬度都很低，有些厂家的刀体硬度只有 HRC35~40。因此，在采购新刀时，要选用硬度较高的刀体，以保证第一次使用时不会使刀体报废。如刀体硬度达不到使用要求，应在使用前增加保护，防止新刀的刀轴及轴承受损害，使其能二次使用。在第二次使用时，可以在刀体外加焊耐磨焊层。

2）盾构机刀具的保护措施

① 在盾构机出洞到站对刀盘面板修理时，要在刀盘、刀座周围焊上足够的耐磨层，以保护刀具和刀座。

② 加焊耐磨层时应注意刀盘面板渣土的流动性，如果耐磨层突出部分的位置不正确，就易在刀盘上结饼，造成盾构无法正常推进。刀盘、刀具的具体保护方案要根据前方施工地层的情况（如渣土的含泥量、大小卵石的比例等）来确定。但刀盘的中心部分要少作堆焊，以减少结泥饼的风险。

③ 优化掘进参数，减少刀具磨损。在对刀盘、刀具的耐磨性进行加强的同时，应优化掘进参数，这是延长刀具使用寿命的重要措施。在砂卵石地层中，刀盘的结构与开口、刀具的配置确定后，应选用大的贯入度，这是减少磨损的一个重要方法。

8.6 渣土改良技术

土压平衡式盾构施工成功的关键是要将开挖面开挖下来的土体在压力舱内调整成一种"塑性流动状态"。对于成都含大漂石砂卵石地层，由于卵石土内摩擦角大，土的摩擦阻力大，故难以获得好的流动性。当切削下来的土体充满土舱和螺旋输送机内时，将使切削刀头转矩、螺旋输送机转矩、盾构千斤顶推力增大，甚至使开挖、排土无法进行。另外，由于该地层中卵石含量高，土层渗透系数大，仅靠压力舱和螺旋输送机内的压缩效应不可能完全止水，在开挖面水压高时，排土闸门处易出现地下水喷涌现象。因此，针对该地层进行渣土的改良对盾构施工来说至关重要，渣土改良效果的成功与否，将直接影响到盾构机的掘进速度、掘进成本，严重时也可以影响到工程的成败。

8.6.1 渣土改良目的

成都地铁6号线3标段区间地层为含大漂石的砂卵石地层，卵石含量高，颗粒粒径较大，颗粒之间的摩擦力较大，刀盘转动时卵石土的流动性差。如果不对渣土进行改良，容易产生压力舱闭塞、刀盘及压力舱内结泥饼、喷涌、开挖面失稳等一系列问题。

渣土改良是决定砂卵石地层盾构施工成败的关键技术，其本身也是土压平衡盾构施工原理的重要组成部分。针对成都砂卵石地层的特性，其渣土改良的主要目的是增加渣土的流动性、抗渗性和流塑性，降低渣土的摩擦力和内摩擦角，降低刀盘扭矩，确保渣土被螺旋输送机顺利输出，渣土能够对开挖面提供规则压力，从而保证开挖面平衡稳定，避免压力舱闭塞、结泥饼及喷涌等事故的发生。

土压平衡式盾构施工关键就是要将刀盘切削下来的砂卵石土体在土舱内被调配成较为理想状态的土体，从而使盾构开挖和排土顺利地进行。为了改善砂卵石渣土性质，必须向土舱内添加渣土改良材料。渣土改良材料主要分为矿物材料、高吸水性树脂类、水溶性高分子类和界面活性材料类4类，4类材料对比如表8-3所示。

表8-3 渣土改良材料对比分析

类别	优点	缺点	适用范围
矿物类	降低渣土透水性，并增加流动性	制作泥浆设备及废物处理	各种土质
水溶性高分子	增大黏性	废物处理	无黏性土
高吸水性树脂	胶凝状态，防止喷涌	强酸强碱地区效果差	高水位
界面活性材料	增加渣土的不透水性和流动性，并降低材料的摩擦力	泡沫的稳定性控制较难	各种土质

根据掘进经验，砂卵石地层的卵石含量较高，而细粒含量较少，颗粒之间的孔隙率大，因此渣土的流动性差、抗渗性差，且颗粒之间的摩擦系数很高，容易形成土舱内压力闭塞、刀盘结泥饼、排出渣土不畅和开挖面失稳等事故，当遇到夹砂层和透镜体砂层有发生喷涌的风险。从表8-3可知，界面活性材料和矿物材料能够显著增加渣土的不透水性和流动性，并降低大粒径卵石间摩擦力，造价和成本也较低，因此较适合对该地层进行渣土改良。

8.6.2 渣土改良的作用

盾构在含大漂石砂卵石地层中施工时，进行渣土改良是保证盾构施工安全、顺利、快速的一项不可缺少的技术手段。渣土改良具有如下作用：

① 保证渣土和添加介质充分拌和，以保证形成不透水塑流性的渣土，从而建立良好的土压平衡机理，只有渣土改良效果好才能从根本上避免掘进过程中出渣不畅、推进速度缓慢的问题。

② 使渣土具有流塑性和较低的透水性，形成较好的土压平衡效果而稳定开挖面，有效控制地表沉降。

③ 控制地下水流失及防止或减少螺旋输送机排土时的喷涌现象的发生。

④ 改善渣土的流塑性，使切削下来的渣土顺利快速进入土舱，并利于螺旋输机顺利排土，有效降低螺旋输送机扭矩，防止卡螺旋及螺旋输送机磨损现象的发生。

⑤ 改善渣土的流动性和减少其内摩擦角，有效降低刀盘扭矩，降低对刀具和刀盘的磨损，降低掘进切削时的摩擦发热，减少卡刀盘现象的发生，提高掘进效率，减少因卡刀盘引起的超方现象，从而造成地表沉降等问题的发生。

8.6.3 渣土改良的方案

渣土改良就是通过盾构机配置的专用装置向刀盘面、土舱和螺旋输送机内注入添加剂，利用刀盘的旋转搅拌、土舱搅拌装置搅拌或螺旋输送机旋转搅拌使添加剂与渣土混合，其主要目的就是要使盾构切削下来的渣土具有良好的流塑性、合适的稠度、较低的透水性和较小的摩擦阻力，提高推进速度，避免砂卵石地层盾构施工常见问题（刀盘、螺旋机扭矩大，推进速度慢，卡刀盘、螺旋机，超方，螺旋机喷涌等现象）的发生。改良剂主要有泡沫、膨润土等，两种改良剂性能指标如表 8-4 所示。

表 8-4 膨润土、泡沫剂改良剂的性能指标

内容	膨润土	泡沫剂
工作原理	利用添加的胶质减摩效果，使开挖土塑性流动，减少渗透性	利用微细泡沫的润滑效果使开挖土塑性流动，减少渗透性
pH 值	7.5~10	7.3~8
黏度	2~10 Pa·s	0.003~0.2 Pa·s
适用土层	砂质黏土层、砂卵石	砂卵石、全风化

根据国内外成功的施工经验，本工程采用膨润土浆液和泡沫剂双重改良，改良效果明显低于单独改良，显著降低了刀盘、螺旋输送机的油压及盾构推力，提高了推进速度，减小了刀盘扭矩，减缓了砂卵石地层对盾构设备的磨损及提高了设备的使用寿命。

通过试验对膨润土浆液发酵效果进行统计：在工地试验验室对钠基膨润土进行了膨化试验，分别做了 4 组配比试验，分别为 1∶0.4、1∶0.3、1∶0.25、1∶0.2，其中发现在 25 min 发酵试验中，1∶0.3 配比稠度为 53 s，改良效果相对较好。按照此配比进行膨润土发酵施工，折合膨润土用量为 8 包/t（m³），发酵膨胀率为 1.3。

泡沫：泡沫分为巴斯夫和华裕两种，在始发阶段、重大危险源及重要管线地段、出洞阶段使用巴斯夫泡沫，正常阶段使用华裕泡沫，对比如表 8-5 所示。

表 8-5 泡沫参数对比（铁建重工机器）

泡沫品牌	巴斯夫			华裕		
	原液比/%	膨胀率	枪流量/L	原液比/%	膨胀率	枪流量/L
1号泡沫管	2.5	6~8	120~160	3	8~12	180~220
2号泡沫管	2.5	6~8	120~160	3	8~12	180~220
3号泡沫管	2.5	3~5	80~100	3	8~10	140~180
4号泡沫管	2.5	3~5	80~100	3	8~10	140~180
5号泡沫管	2.5	6~8	120~160	3	8~12	180~220
6号泡沫管	2.5	6~8	120~160	3	8~12	180~220

① 通过注入发酵好的膨润土浆液，在刀盘前方形成了一层泥膜，建立起泥土压力，为土

体结构提供水平推力，有利于形成拱结构。

② 发酵好的膨润土浆液和泡沫使开挖面土体的强度和刚度得到加强，提高了开挖面土体的竖向抗力，对开挖面土体起到了支护作用，降低了开挖面土体失稳的可能。

③ 砂卵石地层颗粒松散，无黏聚力，颗粒之间的传力方式为点对点，向开挖面土体添加膨润土浆液后，发酵好的膨润土浆液包围在颗粒周围，形成了一层泥膜，增加了颗粒之间的黏聚力，使得颗粒之间的传力得到扩散，改善了土体的受力状况。另外，泡沫的体积极小，混合泡沫后泥浆扩散性得到增强，可以在刀盘的搅拌下迅速渗透到土层中，将砂卵石颗粒包裹起来，降低了土体的密实度，改善了土体的流塑性。

④ 利用泡沫优良的润滑性能，改善土体粒状构造，同时吸附在颗粒之间的气泡可以减少土体颗粒与刀盘系统的直接摩擦。同时可以降低土体的渗透性，又因其比重小，搅拌负荷轻，容易将土体搅拌均匀，从而做到既能平衡开挖面土压，又能提高渣土的流塑性和止水性，保证连续向外顺畅排渣。同时泡沫具有可压缩性，对土压的稳定也有积极作用。

成都 6 号线土建 3 标段在富水砂卵石地层的掘进主要是针对降低刀具和螺旋输送机的磨损、降低刀盘扭矩、防止喷涌、防止卡刀盘、卡螺旋输送机等问题采取向刀盘前和土舱内及螺旋输送机内注入膨润土、泡沫混合物的方法来改良渣土，并增加对螺旋输送机内的注入量，以利于螺旋输送机形成土塞效应，防止喷涌。渣土改良过程中根据膨润土、泡沫改良效果及时进行配比调整。渣土优化改良，避免了刀盘扭矩大，推进速度慢，刀盘、螺旋输送机卡死、超方等现象的发生。渣土改良效果如图 8-16 所示。

（a）改良前的土体状态

（b）改良后的土体状态

图 8-16 渣土改良效果

8.7 大漂石处理技术

大漂石一般指粒径大于 200 mm 的卵石，通常赋存在砂卵石地层中，其空间分布具有较大的随机性，很难找到规律。且由于钻探布孔密度的原因，地质勘查时不易被发现，给盾构施工造成了极大困难。其影响主要表现为：刀具磨损严重、刀座变形、刀具更换困难；刀盘过度磨耗导致刀盘强度和刚度降低,从而引起刀盘变形;刀盘受力不均匀导致主轴承受损或主轴承密封被破坏;大漂石无法破碎,导致盾构掘进受阻或偏离设计线路等。成都地铁 6 号线 3 标段为含大漂石砂卵石地层,因此,大漂石的处理技术对于该地层的盾构施工尤为重要。

8.7.1 大漂石破碎原理

在滚刀破碎大漂石的过程中,以其通过线为起点,逐渐产生拉伸力,从而将大漂石破碎。如果是较小的卵石,破碎过程就如用钢钎打入一样。若是大漂石则从表面出现细小的剥落开始,然后逐渐累积,根据切割连带效果和滚刀的连续运转带来的冲击,以刀尖为起点开始出现裂痕,最终实现破碎。大漂石破碎示意图见图 8-17 所示:

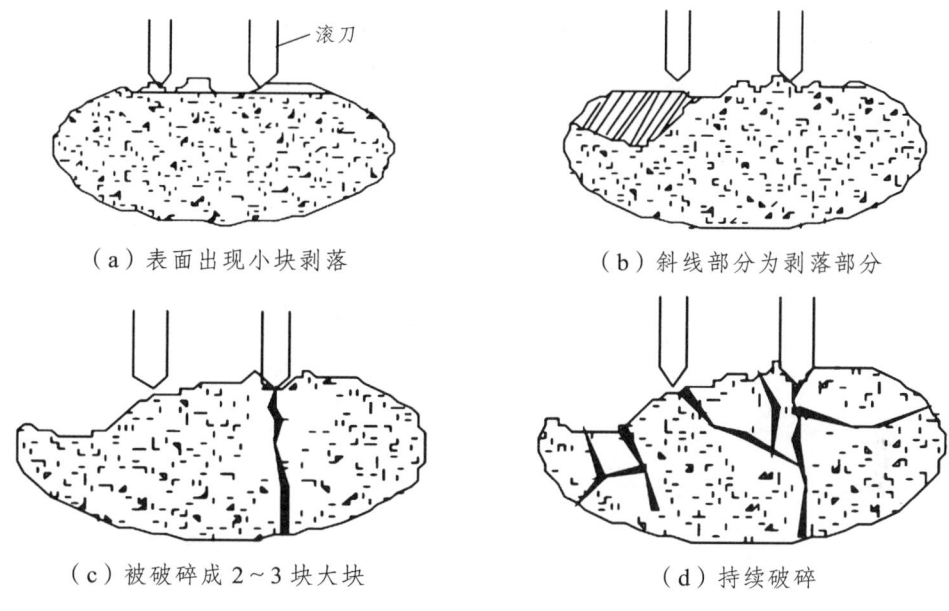

图 8-17 大漂石破碎示意

8.7.2 大漂石处理措施

清除大漂石对于工程项目以及施工人员来说危险性较高,掌子面坍塌可能造成人员伤亡,也可能引起隧道顶部地面过大的沉降。在没有自稳能力的地层,常压进入土舱或泥水舱的风险极大,通常需要从地面注入浆液或通过刀盘向开挖面地层注入浆液对土体进行加固。

大漂石处理措施如下:

1) **加强地质预报**

根据工程地质详勘资料,通过地质调查结合补充地质钻探,进一步确定大漂石可能存在的位置,以便提前采取有效措施来进行处理。

2）掘进过程中出现大漂石的判断

在掘进过程中，出现下列情况之一时，初步判断刀盘前方可能遇到大漂石。
① 刀盘前方出现异常声音。
② 正常掘进速度突然变小。
③ 盾构推力、扭矩突然波动较大。
④ 刀盘转动时出现颠簸现象，无法继续掘进。

3）利用盾构切削处理大漂石

利用盾构切削处理大漂石应注意以下几点：
① 做好补充地质勘查，在盾构到达大漂石地段前做好刀盘刀具的检查，保证刀盘刀具处于良好的工作状态。
② 改变掘进参数，适当减小刀盘转速，增大推力，将刀具的贯入量控制在 10 mm/r 以下，同时刀盘采取正、反转的方式缓慢切削大漂石，注意控制刀盘的扭矩变化量在 10% 以内。在刀盘正、反转的过程中应有耐心，不得急躁。
③ 土压平衡盾构在切削大漂石时，尽可能多地向刀盘、土舱以及螺旋输送机内加入泡沫或膨润土泥浆进行润滑。

4）带压进舱处理

采取上述措施后，若未能破碎大漂石，优先考虑带压处理。在含大漂石砂卵石地层中已经有成功实施泥水平衡盾构和土压平衡盾构带压进舱的技术。作业人员进入泥水舱（或土舱）利用液压锤或静态爆破的方法对大漂石进行处理。

5）地层加固后常压进舱处理

在带压进舱条件不允许时，考虑从地面进行地层加固，待掌子面有足够的自稳能力后，进入泥水舱（或土舱）利用液压锤对大漂石进行处理。常压进舱地层加固要综合考虑地质情况、隧道埋深、地面环境等因素从而确定加固措施。地层加固方面的工程实例较多，在此不做详细介绍。

8.8 盾构机到达施工技术

8.8.1 盾构到达施工风险概述与工艺流程

目前，各大城市都在大力发展轨道交通工程，盾构到达施工出现的问题也有增多的趋势。盾构机到达时会出现各种险情，比如喷水、涌砂、地面坍塌、管线破裂、楼房倒塌、隧道下陷等事故，如何确保盾构顺利、安全地进入到达井一直是业界关注的重点。

盾构到达施工是整个盾构施工的重点环节之一，盾构到达掘进必须保证盾构机顺利、安全、快速地通过预留洞门，并为下一步盾构机拆卸施工提供较好的施工条件。

盾构到达常用的施工方法有三种：一种是盾构到达后采用拆除接收井的围护结构再推进的办法；另一种是事先对接收井端头进行地基改良后，盾构到达前采用拆除接收井的围护结构再到达的办法；第三种是利用接收井自身结构施工的条件，在接口处设置素混凝土挡土墙，采用盾构直接破除的办法。无论采用何种施工方法，控制盾构到达的各项施工工序是保证盾构安全到达的关键。

1) **盾构机到达风险**

如果盾构端头加固范围不足，加固方案不当，加固效果检测马虎，则盾构到达时将存在流砂、涌水的风险，若此风险变为现实，将造成建筑物、地面的严重变形，严重时将造成周围建筑物的倾斜、坍塌，严重威胁端头附近管线的安全，同时影响后续的盾构安全拆除和吊装。

2) **工艺流程图**

盾构到达施工需要按照一定的工艺流程进行，必须规范操作。工艺流程图如图 8-18 所示。

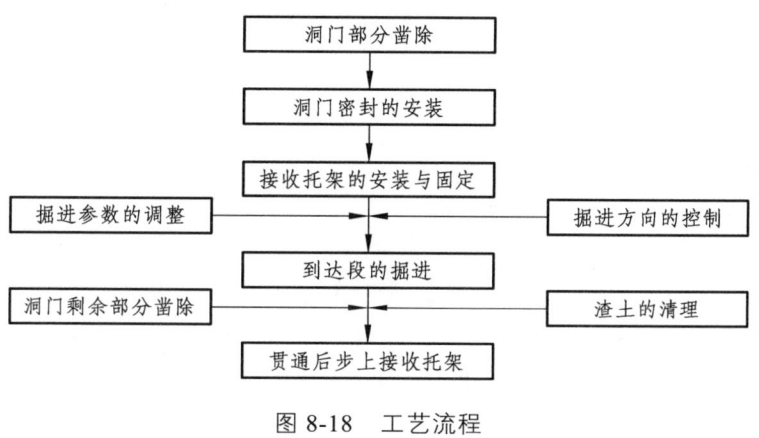

图 8-18 工艺流程

8.8.2 盾构到达主要施工技术

盾构到达施工技术较为复杂，其主要施工技术叙述如下。

1) **盾构机定位及接收洞门位置复核测量**

在盾构推进至盾构到达范围时，对盾构机的位置进行准确的测量，明确成洞隧道中心轴线与隧道设计中心轴线的关系，同时应对接收洞门位置进行复核测量，确定盾构机的贯通姿态及掘进纠偏计划。在考虑盾构机的贯通姿态时要注意两点：盾构机贯通时的中心轴线与隧道设计轴线的偏差；接收洞口位置的偏差。综合这些因素在隧道设计中心轴线的基础上进行适当调整，纠偏要逐步完成，每一环纠偏量不能过大。

2）进洞段的土体加固

常用的加固方法有高压喷射注浆法、深层搅拌法、冻结法和素混凝土灌注桩法。根据地质情况选择合适的加固方法，并检查加固效果是否满足盾构机到站掘进要求。

3）洞门破除

在盾构机距离端头墙前一星期时，对洞门进行第一次破除，先将围护结构的主体凿除，只保留围护结构的外排钢筋和保护层。待盾构机进入加固范围时快速将洞口围护结构剩余部分破除，确保钢筋割除干净。

4）洞门圈的安装

洞门密封是对洞口到达段与盾构机或管片之间的间隙采取的防渗措施，防止地层的地下水和背后注浆外泄，确保施工可靠、安全。

5）接收基座的安装

接收基座的中心轴线应与隧道设计轴线一致，同时还需要兼顾盾构机出洞姿态。接收基座的轨面标高除适应于线路情况外，还应适当降低 20 mm，以便盾构机顺利上托架。为保证盾构刀盘贯通后，管片能够提供足够的反力，将接收基座以盾构进洞方向+5‰的坡度进行安装。要特别注意对接收基座的加固，尤其是纵向的加固，以保证盾构机能顺利到达接收座上。

8.8.3 盾构到达施工注意事项

在盾构机到达施工中，根据盾构机的贯通姿态及掘进纠偏计划进行推进，纠偏要逐步完成，每一环纠偏量不能过大。盾构到达段的掘进除应达到纠偏的目的外，还尤其应注意最后 10 m 段的掘进控制，因为在临近洞门的最后 10m 盾构掘进对地层的扰动影响极为明显。

根据到达段的地质情况确定合理的掘进参数。总的要求是：低速度、小推力、合理的土舱压力和及时饱满的同步注浆量，确保盾构接收的总体安全。盾构机在到达车站围护桩的时候土舱压力会慢慢减小，掌子面土压力难以建立起来，很容易造成地表的塌陷，进而造成地面管线破裂等情况发生。所以需要确保土舱压力，以及时的同步注浆和匀速连续的作业方式接收盾构。成都地铁 6 号线 3 标接收段的施工参数拟定如下：

土舱压力：0.07~0.08 MPa；

掘进速度：不大于 10 mm/min；

盾构机推力：6 000~10 000 kN；

刀盘扭矩：不大于 2 000 kN·m；

同步注浆量：6~7 m³。

在盾构到达施工时，需要注意以下事项：

① 盾构机进入到达段后，加强地表沉降监测，及时反馈信息以指导掘进。

② 盾构机刀盘距离贯通里程小于 10 m 时，在掘进过程中，专人负责观测出洞洞口的变化

情况，始终保持与盾构机司机联系，及时调整掘进参数。

③ 在拼装的管片进入加固范围后，进行二次注浆，浆液改为快硬性浆液，提前在加固范围内将泥水堵住在加固区外。

④ 最后几环管片的拼装。

盾构机到达掘进阶段，盾构推力减小，当隧道贯通后，盾构前方没有了反推力，将造成管片与管片之间的环缝连接不紧密而产生漏水，因此必须采取有效的措施保证最后管片的拼装质量。具体如下：

a. 设置拉紧装置，将最后 20 环管片一环接一环地连接起来。先在纵向收孔处拼装特制钢板，并用管片螺栓压紧，然后每拼装一环管片后将角钢与钢板焊接，如图 8-19 所示。

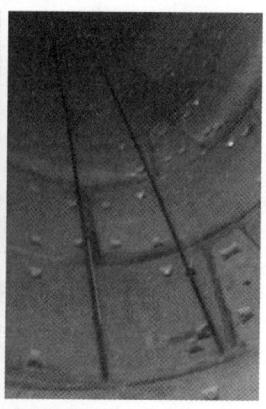

图 8-19 管片拉紧

b. 合理设置管片拼装点位，避免盾尾硬性拖拉管片。管片拼装的点位要综合考虑线形要求和盾尾间隙，在两者不能同时满足时，优先考虑盾尾间隙，保证隧道衬砌的质量。

c. 当盾尾机进入端头土体加固区后，浆液改为快硬性浆液，当盾尾推出洞口密封环后，迅速调整洞口扇形压板位置，保证洞口临时封堵的效果。

⑤ 当盾构机前体盾壳被推出洞门时，通过压板卡环上的钢丝绳调整折叶压板使其尽量压紧帘布橡胶板，以防止洞门泥土及浆液漏出。在管片拖出盾尾时再次拉紧钢丝绳，使压板能压紧橡胶帘布，让帘布一直发挥密封作用，如图 8-20 所示。

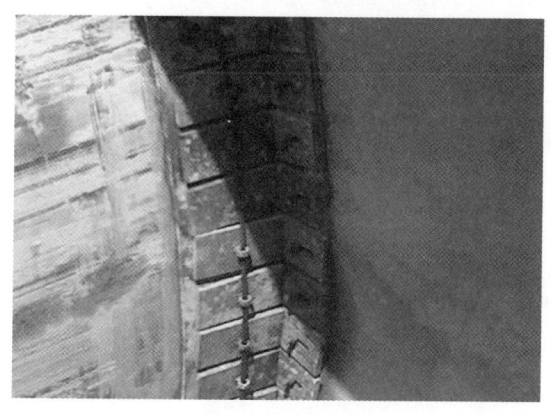

图 8-20 洞门密封拉紧

⑥ 由于盾构机到站时推力较小，洞门附近的管片环与环之间连接不够紧密，因此需要做好最后 20 环管片的螺栓紧固和复拧紧工作，并用槽钢沿隧道纵向拉紧最后 20 环管片，使最后 20 环管片连成整体，防止管片松弛而影响密封防水效果。

8.9 连续下穿污水管盾构施工技术

8.9.1 工程背景

随着城市地铁的快速发展，地铁盾构隧道越来越多地需要穿越建（构）筑物、河流、管线等风险源。传统的施工工艺为地面管线加固或改迁+隧道洞内加固，该工艺具有工期长、影响地面交通、社会及环境影响大、加固效果难以保证和施工过程易发生管线破坏事故等缺点。成都地铁 6 号线尚锦路站—红高路站盾构区间地层为含大漂石的砂卵石地层，区间隧道上方为城市主干道，地下管线错综复杂。若对污水管采取地面打孔加固注浆的施工措施，交通疏解基本无法实施，且大粒径卵石地层注浆加固效果难以保证。

根据现场情况和盾构施工需要，中铁二十局集团成功开发并实施了盾构在含大粒径漂石的砂卵石地层中长距离下穿大直径、大流量污水管施工技术，形成了盾构长距离下穿大流量污水管施工工法。

8.9.2 技术原理

① 允许发生管线和地表下沉，但是管线沉降量、管线差异沉降量和地表沉降量必须控制在设计允许范围内。

② 对污水管采用跳排措施保证盾构正上方污水管处于空管状态。防止因掘进超方导致污水管破坏后污水倒灌进入隧道，危及隧道和设备安全。

③ 严格控制掘进参数，保证出土量不超过允许值，严格控制同步注浆量保证地层填充密实。

④ 及时进行二次注浆且在成型隧道内实施深孔注浆补充地层损失和同步浆液收缩孔隙，控制滞后沉降。

8.9.3 施工工艺流程及操作要点

盾构下穿污水管工艺控制流程见图 8-21。

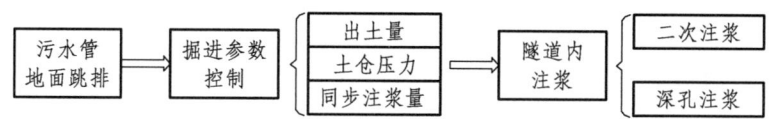

图 8-21 盾构下穿污水管工艺控制流程

1）污水管流量确定

① 在污水排放高峰期采用流速仪测定污水管内污水流速 v，测得结果如表 8-6 所示：

表 8-6 污水管流速测量

午高峰时	测定时间	11:00	11:30	12:00	12:30	13:00	13:30	14:00	
	流速/(m/s)	0.19	0.19	0.21	0.22	0.22	0.21	0.20	
晚高峰时段	测定时间	17:30	18:00	18:30	19:00	19:30	20:00	20:30	21:00
	流速/(m/s)	0.20	0.23	0.23	0.21	0.24	0.24	0.23	0.23

污水抽排水泵流量应满足高峰期排污需求，故按管内最大流速计算污水管流量。

② 根据下式计算污水管流量。

$$Q = 3600\pi r^2 v \tag{8-1}$$

式中　Q——污水管流量（m^3/h）；

　　　r——污水管内半径，$r=0.4$ m；

　　　v——污水流速，$v=0.24$ m/s。

则污水管高峰期排污量：

$$Q = 3600 \times 3.14 \times 0.4 \times 0.4 \times 0.24 = 434.07 \ m^3/h$$

③ 水泵选择。

拟选用流量为 600 m^3/h，功率 45 kW 的污水潜水泵作为抽排水泵，根据下式验算水泵是否满足污水管高峰期排污需求。

$$Q_1 = KQ_0 \tag{8-2}$$

式中　Q_1——污水泵实际流量（m^3/h）；

　　　K——流量衰减系数，考虑管道摩擦等影响，取 $K=0.8$；

　　　Q_0——水泵设计流量，$Q_0 = 600 \ m^3/h$。

代入以上数据得：

$$Q_1 = 0.8 \times 600 = 480 \ m^3/h > 434.07 \ m^3/h$$

故该水泵满足抽排要求。

2）抽排试验

① 试验目的。

通过现场实地抽排验证理论计算是否正确，水泵选取能否满足污水跳排要求。

② 试验准备。

a. 做好和产权单位的沟通协调工作，完善相关手续。

b. 进行人员、材料及设备准备。

c. 安排专人做好试验记录。

③ 试验过程。

a. 在抽排开始前连接好各种设备、管道并验证其完好性。

b. 抽排试验选用盾构区间范围内最下游的两个井口作为试验抽水和排水井口，采用专业潜水员在凌晨 3 点污水流量最小的时候下井对上游下井口封堵截住污水和下游上井口封堵防止抽排污水倒灌。

c. 确认封堵效果后立即在上游井口下主水泵（流量 600 m³/h）一台，辅助水泵（流量 100 m³/h）一台。

d. 确认水泵安装正常后启动主水泵开始抽水，试验记录人员开始记录井内水位变化并观察水泵出水是否正常。

e. 若发现井内水位上升，主水泵流量无法满足要求则启动辅助水泵。

f. 若发现水位下降至水泵顶面则关闭水泵，防止烧坏水泵，待水位上升至原位后重启水泵。

g. 做好各项数据记录（包括抽水时间、关闭/开启主水泵时间、关闭/开启辅助水泵时间等）。

④ 试验结论。

根据试验结果表明：试验全程无须启动辅助水泵，主水泵在污水排放高峰期工作时间为 42 min，间隔 5 min。因此选择功率 45 kW、流量 600 m³/h 潜水污水泵满足污水跳排要求。

3）地面污水管跳排

① 潜水员在污水流量最小的时候下井封堵上游下井口和下游上井口。

② 采用水泵将上游井内污水抽排至下游井口内。

③ 用小型污水泵将中间污水井的污水抽排掉。

④ 盾构开始掘无水管道之间区段。

⑤ 循环以上步骤。

地面污水管跳排技术见图 8-22。

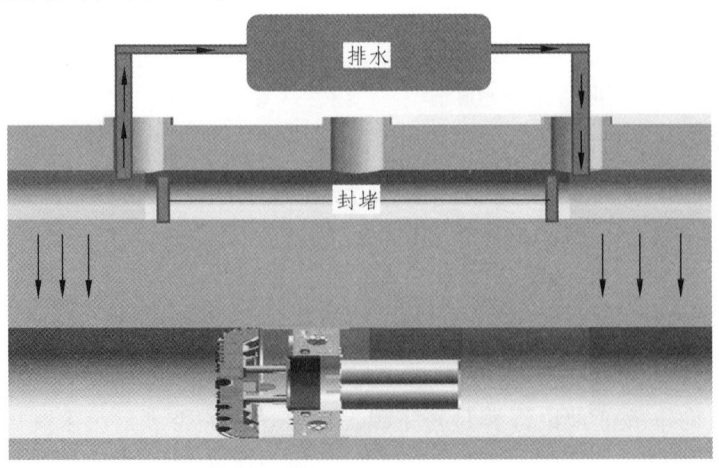

图 8-22　地面污水管跳排技术

4）掘进参数控制

① 严格控制出土量，禁止发生超挖、欠挖等现象。

对出渣量采取体积和重量双控制管理措施，严格出土量管理，每环出土量控制在 56 m³，质量 120 t，掘进过程中尽量减少刀盘空转，减少土体扰动。

a. 通过油缸行程管理对渣土的体积统计。

b. 通过对出渣的重量称重，统计每环出渣量的总重量，并及时与体积记录相复核，根据每环的行程量及出渣情况进行统计分析，得出超欠挖分析报告。

② 严格控制同步注浆量和浆液质量。

同步注浆采用水泥、砂子、膨润土、粉煤灰和水混合浆液，初凝时间控制在 6 h，结实率大于 95%，终凝强度不小于 3 MPa，注浆压力为 0.2~0.4 MPa，注浆量为 6~8 m³。为保证同步注浆质量，对注浆设备、材料及配比进行严格控制，过程中制定专人负责记录。同步注浆浆液配比见表 8-7。

表 8-7 同步注浆浆液配比

水泥	粉煤灰	膨润土	砂子	水
100 kg	300~350 kg	40 kg	600~650 kg	650 kg

③ 防止地面冒浆。

控制同步注浆压力，保证盾构上方土体稳定，注浆压力引起的泥水压力不大于盾构顶部的垂直压力。严格控制同步注浆压力，并在注浆管路中安装安全阀，避免压力过高而顶破覆土。

施工中加强监控，超量出土会引起管底沉降，形成漏斗通道，危及盾构施工安全。调整盾构切口、盾尾偏差值。在盾构穿越过程中必须严格控制切口土压力，同时严格控制与切口土压力有关的施工参数，如推进速度、总推力、出土量等，尽量减少土压力的波动。严格控制盾构纠偏量，保证盾构机处于良好姿态，减少对土层的挤压和扰动。

5）洞内注浆

① 二次注浆。

为防止掘进后的后期沉降，在管片脱出盾尾 3~4 环后，立即通过吊装孔和增设的二次注浆孔对管片后因同步注浆收缩和不饱满产生的孔隙进行二次注浆。在盾构通过段影响范围内的管片上增设注浆孔，根据地质及掘进情况，盾构通过后从洞内对隧道周围 2 m 范围内进行二次注浆，加固土体。二次注浆采用 1∶1 的双液浆，注浆材料采用 P.O42.5 级普通硅酸盐水泥，注浆压力控制在 0.3~0.4 MPa，稳压时间不小于 30 min。

② 洞内注浆加固。

在盾构通过污水管后，通过增加注浆孔特殊管片及时进行洞内径向注浆，注浆范围为隧道拱顶 180°范围内，注浆深度为 3 m。洞内注浆采用水泥单液浆，水灰比为 1∶1，注浆压力不大于 0.4 MPa，以防止管片被注浆压坏，洞内注浆加固示意图如图 8-23 所示。

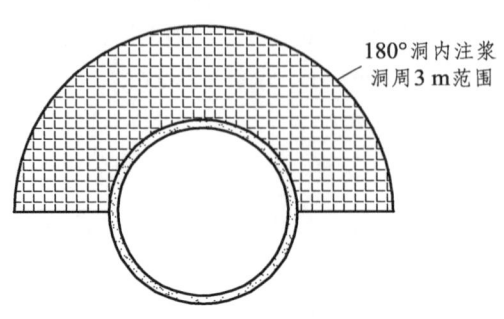

图 8-23 洞内注浆加固示意

6）施工监测

① 监测点布设。

管线测点重点布置在污水管线上。测点布置在管线的接头处，或者变化敏感的部位，沿着管线延伸方向每 20 m 布置一个测点。测点可利用检查井直接布置在管线上，也可以在管线上方埋设地表桩进行间接监测或直接监测。对于始发等高危段沉降布设分层沉降孔监测地层变形，反映管线变形情况。

② 测量方法。

采用电子水准仪测量地表及管线沉降，采用分层沉降测量仪测量土层之间的位移。

③ 沉降控制值及预警值。

地表沉降控制值累计 25 mm，变形速度为 3 mm/d；管线沉降控制值累计 30 mm，变形速度为 2 mm/d；分层沉降控制值累计 50 mm，变形速度为 5 mm/h。预警值为累计变形量控制值或变形速度为控制值的 70%。

④ 沉降异常处置。

a. 当发现数据异常时，通知立刻停机，并第一时间将异常情况上报值班领导，同时检查盾构机各工作状态是否有异常。如停机时间过久，需要注入膨润土。

b. 检查监测仪器、仪表是否有问题，确认仪器无故障后，派人在停机点处检查周边是否出现异常。

c. 立刻通知测量班，让测量班来复测。成立临时应急情况处理小组，对原因进行分析。

d. 确认沉降异常后打孔排查是否存在空洞，若发现空洞则回填，未发现空洞则埋设袖阀管注浆加固，稳定地层，防止污水管破坏。

e. 持续跟踪沉降情况，如存在滞后沉降则再次打孔注浆加固。

8.9.4 技术特点及适用范围

1）技术特点

① 确保管线安全。能有效控制管线沉降和地表沉降，从而保证了污水管安全运行。

② 防止了地表塌陷。污水管未被破坏保证了地表稳定，未影响道路交通。

③ 降低施工成本。相比传统地表预加固措施，该工法能节约约 70% 的施工成本。

④ 对道路交通影响小。与传统地面打围进行管道预加固的方法相比，该工法仅需对地面倒排管道部分进行打围，围挡面积减少 80%。

⑤ 对环境影响小。该工法地表实施仅采用物理措施，无化学原料渗入地下水。

2）适用范围

该工法适用于污水管位于隧道正上方，管底距离隧道拱顶大于 6 m 且出土量控制困难的盾构隧道工程。

8.9.5 效益分析

1）经济效益

根据传统管线加固方法，需对全线污水管周边土体进行打孔注浆加固，然而采取该措施进行污水跳排后再进行盾构掘进，根据盾构掘出出土情况和管线沉降情况进行管线加固，节约了工程成本。传统加固方法具有工期长、临时围挡面积大、管线施工风险大等缺点，该技术的成功应用使问题得到解决。

2）社会效益

污水管位于成都市高新西区主干道上，该管为周边居民小区及企业主排污管道且无分管道。若施工过程中发生管线破坏事故，将严重影响周边居民正常生活、企业正常生产，造成严重的社会负面影响。该项技术的成功实施得到了政府及参建各方的一致好评。

3）节能及环保效益

工法缩短了污水管加固工期，间接或直接减少了柴油、电、水、水泥的消耗量，节约成本的同时减少了大气污染物的排放，同时也减少了噪声污染。

8.10 地层下穿红光渠及桥梁施工技术

8.10.1 盾构施工重难点

红光渠桥梁长 31.4 m，宽约 16 m，红光渠与区间隧道斜交，河床较平坦，河水面坡降不大，河宽 15 m，渠内水深度约 5.0 m，水流由北向南。堤岸为浆砌卵石，坡岸稳定，河底部分封闭且淤泥较浅。盾构隧道左右线在里程约为 DK10+178～ZDK10+215 时穿越桥梁及红光渠，盾构覆土约 14 m，距红光支渠渠底净距约为 9.5 m。

岩土工程勘察报告揭露，盾构穿越地层为<2-9-2>稍密卵石层和<2-9-3>中密卵石层，卵石占 55%~70%，粒径一般为 2~15 cm，含漂石，最大粒径大于 50 cm，漂石含量小于 20%，圆砾及中、细砂充填，根据红高路站基坑开挖结果，发现的最大漂石尺寸为 65 cm×40 cm×35 cm。卵石层较厚，且呈层状分布，局部夹薄层砂，其间赋存有大量的孔隙潜水，其水量较大、水位较高，大气降水和区域地表水为其主要补给源，卵石层中孔隙潜水形成贯通的自由水面。盾构穿越平面示意图如图 8-24 所示。

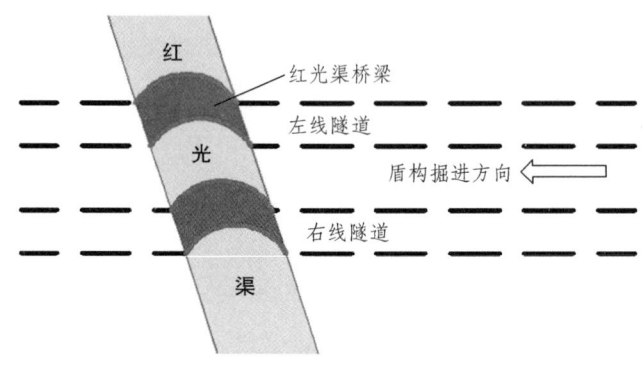

图 8-24　盾构穿越平面示意

盾构穿越红光渠及桥梁施工重难点主要是以下几点：

① 隧道施工引起局部水土环境变化，可能造成桩基两侧土压力不平衡，导致桩基受损或侧移、沉降。

② 卵石层中孔隙潜水形成贯通的自由水面，该层透水性强，富水性好，局部地段卵石层中含砂层透镜体，盾构施工时可能引起流砂、河底冒浆、突涌水等现象。

③ 卵石层含有大粒径漂石，最大粒径可达 65 cm，漂石对盾构施工的影响主要表现为刀具磨损严重、刀座变形、刀具更换困难。刀盘磨耗导致刀盘强度和刚度降低，引起刀盘变形；刀盘受力不均匀导致主轴承受损或主轴承密封被破坏；大漂石无法破碎会导致盾构掘进受阻，引起出渣量超方，造成渠底开裂和桥梁侧移、沉降。

8.10.2　盾构穿越试验段的建立

尚锦路站—红高路站区间右线隧道首先穿越红光渠及桥梁，结合隧道的埋深及地质情况，在里程 YDK10+235~YDK10+215[均为卵石土（含漂石）、埋深一致]设置 20 m 的穿越试验段。根据穿越试验段掘进参数总结，结合深层量测、控制欠压、充分注浆、主动防护等原则设定盾构穿越红光渠及桥梁参数如下：

① 盾构推进速度控制在 40~60 mm/min。

② 千斤顶总推力控制在 8 000~10 000 kN。

③ 刀盘转速在 1~1.5 r/min。

④ 刀盘扭矩控制在 1 000~4 500 kN·m。

⑤ 土压控制在 0.06~0.1 MPa。

⑥ 每环同步注浆量控制在 6~8 m³，注浆压力控制在 0.25~0.4 MPa。

⑦ 严格出土量管理，根据刀盘转速确定螺旋输送机转速，每环出土量控制在 56 m³，减少土体扰动。

⑧ 严禁在过渠时超量纠偏、蛇形摆动，每环纠偏量不大于 4 mm。

8.10.3 盾构穿越控制技术

1）桥梁注浆预加固

桥墩采取袖阀管注浆加固，注浆采用普通水泥浆液，采用循环注浆方式，通过注浆泵将水泥浆液通过袖阀管均匀地注入土体中。以填充、渗透和挤密等方式，驱走卵石层（含漂石）颗粒间的水分和气体，并填充其位置。通过水泥中所含矿物与土体中的水土分别发生水解、水化反应以及团粒作用等，形成悬浮胶体和团粒，使土体变形能力增加，提高了变形模量，从而防止或减少红光渠桥梁桩基侧移、沉降。注浆完成后及时冲洗袖阀管，盾构通过时进行跟踪注浆。

2）渠底加固

盾构穿越地段覆土较浅，且卵石层（含漂石）透水性强，超方会引起河底沉降，形成漏斗通道，危及盾构施工安全。为避免盾构穿越时透水，渠底采用铺设 200 mm 厚 C20 素混凝土+防水卷材+100 mm 厚 C20 细石混凝土进行渠底防渗漏加固处理。

红光渠防渗施工工艺：清除河床底部淤泥平整河床→围堰施工→钢筋网绑扎→200 mm 混凝土找平层→铺设土工布→铺设 1.5 mm PVC 防水板→铺设土工布→100 mm 细石混凝土保护层→倒边施工另一侧，如图 8-25 所示。

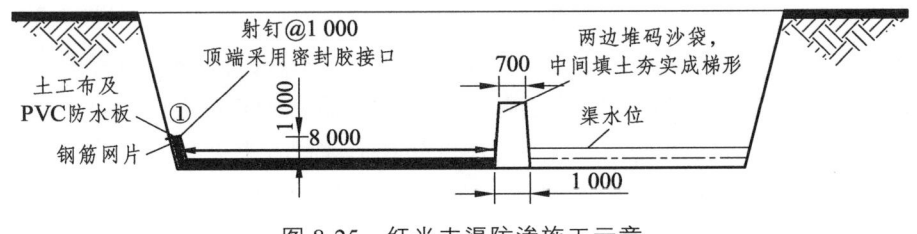

图 8-25 红光支渠防渗施工示意

3）加强监控量测

加强施工监控量测工作：当掘进面距离监测断面前后≤20 m 时，测量频率为 2 次/d；当掘进面距离监测断面前后≤50 m 时，测量频率为 1 次/d。

红光渠桥梁变形控制标准及监控量测标准见表 8-8。

表 8-8 红光渠桥梁变形控制标准及监控量测标准

建构筑物	累计沉降值/mm	差异沉降值/mm	监测等级
红光渠桥梁	50	20	二级

4）洞内注浆加固

在盾构穿越段采用配筋加强的 B 型增设注浆孔管片，盾构通过后，及时进行洞内径向注浆，洞内注浆采用水泥单液浆，水灰比为 1∶1，注浆压力不大于 0.5 MPa。洞内径向加固示意见图 8-26。

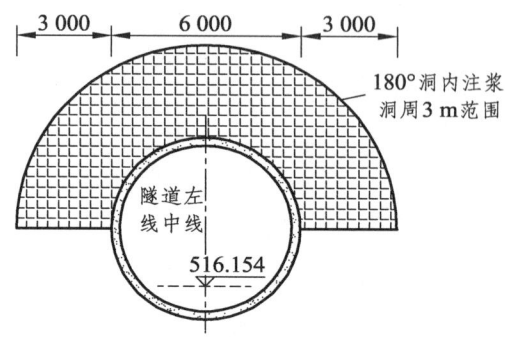

图 8-26　洞内径向加固示意

卵石地层（含漂石）盾构穿越桥梁、河流等特殊地段作为盾构施工过程中的重点，其施工控制措施的合理性决定了盾构掘进的安全性和时效性，将是盾构隧道施工发展最主要的研究方向。

8.11　地表沉降控制

从时间上讲，地层沉降包括两种地表沉降类型。一种类型是开挖面失稳与地面沉降同时发生，这种地层沉降主要发生在软土和砂土地层中，在该类地层中，开挖面失稳和地面沉降变形在时间上是基本一致的。另一种类型是开挖面失稳后只造成超出土，而其诱发为滞后型的地层沉降，这种地层沉降问题主要发生在硬土地层中，地面沉降变形和开挖面失稳在时间上具有滞后性。滞后型地层沉降是成都地铁 6 号线含大漂石砂卵石地层主要表现出来的力学特点，因此也是本节阐述的重点。滞后型地层沉降在形成过程上主要包括盾构开挖面失稳、开挖面失稳超出土形成空洞和空洞向上移动诱发突发地面沉降三个方面。

8.11.1　滞后沉降形成机理

1）盾构施工开挖面失稳

盾构掘进开挖面失稳主要是由支护压力不足而引起，合理的开挖面支护压力主要受地质情况、盾构埋深、盾构直径、地下水位等因素影响。当开挖面的支护压力小于极限支护压力时，开挖面前方土体将形成一定范围的滑动区域，开挖面也随之产生失稳。根据对地层影响范围的大小，开挖面失稳主要分为整体失稳和局部失稳两种情况。当盾构前方土体松散且埋深较浅时，开挖面上方土体很难形成具有承载作用的土拱，因此开挖面失稳的影响范围将延伸到地面，宏观上表现为开挖面整体失稳，如图 8-27（a）所示。当盾构埋深较深时，深部地层土体内摩擦角变大，颗粒之间的接触更加紧密，力学参数大幅提高，因此地层的稳定性得到提高。当支护压力不足时，开挖面前方的土体由于水平方向的卸载作用，发生向开挖面的水平位移，出现一定范围的拉剪破坏，破坏区域内土体的孔隙率变大、力学性质也降低。该区域是开挖面失稳区，而盾构开挖面上方的区域土体产生向下的位移，因此上方将产生一定范围的滑移土体，随着开挖面上方滑移土体范围的增大，上部颗粒由于运动而发生一定的挤密效应，宏观上能够形成一定承载能力的土拱，土拱上方的土体未被扰动，开挖面表现出局部失稳状态，如图 8-27（b）所示。

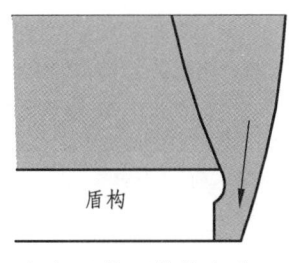 

（a）开挖面整体失稳　　　　　　（b）开挖面局部失稳

图 8-27　盾构开挖面失稳模式

成都地铁 6 号线盾构在砂卵石地层中掘进过程中，造成土体扰动的情况主要有：

① 出渣量未得到有效控制，发生超挖。

② 推进参数匹配不合理，如推进速度、正面土压力（土压平衡盾构）、注浆压力和盾构总推力等参数的设定不合理。

③ 盾构到达和始发端头处于基坑开挖降水范围，由于降水造成的土体损失及盾构始发到达施工的不连续性，往往会导致较强的土体扰动，因此，该部位滞后沉降导致地表塌陷发生的频率极高。

④ 盾构长时间停机更换刀具，盾构刀盘上方发生土体坍塌，造成土体扰动。

⑤ 在推进过程中，盾构"姿态"纠偏时产生"仰头"或"磕头"现象，这就意味着盾构轴线与隧道轴线产生一个偏角。当盾构以"仰头"或"磕头"方式推进时必然造成土体超挖及对土体造成扰动。

⑥ 在一些不良地质中（上部泥岩下部砂卵石地层、泥夹石地层、局部透镜体沙层等）盾构掘进易发生糊刀、堵舱，导致掘进缓慢，引起出渣量超限，发生超挖。

2）开挖面失稳后形成空洞

成都地铁 6 号线 3 标盾构施工设备主要采用复合式土压平衡盾构施工，为了保持土舱内土体具有良好的流动性，经常需要向土舱内注入水和泡沫剂以增加土体的流动性。盾构满舱掘进容易造成压力舱土体闭塞和产生排土困难现象，通常在实际施工中盾构机土舱总是非满舱掘进，土舱中上部基本处于无土状态，因此总体上表现出"欠压状态"，开挖面土体失稳后通常从开挖面上部涌入土舱。

开挖面上部土体的稳定性控制是施工中的薄弱环节，也是造成超出土的根本原因。当开挖面前方土体失稳时，土体在重力作用下总的趋势是向下运动，由于土舱内下部充满土体，因此失稳的土体基本上是从开挖面上部涌入土舱，由此造成大量超出土。由于砂卵石地层具有很强的成拱作用，土拱将上部地层荷载传递到两侧土层，因此开挖面失稳形式是局部失稳。局部失稳的结果是盾构施工造成超出土，从而在盾构上方形成空洞，这和实际调查情况相符合。

当盾构因超出土而形成土层内部空洞后，主要有以下原因可能导致地层内部空洞不能被注浆回填：

① 同步注浆浆液由于盾构构造方面原因从开挖面进入土舱而流失。
② 未进行及时有效的二次补注浆或地面注浆。
③ 浆液离析和向地层中渗透。
④ 空洞形成后离同步注浆和二次注浆有较长的时间间隔，在此时间段空洞已向上坍塌移动至上部地层。

3）空洞向上移动诱发突发地表沉降

综上分析，盾构施工产生的空洞主要集中在开挖面上部，由于砂卵石具有一定的成拱作用，因此在盾构上部形成相对稳定的空洞。由于地下水位变化、地面荷载影响和土体强度逐渐减弱等作用，在重力作用下空洞顶部土体不断脱落下坠，空洞逐渐向上发展到地表，最终造成盾构掘进后的滞后突发地面塌陷。

成都地铁 6 号线砂卵石地层形成半球形穹顶自稳后，由于受到诸如季节性的地下水位提升、地表动荷载等因素影响，容易形成自稳的砂卵石层穹顶表层逐渐剥落向地表发展，最终地面贯穿，形成塌孔。

在成都特有的富水、富含大漂石砂卵石地层中，滞后沉降的发生机理及最终导致地表塌陷的发展过程如下（图 8-28）：

a. 盾构掘进发生超挖或长时间停机造成土体扰动（砂卵石地层中盾构掘进极易发生超挖）。
b. 砂卵石层形成半球形穹顶自稳。

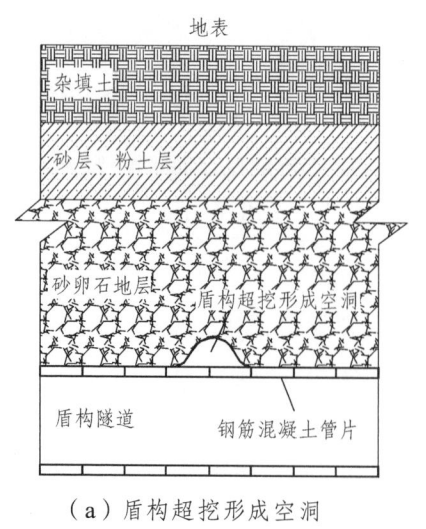 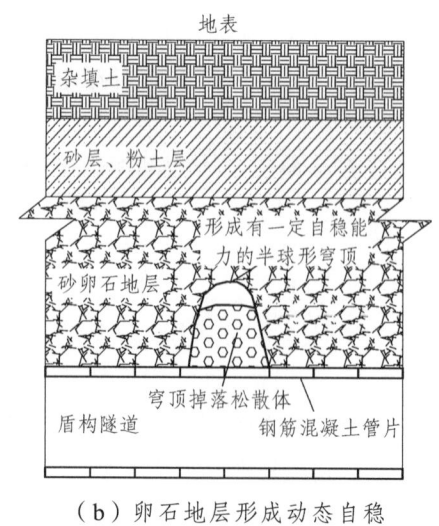

（a）盾构超挖形成空洞　　　　（b）卵石地层形成动态自稳

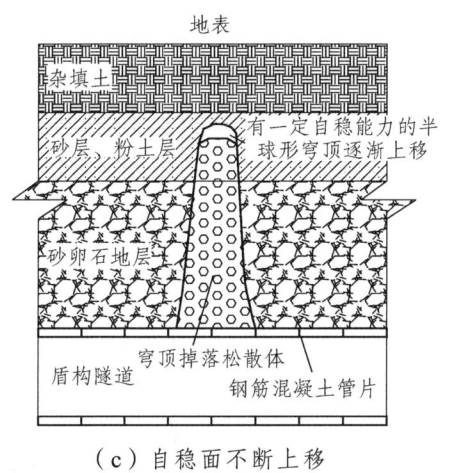 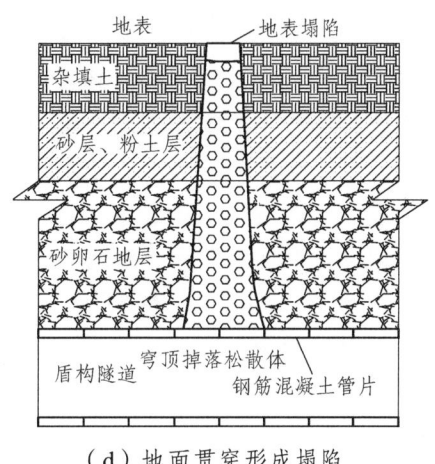

（c）自稳面不断上移　　　　　　　　（d）地面贯穿形成塌陷

图 8-28　滞后沉降形成过程

c. 由于受到地下水位提升、地表动荷载等因素影响，形成自稳的砂卵石层穹顶表层逐渐剥落向地表发展。

d. 最终地面贯穿，形成塌孔。

根据实际施工记录，第一次沉降（即时沉降）后到后期再次沉降（滞后沉降）前，地面不再发生沉降，路面等车辆通行不受影响。可见掘进后如无外界诸如强降雨、外部荷载（机动车等）等诱发因素，地面将长期保持平稳、安全。

8.11.2　造成滞后沉降的主要原因

1）砂卵石土物理力学特性对地层沉降影响

砂卵石地层主要依靠卵石间点对点进行接触和传力，卵石之间填充细小颗粒和水分，因此颗粒之间存在咬合力。卵石之间咬合力很容易受外界因素干扰而发生较大的变化，在极端的状况下变成完全的松散体，产生颗粒流动现象，因此这种土层在受力上很不稳定，是力学特性不稳定的土层。当盾构机刀盘旋转切削时，刀盘与卵石层接触压力不等，刀头旋转振动切削，引起周围地层产生强烈的扰动和变形，由于砂卵石土无黏聚力，卵石颗粒产生松动并发生脱落现象，开挖面周围的砂卵石土层力学性能迅速下降，因此开挖面容易产生整体失稳或局部失稳。

开挖面稳定性控制难度较大，开挖面失稳后容易超出土而形成空洞。在砂卵石层中经常夹杂软弱砂层，由于盾构施工开挖面属于卸载作用，在地下水和地层压力的作用下，容易形成流砂而涌入土舱，造成大量超出土，这也是导致地层内部空洞的直接原因。

砂卵石地层特性造成超出土的因素主要有：

① 土体成拱作用对超出土的影响。

在强烈扰动的区域，土体颗粒力学性能明显降低，颗粒流动现象明显，该区域能够形成一定范围的空洞。过渡区和未被扰动的区域由于颗粒移动和应力调整，能够形成具有一定承载能力的土拱，土拱可暂时承受上部地层的土压力而不发生垮塌。砂卵石地层土拱作用明显，在支护力较小时，盾构开挖面容易超挖形成空洞，从而产生较大的地层损失，在土拱的支护下，上部土体位移较小，变形不会立即反映到地面。在开挖面失稳超出土和土拱的联合作用下，砂卵石地层损失的特点表现为土层内部形成范围较大的空洞，空洞形状在横向剖面上表现为中间高度大、两端范围小。这决定了砂卵石地层中地层损失的形状与其他情况不同，主要集中在拱顶，这也是引发地面塌陷的重要原因。

② 大粒径卵石对超出土的影响。

在盾构掘进过程中，大颗粒漂石不能顺利进入土舱，由于强度和硬度都很高，也不会被轻易挤碎，因此随着盾构掘进，大漂石始终位于开挖面前方。当施工中遇到大粒径卵石时，需要加大推力才能使盾构推进，但当盾构掘进速度缓慢时，盾构对周围土层的扰动增大，开挖面支撑力主要由大粒径卵石承受，开挖地层形成应力集中现象，容易导致开挖面坍塌，因此这种情况很容易产生超挖。

③ 浆液易向地层渗透流失。

砂卵石地层的孔隙率大，地层的渗透系数较大，由于同步注浆通常为单液浆，而单液浆的固结时间长，同时，由于渗透和重力作用，同步浆液容易向地层渗透，导致同步注浆的浆液流失，降低了补偿地层损失措施的效果，从而也进一步加大了地层的损失。

2）施工措施对地层损失影响

① 注浆压力不合理，注浆量不足。

盾构施工中普遍采用同步注浆及二次注浆方法来减小地层损失，控制地表沉降。在注浆时，应选择合理的注浆压力，当注浆压力大于地层劈裂压力时，浆液可浸入地层，扰动地层，从而加大地表沉降；而过小的注浆压力则不能保证所有空隙被填满。考虑到浆液固结时会有一定量的水分析出并渗入到周围土层中，导致实际充填浆液的体积会小于实际注浆量，故在注浆时，其实际注浆量应大于盾尾建筑空隙体积。当注浆压力不合理或注浆量较小时，会导致地层损失加大。

② 盾构设备及工序原因。

开挖面失稳在盾构顶部产生空洞后，由于盾构壳体长度原因，同步注浆尚需要一定时间间隔才能向盾构顶部空洞注浆，在此时段由于时间效应，空洞可能已经向上方地层坍塌和移动，因此对于这种情况单纯依靠同步注浆已经不能起到填补地层损失的作用，这也是空洞没有被及时注浆的重要原因。

砂卵石地层超出土后，管片上方会出现暂时稳定的空洞。由于目前盾构设备构造方面无法阻止同步注浆浆液由盾构顶部土体空腔流入开挖面，从而使同步注浆浆液由土舱排出。因此单纯依靠同步注浆无法解决盾构顶部的超出土空洞，未采取及时的二次壁后注浆和地面注浆也是产生过大地层损失的原因。

砂卵石地层盾构施工引起地面沉降具有时间效应，盾构推进速度快，则意味着各施工工序时间缩短，减少了隧道开挖面的裸露时间，利于控制地层沉降。当然，盾构推进速度应该由地层条件和盾构出土设备能力共同确定。

③ 进出洞门段很难保证土舱压力。

首先,盾构进出洞的端头部位土体在围护结构施工时已经被扰动;其次,端头井内的土体被挖除,因此减小了开挖土体的支撑作用,降低了纵向土拱作用;最后,盾构进出洞时,土舱容易漏气,因此气压保证很困难。综合这三个因素,盾构进出洞时超出土现象突出。

④ 盾构土舱内的土体和易性较差。

在目前砂卵石地层中,主要采用土压平衡系盾构施工,为了保持土舱内土体具有比较好的流动性使土体顺利排出,经常需要向土舱内注入水、膨润土和泡沫剂增加土体的流动性。由于砂卵石颗粒粒径较大,因此砂卵石的流动性经常得不到保证,土舱内的大粒径卵石过多地累积到土舱底部而导致排土不畅,甚至不能排土,这是造成超出土的主要原因。

3)软弱砂层对地层沉降影响

成都砂卵石地层是由河流冲积堆积而形成的,砂卵石地层中的土层分布很不均匀,经常有力学性质较低的砂层和透镜体砂层,砂层厚度为 1~2 m 甚至更厚。由于地铁工程中对线路进行勘察时,通常勘探点间距为 50 m,因此有时很难通过勘察的方法来全面掌握砂层和透镜体分布范围。

砂卵石地层通常富含地下水,盾构通过含有砂层或透镜体段的地层时,由于盾构开挖属于卸载型的开挖,砂层力学性能较低,因此开挖面上部土体是呈受拉趋势的。另外地下水会由地层向盾构开挖渗透而形成一定的渗透力。综合两方面的因素,盾构穿越砂层时将产生开挖面失稳现象,砂层会随着地下水渗流而形成流砂,因此开挖面遇到砂层时便很难避免开挖面土体崩塌滑落,以至于造成土体超挖的问题。

4)盾构埋深对地层沉降影响

盾构覆土深度是影响地层移动和地面塌陷的重要因素,相同地层损失数量在不同埋深下对地表的影响是不同的,随着盾构埋深的增加,相同地层损失数量对地面变形的影响会逐渐减小。

原状砂卵石地层相对比较密实,开挖土体经过扰动后产生体积膨胀,其松散系数大致在 1.2~1.3。在盾构施工产生顶部地层的空洞后,空洞顶部的土体掉落后堆积在其底部,与此相同反复发展,而掉落底部的土体因体积膨胀致使向地面移动的空洞体积逐渐减小。当盾构埋深较大、空洞体积较小时,空洞便在向地面发展的途中消失。而松散的土体会对四周及顶部的土体产生一定的支护力,从而整个地层达到一种应力平衡状态,因此当盾构埋深较大、空洞体积较小时,其只会影响地层移动而不会造成地面塌陷,这种现象和矿山开采的冒落岩块碎胀充填论的结论是一致的。冒落岩块碎胀充填论认为开采空间引起了覆岩冒落,冒落的岩体破碎后孔隙度加大,膨胀起来充填采空区,从而限制了冒落的发展,使之趋于稳定。因此,这也是超出土量比较少,空洞只能扰动地层而不能发展到地面的原因。

8.11.3 滞后沉降防控技术

根据以上分析,在研究滞后沉降形成机理的基础上,分析地表沉降的引发原因,可以得出发生滞后沉降导致地表塌陷的主要原因是在盾构施工的过程中地层发生损失而又没有得到充分填充，同时在这种情况下由于砂卵石地层具有一段不确定性的自稳期的特性，往往掩盖了地层损失没有得到补偿的事实，最终演变成地表塌陷。

成都地铁6号线砂卵石层滞后沉降现象的特点是周期长、不确定、突发性强、后期难以发现和监控，因此，必须确立"防控为主，监测巡视为辅，建立有效应急机制"的治理方针。

1）掘进前预防措施

盾构在某处长时间停机时，会对该位置的土体造成较大扰动，土体再固结即会导致地表塌陷。因此，需要选用适当的刀具配置及有计划地进行停机和开舱取石，同时，事先选择好地表空旷有加固条件或出现险情便于抢险的停机位置是非常重要的。必要时还可对停机位置进行预加固处理，在开舱点、长时间停机位置、盾构通过的重要建（构）筑物及始发接收端头等位置提前进行素桩加固或袖阀管注浆加固。

2）掘进中控制措施

滞后沉降的直接原因是盾构掘进发生超挖，因此，盾构掘进施工阶段需要采取适当的措施防止和减少超方。相比掘进前，掘进后措施处理简单且效果明显。盾构掘进施工过程中主要采取以下措施：

① 盾构掘进施工中要保持盾构机不停机匀速掘进，尽可能减小对地层的扰动，掘进速度控制在设备能力比较适中的范围，并根据盾构机掘进状态和地层地质情况对设定的土舱压力、泡沫注入量、刀盘转速扭矩等施工技术参数进行合理的调整，使地层达到最佳状态从而达到减少超方的目的。

② 盾构施工中严格执行"控制欠压、充分注浆、深层量测、主动防护"的十六字方针和"严格控制掘进参数、评估地层空洞隐患、项目部管理人员全程跟机旁站、对比分析监测数据、保障应急快速处置"的五条安全措施。

③ 根据盾构掘进段地质情况及时调整掘进参数，做好渣土改良，保持土压平衡模式掘进，控制超挖量。

④ 同步注浆及时足量，注浆压力与注浆量双控，每环同步注浆量不小于 6 m³，注浆压力为 0.2～0.4 MPa。脱出盾尾的倒数第二环后每环进行二次补强注浆，保证第一时间对盾尾间隙进行充分填充，使地层损失达到有效补偿，从而防止地层发生滞后沉降。

⑤ 盾构掘进过程中，加强对盾构机主机和后配套设备进行检查、保养和维修，防止设备故障造成盾构停机时间过长，着重对铰接密封以及盾尾密封进行检修，防止密封效果不佳导致注浆浆液压力和注浆量不足，确保有效的补偿地层损失，防止地层发生滞后沉降。

3）掘进后跟踪补救措施

盾构掘进通过后主要采取以下措施预防滞后沉降：

① 盾构掘进中出现出土量超方的情况，单环超方量超出 5 m³ 或三环累积超方量超出 10 m³ 时，必须立即停止掘进，加强地面监测，及时主动寻找空洞并进行回填处理。

② 出现超方后必须马上分析原因，采取措施后方可掘进。
③ 空洞回填完成后及时进行二次注浆。

4）超方处置措施

根据含大漂石砂卵石（含漂石）地层特性，当出现单环超方量不超出 5m³ 或三环累积超方量不超出 10 m³ 时，按表 8-9 所列流程处置。

表 8-9 超方处置流程

超方情况	汇报流程	处理措施
单环超方量不超过 1 m³	盾构司机应立即通知地面现场值班经理，值班经理可根据实际情况做出应急指令	增大同步注浆，补充同步砂浆，待超方位置脱出盾尾 2 环后，通过管片上部注浆孔向地层内进行二次注浆（砂浆）
连续 3 环累计超方量不超出 3 m³	盾构司机应立即通知地面现场值班经理，值班经理在分析现场情况后及时做出应急指令	在增大同步注浆量的同时，在超方位置脱出尾盾 2 环时，通过该位置管片上部注浆孔向地层内进行二次注浆（砂浆）以填充地层，待脱出尾盾 6 环后，通过该位置管片部注浆孔进行二次注浆（双液浆），加强地面监测
单环超方在 1~3 m³ 或连续 3 环累计超方量不超过 8 m³ 时	盾构司机应立即通知地面现场值班经理，值班经理应立即报告项目盾构工区长，盾构工区长在进行技术参数及现场情况后及时做出应急指令	在盾构掘进应加大同步注浆，并及时在超方位置脱出盾尾 3 环时，通过管片上部注浆孔向地层内进行洞内深层顶管注浆，加强地面监测

① 超方区域回填。

盾构掘进通过后，开展信息化施工，综合考虑监测数据、掘进原始出渣量记录、注浆量和物探检测等，分析筛选出可能发生超挖地段，进行人工探孔（在城市施工地下管线较多），确认打孔位置地下无管线后，履带潜孔钻进行钻孔探寻空洞，根据空洞大小选择回填 C20 细石混凝土、砂浆或者地面袖阀管注浆。

② 加强洞内二次注浆。

a. 对于盾构长时间停机位置、盾构始发、到达端头、重要建（构）筑物和特殊地层地段，在盾构掘进通过后及时进行洞内二次补强浆或地表打孔注浆对该处地层进行再次加固，避免日后发生滞后沉降导致地表塌陷。

b. 在较长时间内对盾构掘进通过沿线进行日常巡视，特别是雨季地下水位上升时，发现地表有异常情况要及时回填注浆处理，避免造成更大的经济损失及安全事故。

c. 对盾构通过沿线进行地质雷达探测空洞，对存在空洞的部位进行打孔注浆。

5）滞后沉降应急机制

根据以上分析，发生滞后沉降导致地表塌陷的主要原因是地层发生损失而又没有得到有效补偿，同时在这种情况下由于含大漂石砂卵石（含漂石）地层具有一段不确定性的自稳期，往往掩盖了地层没有得到有效补偿的事实，最终演变成地表塌陷。

成都含大漂石砂卵石（含漂石）层滞后沉降产生周期长、突发性强、后期难以发现和监控。因此，必须确立"防控为主，监测巡视为辅，建立有效应急机制"的治理方针，配备专项应急物资，安排专人地面巡视及监测，达到能及时发现、能及时处理的要求。

第 9 章　盾构机掘进姿态描述及纠偏方法研究

盾构机当前姿态正确与否取决于盾构机轴线是否与隧道设计轴线重合，为了判断盾构机当前姿态是否正确，首先需要测量盾构机当前的位置姿态参数，然后与隧道设计轴线进行比较。当盾构机已出现明显的姿态问题时，如何进行调整使其安全、快速地回到正确姿态是进行姿态调整的关键问题。

9.1　盾构机姿态参数

盾构机的姿态参数可通过盾构机激光导向系统直接进行测量。激光导向系可以实时的测量出盾构机的姿态与位置坐标，并计算出盾构机轴线与隧道设计轴线的偏差。盾构机位置姿态参数包括姿态角度参数和坐标位置参数。

9.1.1　盾构机姿态角度参数

在盾构机上建立坐标系，当盾构机处于水平状态同时没有发生绕盾构轴线旋转的条件下，以盾构机刀盘面板中心为坐标系的原点，以盾构机轴线为 x 轴，以盾构机前进方向为正方向，建立与盾构机固结在一起的左手系 $O\text{-}xyz$，如图 9-1 所示。盾构机可以视为一个圆柱形的大型钢结构，在表征盾构机姿态角度时可以用三个姿态角来表示：滚角 ω、俯仰角 β、水平方位角 γ。

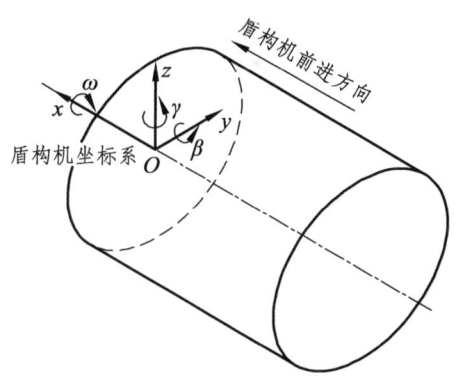

图 9-1　盾构机姿态角度

1）滚角 ω

滚角为盾构机绕 x 轴的姿态角，如图 9-1 所示，是盾构机在掘进过程中，刀盘旋转切削土体时的反力矩形成的。盾构机的滚角可由安装在激光靶上的倾角仪直接测量得到，从盾尾面向盾构机前进方向看，绕 x 轴顺时针方向旋转为正、逆时针为负，范围为一般不超过±5°。一般为了保证滚角处于允许范围内，可以采用刀盘正转、反转交替掘进。

2）俯仰角 β

俯仰角是盾构机绕 y 轴旋转产生的姿态角，俯仰角可以反映盾构机掘进时的坡度起伏变化。俯仰角可以通过光电传感器测量得到，也可以通过重力传感器测量得到。通常俯仰角以盾构机抬头时的仰角为正，栽头时的俯角为负，俯仰范围不超过±3°。

3）水平方位角 γ

水平方位角是盾构机绕 z 轴的转角，由于该角是盾构在水平面内相对于指向地心的轴线的旋转造成的，不能利用重力或其他传感器直接测量，一般采用激光全站仪并结合激光标靶或采用陀螺仪进行测量。通常沿着 z 轴朝负方向观察，顺时针方向为水平方位角角度增加的方向，范围为 0 ~ 360°。

9.1.2 盾构机坐标位置参数

隧道设计轴线是表示在城市坐标系下的，为了获得盾构机轴线与隧道设计轴线的相对位置关系，需要将盾构机刀盘中心坐标与盾尾中心坐标表示在城市坐标系下，如图 9-2 所示，O_0-$x_0y_0z_0$ 为城市坐标系，通过测量刀盘中心坐标与盾尾中心在城市坐标系下的坐标即可确定出盾构机已掘进到什么位置、掘进里程等。

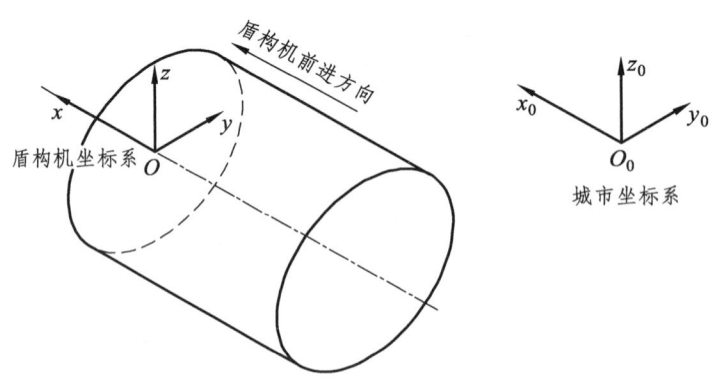

图 9-2 盾构机坐标系

在激光靶中心建立坐标系 O'-$x'y'z'$，如图 9-3 所示，将盾构机视作刚体，则坐标系 O-xyz 的原点坐标在 O'-$x'y'z'$ 里可以表示为 $(a, -b, -c)$。设激光靶 O' 点在城市坐标系下的坐标值 (x_0, y_0, z_0) 可由全站仪进行测定，刀盘中心 O 点相对于城市坐标系下的坐标 (x, y, z) 可由一系列的坐标变换得到：

$$\begin{bmatrix} x \\ y \\ z \\ 1 \end{bmatrix} = \begin{bmatrix} 1 & 0 & 0 & x_0 \\ 0 & 1 & 1 & y_0 \\ 0 & 0 & 1 & z_0 \\ 0 & 0 & 0 & 0 \end{bmatrix} \times \begin{bmatrix} \cos\gamma & \sin\gamma & 0 & 0 \\ \sin\gamma & \cos\gamma & 0 & 0 \\ 0 & 0 & 0 & 1 \\ 0 & 0 & 0 & 1 \end{bmatrix} \times \\ \begin{bmatrix} \cos\beta & 0 & -\sin\beta & 0 \\ 0 & 1 & 0 & 0 \\ \sin\beta & 0 & \cos\beta & 0 \\ 0 & 0 & 0 & 1 \end{bmatrix} \times \begin{bmatrix} 1 & 0 & 0 & 0 \\ 0 & \cos\omega & \sin\omega & 0 \\ 0 & -\sin\omega & \cos\omega & 0 \\ 0 & 0 & 0 & 1 \end{bmatrix} \times \begin{bmatrix} a \\ -b \\ -c \\ 1 \end{bmatrix}$$

(9-1)

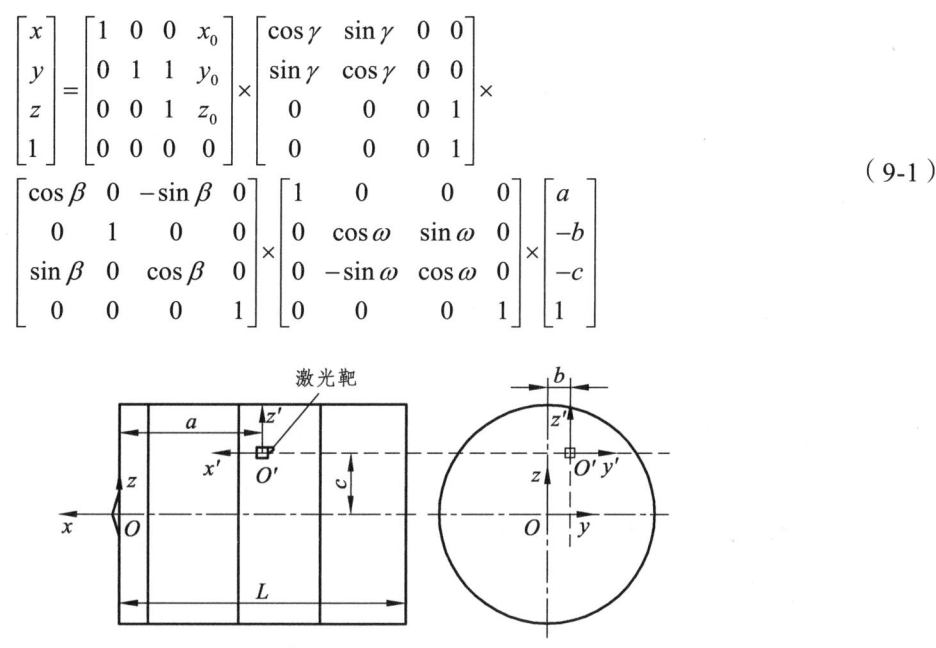

图 9-3　标靶安装位置示意

对于无铰接装置的盾构机，盾尾中心相对于 $O'\text{-}x'y'z'$ 的坐标可由盾构机的结构尺寸求得，即将式（9-1）中的 $[a\ -b\ -c\ 1]^T$ 替换为 $[a\ -L\ -b\ -c\ 1]^T$。

对于带有铰接装置的盾构机，一般上下左右对称地布置有 4 个带位移传感器的铰接油缸，通过测量这 4 个铰接油缸的伸缩位移，并结合铰接角度 φ 可以近似确定盾尾中心的坐标。如图 9-4（a）所示，铰接油缸安装半径为 R_j，1、2、3、4 为带有位移传感器的 4 个铰接油缸，通过位移传感器可以测量得到 $11'$、$22'$、$33'$、$44'$ 的长度分别为 l_1、l_2、l_3、l_4。

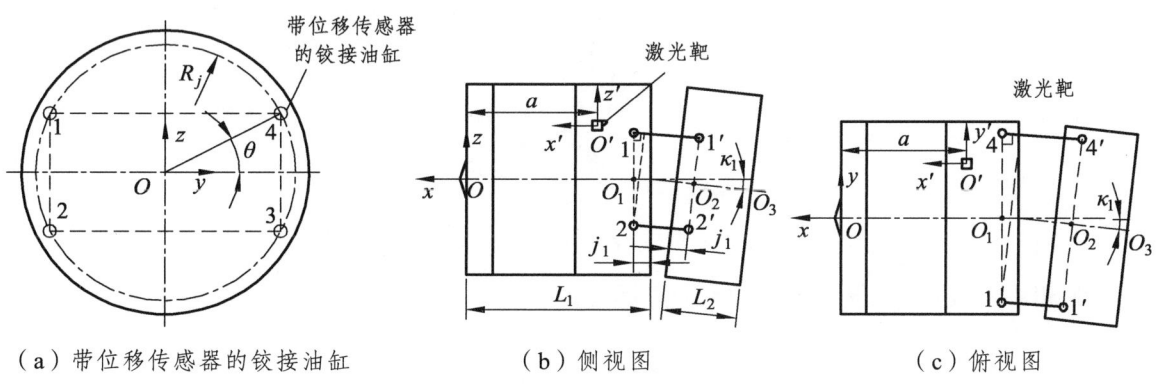

（a）带位移传感器的铰接油缸　　　（b）侧视图　　　（c）俯视图

图 9-4　盾尾中心 O_3 坐标计算示意

由于铰接角 φ 一般较小，铰接油缸伸缩长度较短，可近似认为 $11'$、$22'$、$33'$、$44'$ 垂直于 yOz 平面，中盾安装铰接油缸的支座所在的圆面的圆心为 O_1、盾尾安装铰接油缸的支座所在的圆面的圆心为 O_2、盾尾中心为 O_3，则 O_1、O_2、O_3 近似在同一直线上。如图 9-4（b）、图 9-4（c），κ_1、κ_2 分别为侧视图、俯视图条件下盾尾轴线与中盾轴线的夹角，过 2 铰点作 $1'2'$

的平行线，过 1 铰点作 1'4' 的平行线，则：

$$\kappa_1 = \arcsin \frac{l_1 - l_2}{2R_j \sin\theta} \tag{9-2}$$

$$\kappa_2 = \arcsin \frac{l_4 - l_2}{2R_j \cos\theta} \tag{9-3}$$

O_1 与 O_2 的距离为 l_0：

$$|O_1O_2| = l_0 = \frac{1}{4}(l_1 + l_2 + l_3 + l_4) \tag{9-4}$$

O_1O_3 的距离为：

$$|O_1O_3| = l_0 + (L_2 - j_1) \tag{9-5}$$

式中　j_1——铰接支座距离中盾末端面的距离（或铰接支座距离盾尾前端面的距离）（m）。

当盾构机同时进行水平方向与竖直方向转向时，O_1O_3 实际为空间直线，如图 9-5 所示，盾尾末端中心 O_3 距离 x 轴、y 轴、z 轴的距离为：

$$|x_{O_3}| = (L_1 - j_1) + [l_0 + (L_2 - j_1)]\cos\varphi \tag{9-6}$$

$$|y_{O_3}| = |x_{O_3}| \cdot \tan\kappa_2 \tag{9-7}$$

$$|z_{O_3}| = |x_{O_3}| \cdot \tan\kappa_1 \tag{9-8}$$

其中：x_{O_3} 为负；y_{O_3} 为正、负值时，表示盾尾中心向右、向左偏；z_{O_3} 为正、负值时，表示盾尾中心向上、向下偏。

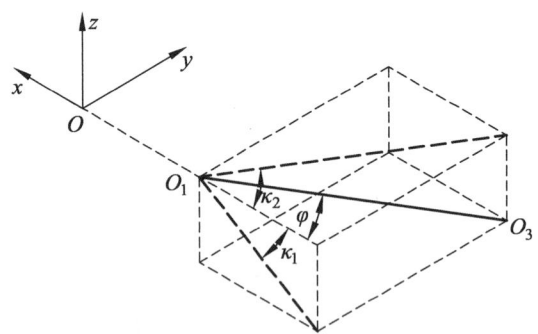

图 9-5　盾尾轴线与中盾轴线的夹角示意

O_3 相对于激光靶坐标系 $O'\text{-}x'y'z'$ 的坐标为：

$$\begin{bmatrix} x'_{O_3} \\ y'_{O_3} \\ z'_{O_3} \\ 1 \end{bmatrix} = \begin{bmatrix} x_{O_3} \\ y_{O_3} \\ z_{O_3} \\ 1 \end{bmatrix} + \begin{bmatrix} a \\ -b \\ -c \\ 1 \end{bmatrix} \tag{9-9}$$

结合式（9-1）、式（9-9）可以求得盾尾中心相对于城市坐标系的坐标，由此可以获得盾构机轴线在城市坐标系下的位置情况。

9.2 隧道设计轴线

隧道设计轴线是判断盾构机姿态位置是否正确的对比对象。隧道的设计轴线由勘察设计部门给出，隧道轴线一般为一条复杂的空间曲线。为了方便对曲线进行描述，将曲线分别对水平面和纵剖面进行投影，称为水平面上的平面线形和纵剖面上的纵面线形，水平线形表征隧道水平方位走向，纵面线形表征隧道坡度起伏的变化。

9.2.1 平面线形

平面线形一般包含直线段、圆弧曲线段、缓和曲线段，如图 9-6 所示。

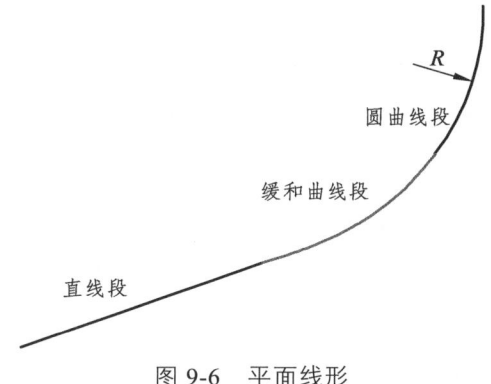

图 9-6 平面线形

1）圆弧曲线段

圆弧曲线段对圆弧半径有重要限制，特别是在遇到困难地段时，对最小转弯半径有严格要求，盾构机在进行纠偏转向时的纠偏半径须不小于线路允许的最小转弯半径。

2）缓和曲线段

缓和曲线段是一种曲率连续变化的曲线，为了防止车辆在通过曲线段时，突然出现离心力影响行驶的平稳性和安全性，在直线段与圆弧曲线段之间以及半径相差大的圆弧曲线段之间需要设置缓和曲线进行过渡。通常缓和曲线采用回旋线（图 9-7）方程：

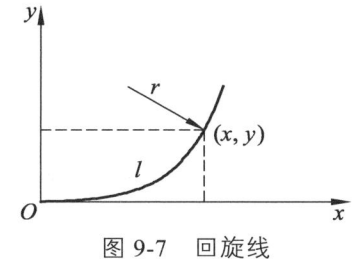

图 9-7 回旋线

$$rl = A^2 \tag{9-10}$$

式中　r——曲率半径（m）；

l——缓和曲线起点到(x, y)点的曲线长（m）；

A——回旋线参数，反映缓和曲线缓急程度（m）。

9.2.2　纵面线形

纵面线形反映了隧道设计轴线的高度变化，由直线段和圆曲线段组成，如图9-8所示。由于纵向的离心力对车辆行驶安全、轨道的损害、舒适度影响较小，一般可不设置缓和曲线段。盾构机在竖直方向进行纠偏时，可直接采用较小的纠偏半径尽快将盾构机调整到正确的姿态。

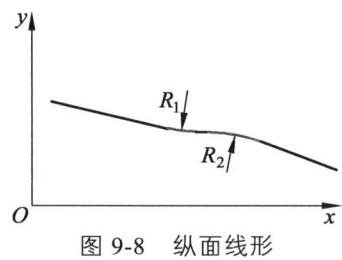

图9-8　纵面线形

9.3　盾构机下坡掘进姿态问题

9.3.1　盾构姿态调整重要性与难点问题分析

盾构机掘进姿态是影响隧道轴线的关键因素。盾构机在掘进时由于其本身具有较大的长度且周围被土体包裹，一旦出现较大的姿态问题时，盾构机无法在原地直接进行姿态调整使其轴线立即回到设计轴线上[图9-9(a)]，而是需要在向前掘进时逐步进行调整[如图9-9(b)]。在姿态调整过程中将形成姿态调整路径，合理的姿态调整路径可使盾构机最快达到正确的姿态，也缩短了在不良姿态下掘进形成的隧道长度，有利于保证整条隧道的精度。

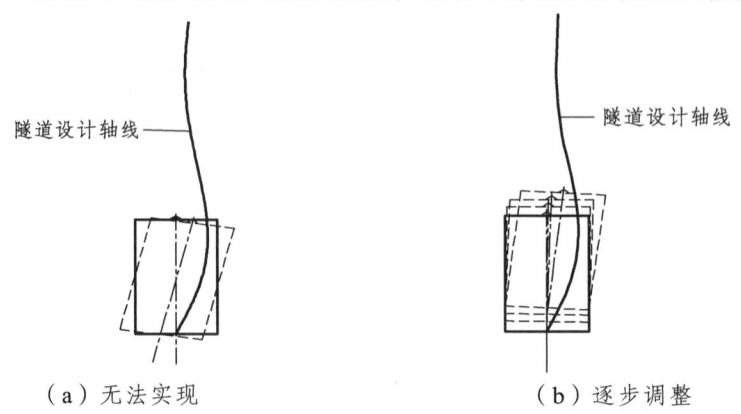

图9-9　姿态调整过程示意

9.3.2 姿态问题分类

盾构机在掘进过程中容易形成多种姿态问题，按照水平方向、竖直方向、绕轴线方向分类可以归纳为：水平方位角姿态问题、俯仰角姿态问题、滚角姿态问题。

1）水平方位角姿态问题

定义水平方位角姿态问题为 A 模式姿态问题，并进行编号：A_{ij}（$i=1$，2；$j=1$，2，3，4），如图 9-10 所示，从上往下俯视盾构机情况下，盾构机轴线偏离设计轴线的情况有以下 4 种情况：

① 盾构机轴线平行偏离设计轴线情况（A11、A21）。
② 驶向设计轴线情况（A12、A22）。
③ 盾构机轴线与设计轴线相交情况（A13、A23）。
④ 驶离设计轴线情况（A14、A24）。

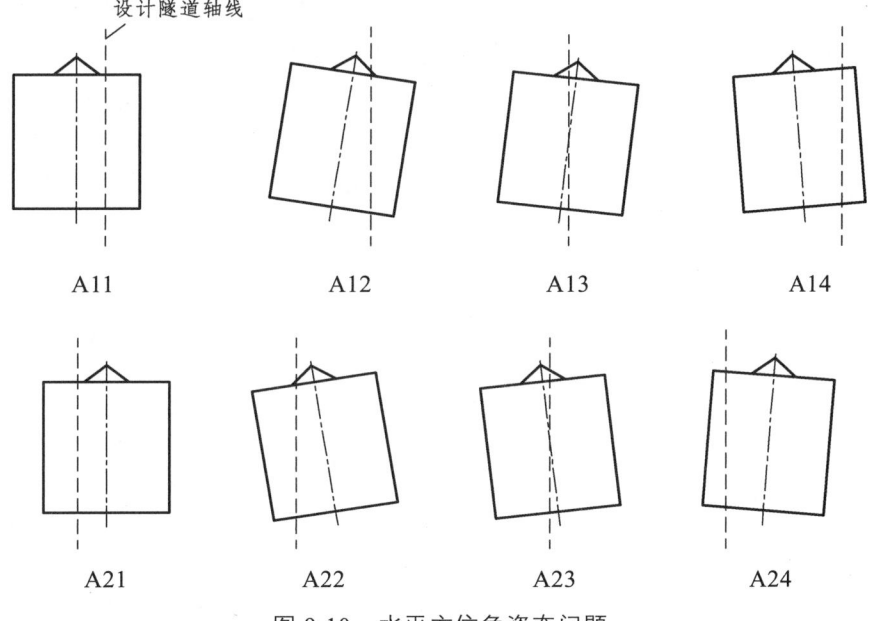

图 9-10　水平方位角姿态问题

2）俯仰角姿态问题

盾构机处于下坡掘进状态时，出现俯仰姿态问题可以大致分为栽头问题与抬头问题，定义俯仰姿态问题为 B 模式姿态问题，并进行编号 B_{kc}（$k=1$，2；$c=1$，2，3，4），如图 9-11 所示，俯仰角姿态问题可以概括为以下几种：

① 盾构机整体下沉时盾构机轴线平行偏离设计轴线情况（B11、B21）。
② 盾构机栽头、抬头时盾构机轴线在设计轴线下方的情况（B12、B22）。
③ 盾构机栽头、抬头时盾构机轴线与设计轴线相交情况（B13、B23）。
④ 盾构机栽头、抬头时盾构机轴线在设计轴线上方的情况（B14、B24）。

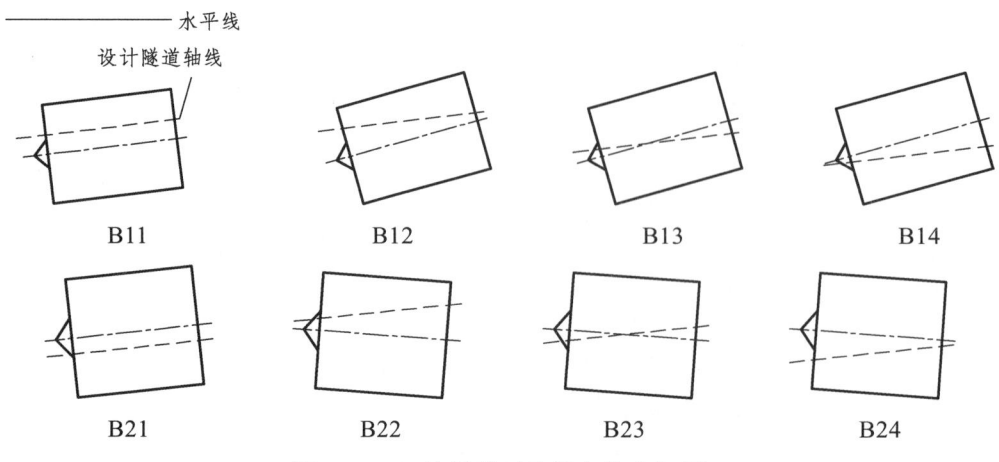

图 9-11 下坡掘进时俯仰角姿态问题

3）滚角姿态问题

盾构机滚角问题是指盾构机绕自身轴线旋转而出现的姿态问题。该种姿态问题虽然不会导致盾构机轴线偏离隧道设计轴线，但容易导致推进油缸的撑靴顶在管片上的位置发生变化，如果滚角过大会出现撑靴顶在管片接缝处的情况，从而导致管片开裂。

从盾尾向掘进方向观察，滚角姿态可分为顺时针滚角与逆时针滚角。定义滚角姿态问题为 C 模式姿态问题，进行编号：Cn（$n=1$，2），如图 9-12 所示。

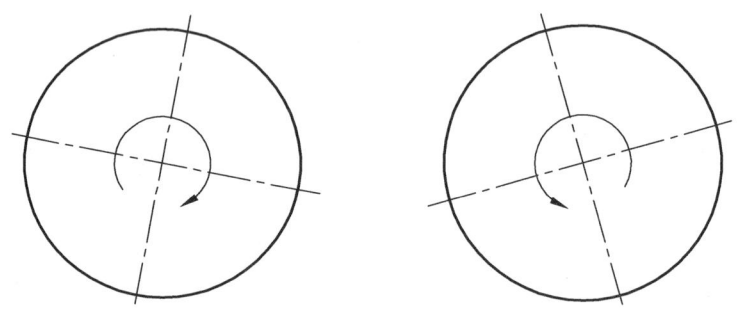

图 9-12 滚角姿态问题

综上，盾构机实际出现的姿态问题可由上述 A、B、C 三种模式的姿态问题组合而成，因此对于盾构机出现的任意姿态问题可以描述为：

Aij-Bkc-Cn，其中 $i=1$，2；$j=1$，2，3，4；$k=1$，2；$c=1$，2，3，4；$n=1$，2。

例如，A21-B12-C1 模式姿态问题即为盾构机沿掘进方向出现了向右侧平行偏离设计轴线、向下栽头且轴线位于设计轴线下、盾构机绕轴线出现了顺时针滚动问题。

9.3.3 姿态纠偏过程分析

盾构机的姿态纠偏是随着掘进而逐步进行的，纠偏时将形成纠偏曲线。以 A 模式姿态问题为例，$Ai4$ 模式姿态问题为最差姿态情况，此时盾构机为驶离隧道设计轴线的方向，如果不进行调节，随着掘进的进行，盾构机偏离设计轴线的量会不断加大，因此当盾构机出现了 Ai4 模式姿态问题后必须进行调整。图 9-13 为 Ai4 模式姿态问题的一个纠偏过程及形成的纠偏曲线，Ai4 在经过一定的调整后可以转化为 A 模式下的其他姿态，因此仅需要对 Ai4 的纠偏过程进行分析，A 模式下其他的姿态问题纠偏过程可以视为 Ai4 纠偏过程中的某一部分。

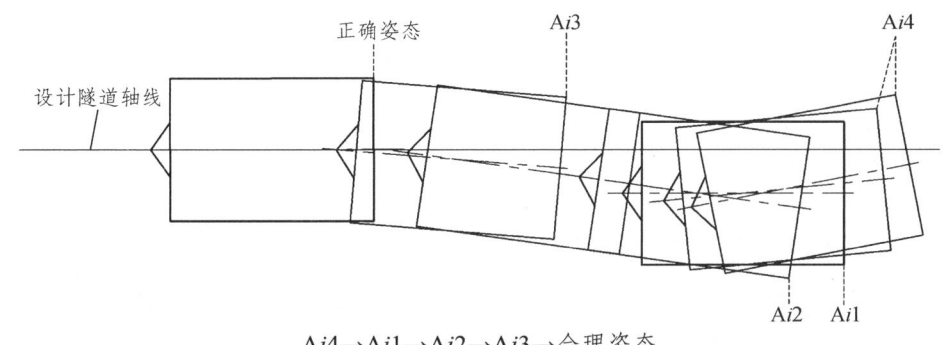

Ai4→Ai1→Ai2→Ai3→合理姿态

图 9-13　Ai4 模式姿态调整过程示意

B 模式下的姿态问题在纠偏过程上与 A 模式类似，C 模式姿态问题可以通过刀盘正反转来进行调节。

9.4　最小纠偏半径

在进行姿态纠偏时，盾构机的最小纠偏半径是纠偏转向能力的关键因素，最小纠偏半径与盾尾间隙、铰接装置、推进油缸行程差等有重要关系。

9.4.1　盾尾间隙

盾尾间隙对于盾构机的最小纠偏半径有着重要影响，若盾尾间隙过小，则盾构机在进行转弯过程中，盾尾与管片存在一定的夹角，转弯半径过小有可能导致盾尾与管片发生干涉，出现管片破损等工程质量问题。

如图 9-14（a）所示，在实际施工过程中，在管片重力以及外界复杂环境的作用下，盾尾密封受到挤压易发生变形，使得盾构机轴线与管片衬砌轴线并不完全重合，因此盾尾间隙并不均匀。在进行纠偏过程中，纠偏半径与靠近转弯中心一侧的盾尾间隙有关，δ_1、δ_2、δ_3、δ_4 分别为上、右、下、左方向上的盾尾间隙，其值可在施工现场直接测量获得。

如图 9-14（b）所示，在直角 $\triangle ABC$ 中，有：

$$(R' - \delta)^2 + l^2 = R'^2 \tag{9-11}$$

可得 $R_{mj} = R_1 + \dfrac{\delta^2 + l^2}{2\delta}$

式中 R_{mj}——盾尾间隙决定的最小纠偏半径（m）；

　　　R_1——管片半径（m）；

　　　l——衬砌管片在盾尾内部的长度（m），一般为 1.5 倍的管片宽度；

　　　δ——靠近转弯中心一侧的盾尾间隙（m），根据纠偏方向选取 δ_1、δ_2、δ_3、δ_4。

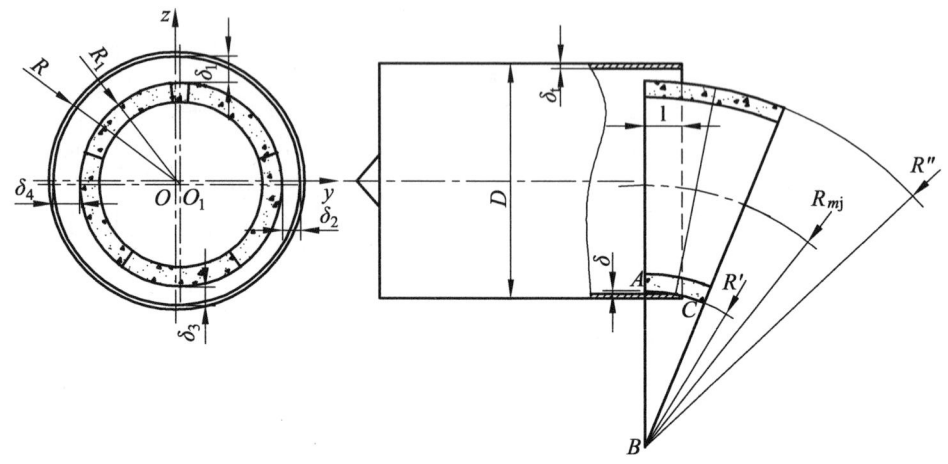

（a）盾尾间隙不均匀　　　（b）盾构纠偏半径与盾尾间隙计算示意图

图 9-14　盾尾间隙对盾构纠偏半径的影响

9.4.2　铰接装置

由于盾构机盾体本身具有一定长度，在进行曲线施工时不能与曲线完全拟合，盾体越长，拟合难度越大。为了提高盾构机转向时的操作性以及进行急曲线施工的适应性，在中盾与盾尾间设置铰接装置，可以更加适应曲线段的掘进。

在铰接装置能力范围内，铰接装置可以提供不同的铰接角度以满足不同半径的曲线，一般铰接角度有以下三种模式，如图 9-15 所示。

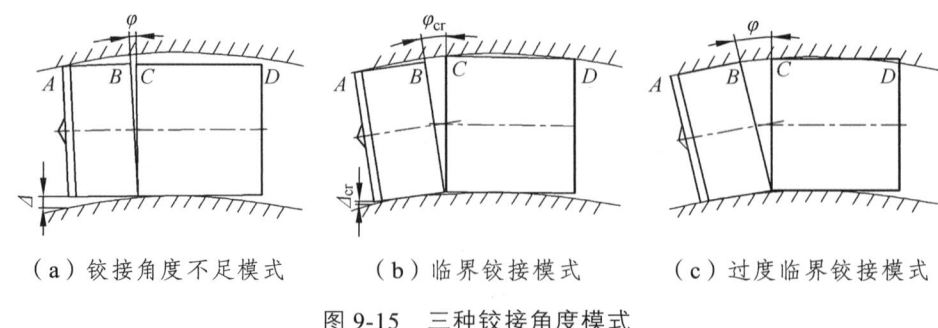

（a）铰接角度不足模式　　　（b）临界铰接模式　　　（c）过度临界铰接模式

图 9-15　三种铰接角度模式

1）铰接角度不足模式

在该模式下，为了进行曲线掘进需要有较大的超挖量 Δ_c，容易造成开挖直径过大，对周围土体有较大的扰动，盾构机后部的 D 点处易形成缝隙，盾构机有不稳定的倾向，顶部土体填充缝隙还容易导致地面的沉降。

2）临界铰接模式

在该模式下，D 点刚好位于洞壁上，盾构机与周围土体的接触程度高，施工时，盾构机自身较为稳定，而且超挖量很小的情况下仍可以满足曲线掘进要求，是最为理想的铰接角度，如果给定曲线半径以及盾构机尺寸参数便可计算出临界铰接角度 φ_{cr}。如果给定铰接角度，可以反算出以该角度为临界铰接角度时的曲线半径。

3）过度铰接模式

当铰接角度大于临界铰接角度 φ_{cr} 后称为过度铰接模式，此时 B、C 点均位于掘进圆弧上，D 点甚至超过了掘进的圆弧，在该种模式下容易导致盾体过度压紧周围土体，造成摩擦阻力过大，甚至导致盾构被卡的情况。因此在进行纠偏时应避免该情况发生。

通过以上分析可知，在纠偏时，应尽量采用临界铰接模式下的铰接角度，设铰接装置所能提供的最大铰接角度为 φ_m，以 φ_m 为临界铰接角度时所对应的纠偏半径为 R_{mc}。

当盾构机进行水平方向纠偏时，纠偏平面为 xOy 平面，如图 9-16 所示，设隧道轴线的曲线半径为 R_{mc}，曲线圆心坐标为 (x_0, y_0)，则大圆、小圆曲线的方程分别为：

$$(x-x_0)^2 + (y-y_0)^2 = \left(R_{mc} + \frac{D}{2}\right)^2 \tag{9-12}$$

$$(x-x_0)^2 + (y-y_0)^2 = \left(R_{mc} - \frac{D}{2}\right)^2 \tag{9-13}$$

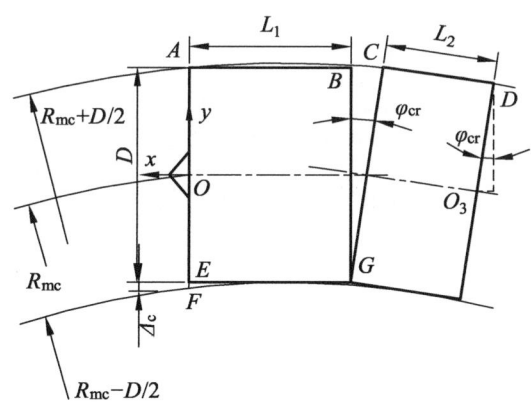

图 9-16　临界铰接模式下曲线半径计算示意

A、D 两点在大圆上，A 点坐标为 $(0, D/2)$，$D(x_D, y_D)$ 点坐标可由 O_3 点坐标得到：

$$\begin{cases} x_D = x_{O_3} - \dfrac{D}{2}\sin\varphi_{cr} \\ y_D = y_{O_3} - \dfrac{D}{2}\cos\varphi_{cr} \end{cases} \tag{9-14}$$

O_3 点坐标可由式（9-6）、式（9-7）、式（9-8）可得，当盾构机只进行水平方向纠偏时，则 $\varphi_{cr}=\varphi_m$，$\kappa_1=0$，$\kappa_2=\varphi_{cr}$，O_3 点坐标为：

$$\begin{cases} x_{O_3} = -(L_1-j_1)-[l_0+(L_2-j_1)]\cos\varphi_{cr} \\ y_O = -\{(L_1-j_1)+[l_0+(L_2-j_1)]\cos\varphi_{cr}\}\tan\varphi_{cr} \end{cases} \quad (9\text{-}15)$$

F 点位于小圆上，设刀盘超挖量为 Δ_c，E 点坐标为（0，$-D/2$），则 F（0，$-D/2-\Delta_c$），由于超挖量相对于纠偏半径为小量，E、F 两点可以近似看作重合。

将 A、D、F 三点的坐标带入式（9-12）、式（9-13）可以解得曲线半径为 R_{mc} 为：

$$R_{mc} = \frac{x_D^2 + y_D^2 - D^2/4}{D - 2y_D} \quad (9\text{-}16)$$

9.4.3 推进油缸行程差

当推进油缸进行转向时，曲线外侧的推进油缸行程将大于内侧推进油缸的行程，造成了推进油缸的行程差，如图 9-17 所示，盾构机以半径 ρ 前进 l_s 的距离后转过的角度为 ψ，则纠偏曲线外侧与内侧推进油缸的行程差 δ_F 为：

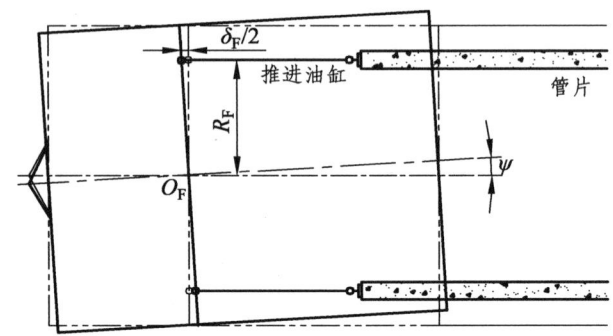

图 9-17 推进油缸行程差

$$\delta_F = 2R_F \cdot \psi = \frac{2R_F l_s}{\rho} \quad (9\text{-}17)$$

式中 R_F——推进油缸安装半径（m）。

在实际施工时允许的最大行程差为 $\delta_{F_{max}}$，则由最大行程差所限制的最小纠偏半径 R_{mF} 为：

$$\delta_F \le \delta_{F_{max}} \Rightarrow \rho \ge \frac{2R_F l_s}{\delta_{F_{max}}} \Rightarrow R_{mF} = \frac{2R_F l_s}{\delta_{F_{max}}} \quad (9\text{-}18)$$

综上对最小纠偏半径的分析可知，最小纠偏半径的限制受到多种因素的共同影响，同时还受到隧道本身所允许的最小半径 R_m 的限制，因此实际的最小纠偏半径 R_{min} 应取其中的最大值，即：

$$R_{min} = \max\{R_{mj}, R_{mc}, R_{mF}, R_m\} \quad (9\text{-}19)$$

9.5 纠偏力矩

当盾构机直线掘进时，A、B、C、D 分区油缸的推力为 F_A、F_B、F_C、F_D，而盾构机进行纠偏时，各分区油缸的推力变化量分别为 ΔF_A、ΔF_B、ΔF_C、ΔF_D，则在水平方向上的左右偏转纠偏力矩为：

$$T_z = \Delta F_C y_C - \Delta F_A y_A \tag{9-20}$$

在竖直方向上的俯仰纠偏力矩：

$$T_y = \Delta F_B z_B - \Delta F_D y_D \tag{9-21}$$

对于 A、C 分区油缸，一般左右对称设计，故 $y_A = y_C$；而为了防止盾构机出现栽头问题，一般 B 区的油缸推力要大于 D 区，因此两区的油缸数量也一般不同。

当盾构机在进行纠偏转向时，盾体将挤压周围土体而产生一定的偏转，土体受到挤压后将对盾构机产生抗力，由此形成了纠偏的反力矩，纠偏反力矩与纠偏半径有关，半径越小土体受到挤压产生的位移越大，相应的纠偏反力矩也越大。如图 9-18 所示，盾构机纠偏时绕推进油缸安装铰点所在圆面的圆心 O_F 转动，土体抗力对 O_F 点取矩得到盾构机受到的土体抗力力矩为：

$$\begin{aligned}T_R &= \int_0^{L_F'}\int_0^{\pi}\sigma_s' lR\mathrm{d}\theta\mathrm{d}l + \int_0^{L-L_F'}\int_0^{\pi}\sigma_s'' lR\mathrm{d}\theta\mathrm{d}l \\ &= \frac{kl_s}{3\rho}\left(L_F - \frac{Rl_s}{2\rho}\right)^3 + \frac{kl_s}{3\rho}\left(L - L_F + \frac{Rl_s}{2\rho}\right)\end{aligned} \tag{9-22}$$

式中 l_s——纠偏时某一小段掘进距离（m），一般可以取一环管片的宽度；

ρ——纠偏曲线的曲率半径（m）。

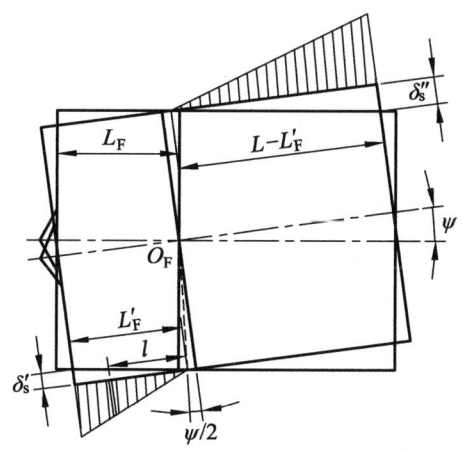

图 9-18 土体抗力力矩计算示意

推进油缸提供的纠偏力矩等于土体产生的抗力力矩，因此有：

$$T_{Rh} = \Delta F_C y_C - \Delta F_A y_A = \frac{kl_s}{3\rho_h}\left[\left(L_F - \frac{Rl_s}{2\rho_h}\right)^3 + \left(L - L_F + \frac{Rl_s}{2\rho_h}\right)^3\right] \tag{9-23}$$

$$T_{Rv} = \Delta F_B z_B - \Delta F_D z_D = \frac{kl_s}{3\rho_v}\left[\left(L_F - \frac{Rl_s}{2\rho_v}\right)^3 + \left(L - L_F + \frac{Rl_s}{2\rho_v}\right)^3\right] \quad (9\text{-}24)$$

式中　T_{Rh}、T_{Rv}——水平、竖直方向纠偏力矩（kN·m）；

ρ_h、ρ_v——水平、竖直方向纠偏曲线的曲率半径（m）。

盾构机纠偏转向时产生变向阻力 F 等于各分区推力的变化量之和，设变向阻力 F 中 A、C 分区所占部分为 $F(A,C)$，B、D 分区所占部分为 $F(B,D)$，则有：

$$\Delta F_C + \Delta F_A = F(A,C) = \frac{\mu_1 kl_s}{2\rho_h}\left[\left(L_F - \frac{Rl_s}{2\rho_h}\right)^2 + \left(L - L_F + \frac{Rl_s}{2\rho_h}\right)^2\right] \quad (9\text{-}25)$$

$$\Delta F_B + \Delta F_D = F(B,D) = \frac{\mu_1 kl_s}{2\rho_v}\left[\left(L_F - \frac{Rl_s}{2\rho_v}\right)^2 + \left(L - L_F + \frac{Rl_s}{2\rho_v}\right)^2\right] \quad (9\text{-}26)$$

联立式（9-23）~式（9-26）可以解得各分区油缸推力的变化量分别为：

$$\Delta F_A = \frac{1}{2}F(A,C) - \frac{T_{Rh}}{2y_C} \quad (9\text{-}27)$$

$$\Delta F_C = \frac{1}{2}F(A,C) + \frac{T_{Rh}}{2y_C} \quad (9\text{-}28)$$

$$\Delta F_B = \frac{F(B,D)z_D + T_{Rv}}{z_B + z_D} \quad (9\text{-}29)$$

$$\Delta F_D = \frac{F(B,D)z_D - T_{Rv}}{z_B + z_D} \quad (9\text{-}30)$$

9.6　盾构机纠偏曲线分析

盾构机在进行水平方向纠偏过程中如果始终采用最小转弯半径进行纠偏可以达到最快纠偏目的，但是容易导致开挖后的隧道转弯过急，影响行车安全性与平稳性，因此需要合理安排纠偏的路径。而在进行竖直方向纠偏过程中可以直接采用圆弧曲线使盾构机快速返回隧道设计轴线。

9.6.1　水平方向纠偏曲线分析

施工中隧道的轴线并不是完全为光滑的曲线，实际上是通过一系列等距离坐标点拟合而成，一般每隔 1 m 取一个点即可满足施工精度的要求。整条隧道的轴线一旦确定，则根据隧道设计轴线的方程可以生成所有拟合点的坐标，将这些点的坐标值存储在计算机中，激光导向系统测量得到的盾构机的位置姿态数据实际上正是与生成的这些拟合点的坐标进行比对，从而确定出盾构机姿态偏差量。

如图 9-19 所示，激光导向系统测量得到刀盘中心 O 点的坐标为 (x_O, y_O)，距离设计轴线最近的两个拟合点分别为 $n(x_n, y_n)$，$n+1(x_{n+1}, y_{n+1})$。n 与 $n+1$ 连线的方程为：

$$A \cdot x + B \cdot y + C = 0 \tag{9-31}$$

其中，$A = y_{n+1} - y_n, B = -(x_{n+1} - x_n), C = y_n(x_{n+1} - x_n) - x_n(y_{n+1} - y_n)$。

则 O 点到 n 与 $n+1$ 连线的距离为：

$$d_O = \frac{|A \cdot x_O + B \cdot y_O + C|}{\sqrt{A^2 + B^2}} \tag{9-32}$$

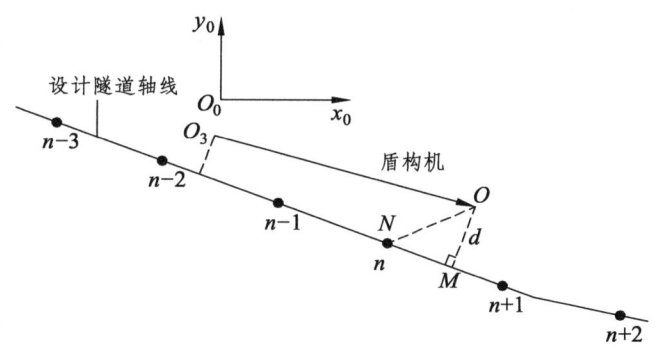

图 9-19　刀盘中心水平偏差示意

为保证纠偏过程中平稳且便于调节，盾构机的纠偏曲线需要满足的以下约束条件：

① 纠偏曲线起点为刀盘中心 O 点，终点必须回到隧道设计轴线上的一点。

② 纠偏曲线连续、光滑。

③ 纠偏曲线起点位置的斜率与盾构机当前轴线斜率一致，终点的斜率与隧道设计轴线上该点处的斜率一致。

④ 纠偏曲线的曲率半径不小于允许的最小纠偏半径 $R_{\min}$。

满足以上条件的纠偏曲线有三次抛物线、辐射螺旋线，此处选用三次抛物线作为纠偏曲线，则纠偏曲线方程为：

$$y = ax^3 + bx^2 + cx + d \tag{9-33}$$

纠偏曲线起点为 (x_O, y_O)，终点为 (x_i, y_i)，根据约束条件 1 可得：

$$y_O = ax_O^3 + bx_O^2 + cx_O + d \tag{9-34}$$

$$y_i = ax_i^3 + bx_i^2 + cx_i + d \tag{9-35}$$

纠偏曲线方程的一阶、二阶导数分别为：

$$y' = 3ax^2 + 2bx + c \tag{9-36}$$

$$y'' = 6ax + 2b \tag{9-37}$$

设盾尾中心坐标为 (x_{O_3}, y_{O_3})，纠偏曲线终点的后一个拟合点为 (x_{i+1}, y_{i+1})，根据约束条件 2、3 可得：

$$3ax_O^2 + 2bx_O + c = \frac{y_O - y_{O_3}}{x_O - x_{O_3}} \quad (9-38)$$

$$3ax_i^2 + 2bx_i + c = \frac{y_{i+1} - y_i}{x_{i+1} - x_i} \quad (9-39)$$

根据约束条件 4 可得：

$$\rho = \frac{(1 + y'^2)^{3/2}}{|y''|} \leqslant R_{\min} \quad (9-40)$$

式中　ρ——纠偏曲线曲率半径（m）；

$R_{\min}$——允许的最小纠偏半径（m）。

纠偏曲线优化目标为纠偏曲线最短，也可以表达为起点与终点的连线最短：

$$\min\left[(x_i - x_O)^2 + (y_i - y_O)^2\right] \quad (9-41)$$

起点坐标（x_O, y_O）、盾尾中心坐标（x_{O_3}, y_{O_3}）可通过激光导向系统进行测量获得，为优化前的已知条件，纠偏曲线方程中的 a、b、c、d 为待定系数，而终点坐标、终点处的斜率均未知，无法求取待定系数。此处设计了优化过程：

① 计算 d_O、盾构机轴线斜率 k_O、离刀盘中心最近的拟合点 n 处隧道轴线斜率 k_n。

② 判断 d_O 是否大于允许的距离$|d_O|$，k_O 与 k_n 偏差是否大于允许值 ε，以此判断是否需要纠偏。

③ 以距离刀盘中心最近的一个拟合点 n 作为终点。

④ 计算纠偏曲线方程的四个待定系数 a、b、c、d。

⑤ 判断纠偏曲线的最小曲率半径是否小于 $R_{\min}$。

⑥ 如果最小曲率半径小于 $R_{\min}$，则以第 $n+1$ 个拟合点作为终点，重复进行②、③步骤。

⑦ 如果最小曲率半径大于 $R_{\min}$，则该点为满足要求的终点。

优化流程图如图 9-20。

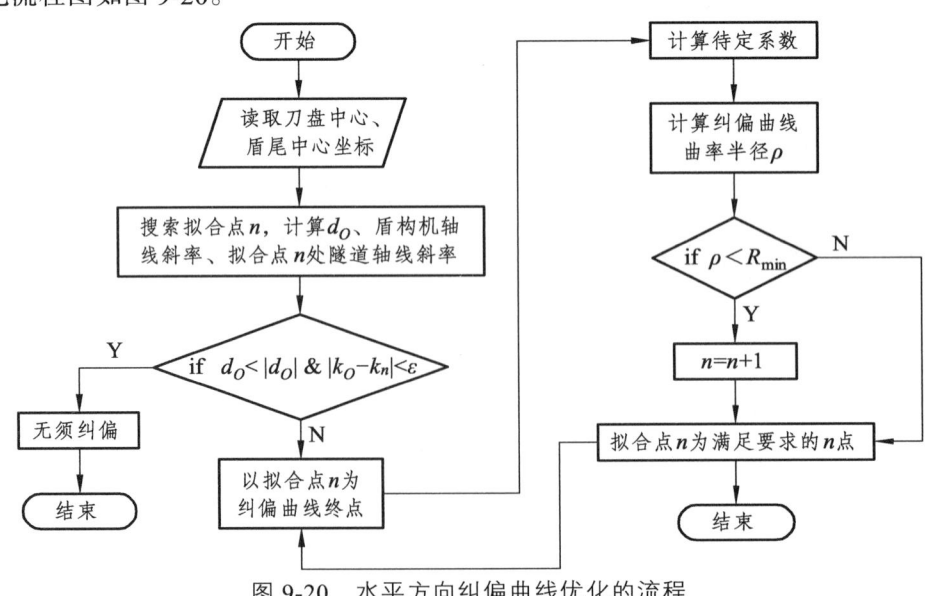

图 9-20　水平方向纠偏曲线优化的流程

9.6.2 竖直方向纠偏曲线分析

盾构机进行竖直方向姿态调整时可以直接采用圆弧曲线作为纠偏曲线,以盾构机出现 B12 模式姿态问题时为例进行分析,如图 9-21 所示。

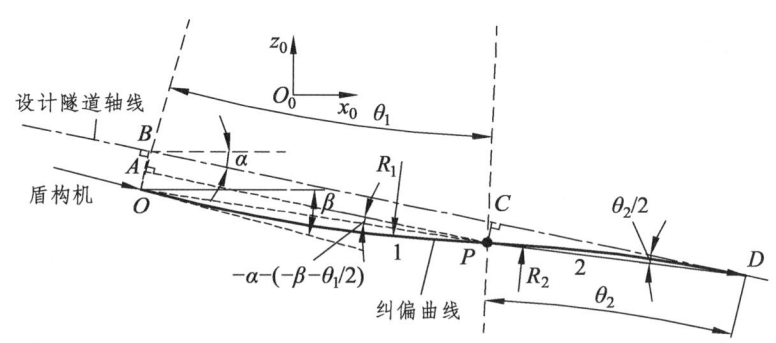

图 9-21 竖直方向纠偏曲线分析

隧道的设计轴线的坡度为 α,盾构机的俯角为 β,且 $|\beta|>|\alpha|$。盾构机需经过两段圆弧曲线才能回到设计轴线上,圆弧 1 的圆心为 (X_1, Z_1),半径为 R_1,圆心角为 θ_1,圆弧 2 的圆心为 (X_2, Z_2),半径为 R_2,圆心角为 θ_2,P 点为两段圆弧交点,P 点坐标为 (x_P, z_P),该处的方位角为 β_P,显然有 $\beta_P=\theta_1+\beta=\theta_2+\alpha$,$l$ 为圆弧 1(圆弧 2)上的一点距离该圆弧起点的弧长,则两段圆弧曲线的方程为:

$$
\text{圆弧 1:} \begin{cases} x = X_1 + R_1 \cos\left(-\dfrac{\pi}{2} + \beta + \dfrac{l}{R_1}\right) \\ z = Z_1 + R_1 \sin\left(-\dfrac{\pi}{2} + \beta + \dfrac{l}{R_1}\right) \end{cases}
$$

$$
\text{圆弧 2:} \begin{cases} x = X_2 + R_2 \cos\left(-\dfrac{\pi}{2} + \beta_P + \dfrac{l}{R_2}\right) \\ z = Z_2 + R_2 \sin\left(-\dfrac{\pi}{2} + \beta_P + \dfrac{l}{R_2}\right) \end{cases}
$$

(9-42)

其中:$X_1 = x_O - R_1 \sin\beta$,$Z_1 = z_O + R_1 \cos\beta$,$X_2 = x_P - R_2 \sin\beta_P$,$Z_2 = z_P + R_2 \cos\beta_P$。

总纠偏路径为有 $R_1|\theta_1| + R_2|\theta_2| \leq R_{\min}|\theta_1| + R_{\min}|\theta_2|$,因此当 $R=R_{\min}$ 时总纠偏路径最短,当刀盘中心 O 点距离隧道设计轴线的距离为 $|OB|=d_m$ 时,根据图 9-21 可列关于 θ_1、θ_2 的方程:

$$
\begin{cases} |OA| + |PC| = |OB| = d_m \\ |OA| = 2R_{\min} \sin\dfrac{\theta_1}{2} \cdot \sin\left[-\alpha - \left(-\beta - \dfrac{\theta_1}{2}\right)\right] \\ |PC| = 2R_{\min} \sin^2\dfrac{\theta_2}{2} \\ \theta_1 + \beta = \theta_2 + \alpha \end{cases}
$$

(9-43)

由于方程的求解过程比较复杂,可采用迭代法进行求解,迭代初值可取方程的近似解。

即当 θ_1、θ_2 较小时，$\sin(\theta_1/2) \approx \theta_1/2$、$\sin(\theta_2/2) \approx \theta_2/2$，由此解得方程的近似解为：

$$\begin{cases} \theta_1 = \alpha - \beta + \sqrt{\dfrac{(\alpha-\beta)^2}{2} + \dfrac{d_m}{R_{min}}} \\ \theta_2 = \sqrt{\dfrac{(\alpha-\beta)^2}{2} + \dfrac{d_m}{R_{min}}} \end{cases} \qquad (9\text{-}44)$$

9.7 纠偏曲线仿真实例分析

9.7.1 隧道设计轴线实例

某斜井隧道包含水平线形和纵面线形，总长为 3.741 km，下坡坡度为 6°，隧道允许出现的最小曲线半径 R_m=500 m，设计轴线允许偏差 50 mm，管片宽度 1.5 m，采用盾构机下坡掘进施工，盾构机直径为 7.62 m，盾体总长 10 m，盾构机的最小转弯半径为 300 m<R_m，因此盾构机采用的最小纠偏半径 R_{min}=500 m。该斜井隧道设计轴线方程如下。

1）隧道设计轴线的水平线形曲线方程

该工程的隧道设计轴线的水平线形依次由直线段①、缓和曲线段②、圆弧曲线段③、缓和曲线段④、直线段⑤组成，各段的参数方程如下。

a. 直线段①。

直线段①的起点为 $A(x_A, y_A)$，终点为 $B(x_B, y_B)$，起点的方位角为 α_1，总长为 L_1，l 为直线上一点距离起点 A 的距离，则直线段①的方程为：

$$\begin{cases} x = x_A + l\cos\alpha_1 \\ y = y_A + l\sin\alpha_1 \end{cases} \qquad (9\text{-}45)$$

b. 缓和曲线段②。

缓和段的起点为 $B(x_B, y_B)$，终点为 $C(x_C, y_C)$，起点的方位角为 α_2，且 $\alpha_2=\alpha_1$，总长为 L_2，l 为曲线上一点到起点 B 的曲线长度，R 为缓和曲线段②末端点的曲率半径，则缓和曲线段②的方程为：

$$\begin{cases} x = x_B + X\cos\alpha_2 + Y\sin\alpha_2 \\ y = y_B + X\sin\alpha_2 + Y\cos\alpha_2 \end{cases} \qquad (9\text{-}46)$$

其中：$X = l - \dfrac{l^3}{40r^2} + \dfrac{l^5}{3456r^4}$，$Y = \dfrac{l^2}{6r} - \dfrac{l^4}{336r^3} + \dfrac{l^6}{42240r^5}$，$r = \dfrac{A^2}{l}$，$A = \sqrt{RL_2}$。

c. 圆弧曲线段③。

圆弧曲线段③的起点为 $C(x_C, y_C)$，终点为 $D(x_D, y_D)$，起点的方位角为 α_3，总长为 L_3，曲线半径为 R，圆心坐标为 (X_0, Y_0)，l 为曲线上一点到起点 C 的弧长，则圆弧曲线段③的方程为：

$$\begin{cases} x = X_0 + R\cos\left(\dfrac{\pi}{2} + \alpha_3 - \dfrac{l}{R}\right) \\ y = Y_0 + R\sin\left(\dfrac{\pi}{2} + \alpha_3 - \dfrac{l}{R}\right) \end{cases} \quad (9\text{-}47)$$

其中 $X_0 = x_C - R\cos\left(\dfrac{\pi}{2} + \alpha_3\right)$，$Y_0 = y_C = R\sin\left(\dfrac{\pi}{2} + \alpha_3\right)$，$\alpha_3 = \alpha_1 + \dfrac{L_2}{2R}$。

d. 缓和曲线段④。

缓和段的起点为 $D(x_D, y_D)$，终点为 $E(x_E, y_E)$，起点的方位角为 α_4，总长为 L_4，l 为曲线上一点到起点 D 的曲线长度，缓和曲线段④起点的曲率半径为 R，末端点连接直线段，则缓和曲线段④的方程为：

$$\begin{cases} x = x_D + X\cos\alpha_4 + Y\sin\alpha_4 \\ y = y_D + X\sin\alpha_4 + Y\cos\alpha_4 \end{cases} \quad (9\text{-}48)$$

其中：$X = (L_4 - l) - \dfrac{(L_4 - l)^3}{40r^2} + \dfrac{(L_4 - l)^5}{3456r^4}$，$Y = \dfrac{(L_4 - l)^2}{6r} - \dfrac{(L_4 - l)^4}{336r^3} + \dfrac{(L_4 - l)^6}{42240r^5}$，$r = \dfrac{A^2}{L_4 - l}$，$A = \sqrt{RL_4}$，$\alpha_4 = \alpha_3 + \dfrac{L_3}{R}$。

e. 直线段⑤。

直线段⑤的起点为 $E(x_E, y_E)$，终点为 $F(x_F, y_F)$，起点的方位角为 α_5，总长为 L_5，l 为直线上一点距离起点 E 的距离，则直线段⑤的方程为：

$$\begin{cases} x = x_E + l\cos\alpha_5 \\ y = y_E + l\sin\alpha_5 \end{cases} \quad (9\text{-}49)$$

其中：$\alpha_5 = \alpha_4 + \dfrac{L_4}{2R}$。

表 9-1 为隧道设计轴线的水平线形各段的基本参数，带入各曲线段的参数方程采用 matlab 绘制了隧道轴线水平线形图，如图 9-22 所示。

表 9-1 水平线形基本参数

线形组成	长度、方位角	起点坐标	终点坐标
直线段①	$L_1 = 1.3 \times 10^3$ m $\alpha_1 = -\pi/8$	$A(5104.321, 3184.321)$	$B(6305.36, 2686.83)$
缓和曲线段②	$L_2 = 0.380 \times 10^3$ m $\alpha_2 = -\pi/8$	$B(6305.36, 2686.83)$	$C(6668.17, 2579.65)$
圆弧曲线段③	$L_3 = 0.530 \times 10^3$ m $\alpha_3 = -\pi/8 + 0.317$ $R = 600$ m	$C(6668.17, 2579.65)$	$D(7147.20, 2763.05)$
缓和曲线段④	$L_4 = 0.330 \times 10^3$ m $\alpha_4 = -\pi/8 + 1.2$	$D(7147.20, 2763.05)$	$E(7351.92, 3020.46)$
直线段⑤	$L_5 = 1.2 \times 10^3$ m $\alpha_5 = -\pi/8 + 1.533$	$E(7351.92, 3020.46)$	$F(7915.08, 4080.10)$

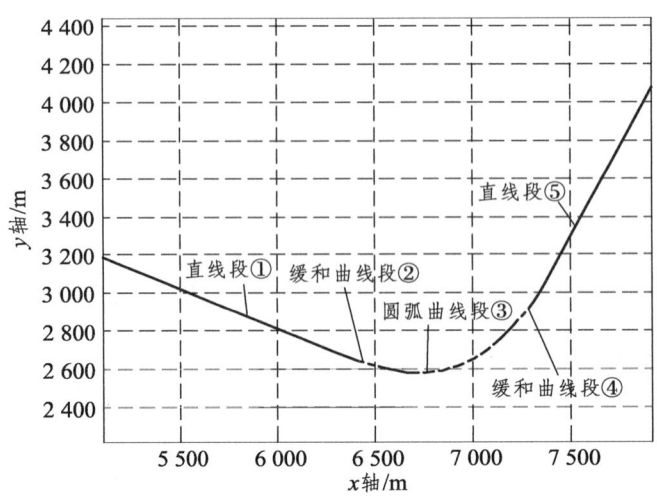

图 9-22　隧道设计轴线水平线形

2）隧道设计轴线的纵面线形曲线方程

纵面线形依次由下坡直线段⑥、圆曲线段⑦、水平直线段⑧、圆曲线段⑨、下坡直线段⑩组成，各段的参数方程如下。

a. 下坡直线段⑥。

下坡直线段⑥的起点为 $A(x_A, z_A)$，终点为 $G(x_G, z_G)$，起点处的俯角 β_1 为坡角 6°（0.1047 rad），总长为 L_6，l 为直线上一点距离起点 A 的距离，则下坡直线段⑥的方程为：

$$\begin{cases} x = x_A + l\cos\beta_1 \\ z = z_A + l\sin\beta_1 \end{cases} \quad (9\text{-}50)$$

b. 圆曲线段⑦。

圆曲线段⑦的起点为 $G(x_G, z_G)$，终点为 $H(x_H, z_H)$，起点处的俯角为 β_2，总长为 L_7，曲线半径为 R'，圆心坐标为 (X_0, Z_0)，l 为曲线上一点到起点 G 的弧长，则圆曲线段⑦的方程为：

$$\begin{cases} x = X_0 + R'\cos\left(-\dfrac{\pi}{2} - \beta_2 + \dfrac{1}{R'}\right) \\ z = Z_0 + R'\sin\left(-\dfrac{\pi}{2} - \beta_2 + \dfrac{1}{R'}\right) \end{cases} \quad (9\text{-}51)$$

其中：$X_0 = x_G + R'\cos\left(\dfrac{\pi}{2} + \beta_2\right)$，$Z_0 = z_G + R'\sin\left(\dfrac{\pi}{2} + \beta_2\right)$，$\beta_1 = \beta_2$。

c. 水平直线段⑧。

水平直线段⑧的起点为 $H(x_H, z_H)$，终点为 $I(x_I, z_I)$，起点处的俯角 $\beta_3=0°$，总长为 L_8，l 为直线上一点距离起点 H 的距离，则水平直线段⑧的方程为：

$$\begin{cases} x = x_G + l \\ z = z_G \end{cases} \quad (9\text{-}52)$$

d. 圆曲线段⑨。

圆曲线段⑨的起点为 $I(x_I, z_I)$，终点为 $J(x_J, z_J)$，起点处的俯角为 $\beta_4=\beta_3=0°$，总长为

L_9,曲线半径为 R',圆心坐标为 (X_1, Z_1),l 为曲线上一点到起点 I 的弧长,则圆曲线段⑨的方程为:

$$\begin{cases} x = X_1 + R'\cos\left(\dfrac{\pi}{2} + \beta_4 - \dfrac{1}{R'}\right) \\ z = Z_1 + R'\sin\left(\dfrac{\pi}{2} + \beta_4 - \dfrac{1}{R'}\right) \end{cases} \quad (9\text{-}53)$$

其中:$X_1 = x_1$,$Z_1 = z_1 - R'$。

e. 下坡直线段⑩。

下坡直线段⑩的起点为 $J(x_J, z_J)$,终点为 $K(x_K, z_K)$,起点处的俯角 β_5 为坡角 6°,总长为 L_{10},l 为直线上一点距离起点 J 的距离,则下坡直线段⑩的方程为:

$$\begin{cases} x = x_J + l\cos\beta_5 \\ z = z_J + l\sin\beta_5 \end{cases} \quad (9\text{-}54)$$

表 9-2 为隧道设计轴线纵面线形各段的基本参数,带入各曲线段的参数方程采用 matlab 绘制了纵面线形的曲线图,如图 9-23 所示。

表 9-2 纵面线形基本参数

线形组成	长度、方位角	起点坐标	终点坐标
下坡直线段⑥	$L_6=1.0\times10^3$ m $\beta_1=-0.1047$	A(5104.321,560.320)	G(6352.519,455.819)
圆曲线段⑦	$L_7=0.0838\times10^3$ m $\beta_2=-0.1047$	G(6352.519,455.819)	H(6458.062,451.436)
水平直线段⑧	$L_8=0.200\times10^3$ m $\beta_3=0$,$R'=800$ m	H(6458.062,451.436)	I(6723.13,451.436)
圆曲线段⑨	$L_9=0.0838\times10^3$ m $\beta_4=0$,$R'=800$ m	I(6723.130,451.436)	J(6835.284,447.070)
下坡直线段⑩	$L_{10}=1.4\times10^3$ m $\beta_5=-0.1047$	J(6835.284,447.070)	K(7915.08,300.722)

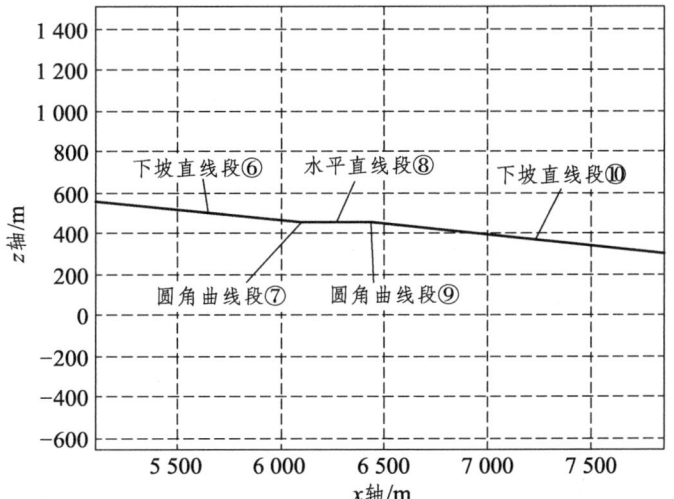

图 9-23 隧道设计轴线纵面线形

综合水平线形与纵面线形方程绘制了三维坐标下的隧道设计轴线,如图 9-24 所示,并通过曲线方程每隔 1 m 生成隧道设计轴线的拟合点共 3 741 个,利用生成的拟合点坐标对纠偏曲线进行仿真。

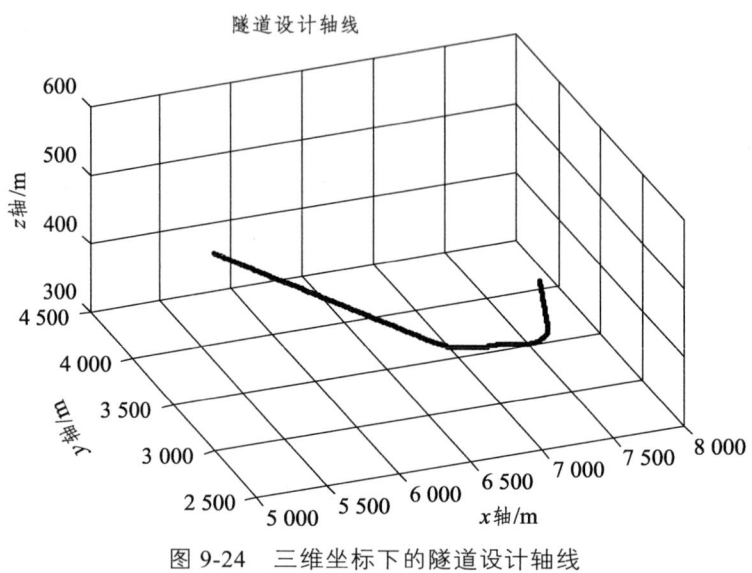

图 9-24 三维坐标下的隧道设计轴线

9.7.2 纠偏曲线仿真

1)直线段①处的纠偏曲线仿真

盾构机掘进至直线段①处,经由激光导向系统测得盾构机纠偏前相对于城市坐标系下的位置姿态以及仿真结果如表 9-3 所示。

表 9-3 直线段①处纠偏曲线仿真结果

盾构机的初始位置	激光靶坐标	(5818.556,2889.889,502.100)
	刀盘中心坐标	(5823.525,2886.806,499.491)
	盾尾中心坐标	(5814.281,2890.469,500.554)
	盾构机姿态角	$\omega=1.01°$、$\beta=-6.1°$、$\gamma=-21.614°$
	刀盘中心偏差	$d_O=360.2$ mm、$d_m=-611.8$ mm
水平方向仿真结果		仿真结果如图 9-25 所示,纠偏曲线长度:49.5 m(33 环)
竖直方向仿真结果		仿真结果如图 9-26 所示,纠偏曲线长度:49.5 m(33 环)

注:d_O—水平方向刀盘中心偏移量(mm);d_m—竖直方向刀盘中心偏移量(mm)。

对于水平方向纠偏曲线仿真结果:如图 9-25(a)所示,盾构机初始时处于 A14 模式姿态问题;如图 9-25(b)所示,A 分区油缸推力变化量 ΔF_A 先逐渐减小至 0 然后转为负值增大,

而 C 分区油缸推力变化量 ΔF_C 初始为负值，逐渐减小至 0 然后转为正值逐渐增大，表明盾构机先采用较小的纠偏半径向右侧（C 分区侧）迅速转向，使得盾构机迅速朝驶向隧道设计轴线方向前进，之后减小了 ΔF_A 与 ΔF_C 之间的差值，使得纠偏半径逐步增大确保了纠偏曲线不至于过急，在第 20 环左右的时候纠偏曲线过渡至近乎直线，然后盾构机将向左侧（A 分区侧）转向，逐步使得盾构机轴线与隧道设计轴线相重合，最终纠偏曲线如图 9-25（c）所示。

对于竖直方向纠偏曲线仿真结果：如图 9-26（a）所示，盾构机出现了 B12 模式的栽头问题；如图 9-26（b）为 B、D 分区油缸推力变化情况，由于纠偏曲线采用了最小纠偏半径的两段圆弧曲线，因此纠偏时，油缸推力基本不变，并第 20 环左右的位置时出现突变，最终纠偏曲线如图 9-26（c）所示。

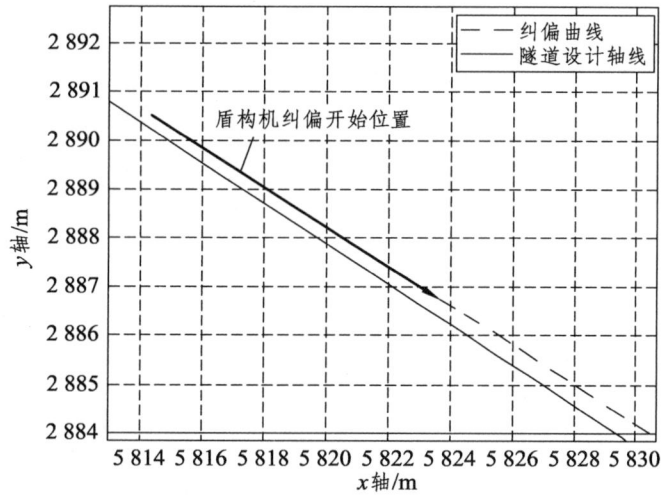

（a）盾构机纠偏开始位置（水平方向）

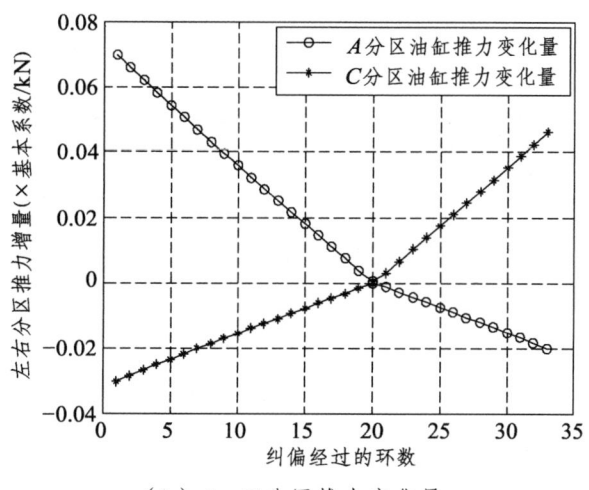

（b）A、C 分区推力变化量

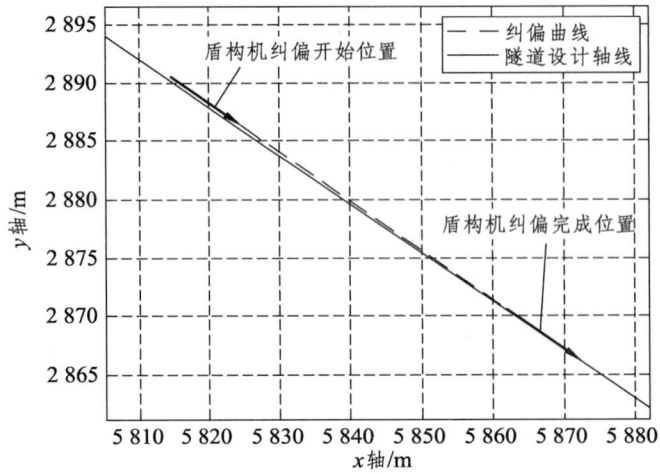

（c）水平方向纠偏曲线

图 9-25　直线段①处的纠偏曲线仿真结果（水平方向）

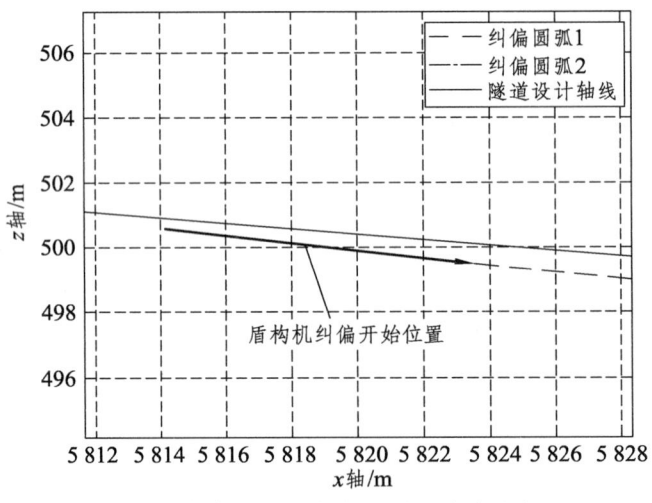

（a）盾构机纠偏开始位置（竖直方向）

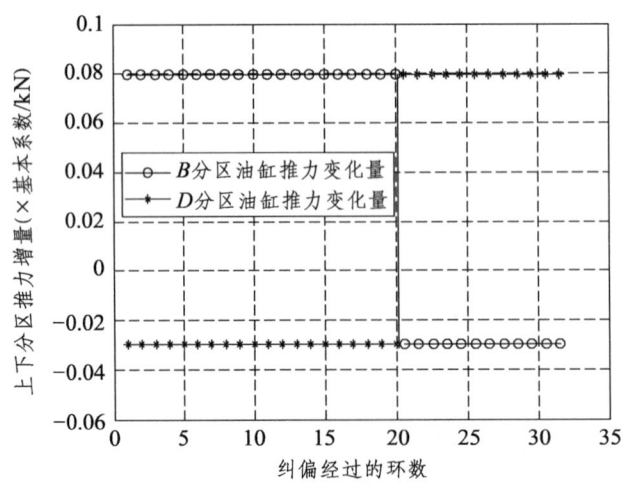

（b）B、D 分区推力变化量

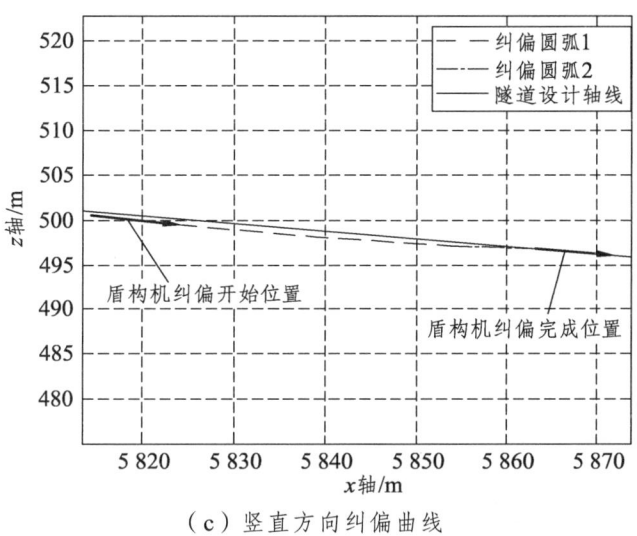

（c）竖直方向纠偏曲线

图 9-26 直线段①处的纠偏曲线仿真结果（竖直方向）

同理，当盾构机在缓和曲线段②、圆曲线段③位置出现姿态问题后，分别进行纠偏曲线仿真。

2）缓和曲线段②处的纠偏曲线仿真

缓和曲线段②处盾构纠偏曲线仿真结果见表 9-4。

表 9-4 缓和曲线段②处盾构机仿真结果

盾构机的初始位置	激光靶坐标	（6559.698，2598.504，453.236）
	刀盘中心坐标	（6565.330，2596.197，451.246）
	盾尾中心坐标	（6555.564，2598.347，451.264）
	盾构机姿态角	$\omega=1.2°$、$\beta=-0.1°$、$\gamma=-12.41°$
	刀盘中心偏差	$d_O=446.4$ mm、$d_m=-189.1$ mm
水平方向仿真结果		仿真结果如图 9-27 所示，纠偏曲线长度：138 m（92 环）
竖直方向仿真结果		仿真结果如图 9-28 所示，纠偏曲线长度：33 m（22 环）

对于水平方向纠偏曲线仿真结果：如图 9-27（a）所示，盾构机初始时处于 A14 模式姿态问题；图 9-27（b）显示，ΔF_A 逐渐增大，而 ΔF_C 负向增大，ΔF_A 与 ΔF_C 之间的差值逐渐增大，表明纠偏扭矩逐渐增大，纠偏曲线的曲率半径逐渐减小，曲线逐渐变急，最终纠偏曲线如图 9-27（c）所示。由于此时盾构机处于缓和曲线④的位置，而缓和曲线④为直线段①与圆弧曲线段③的过渡段，其曲率半径逐渐减小，而仿真得到的纠偏曲线曲率半径也逐渐减小，证明仿真结果是合理的。

对于竖直方向纠偏曲线仿真结果：如图 9-28（a）所示，在竖直方向上，盾构机刚好掘进至水平直线段，出现了 B11 模式的姿态问题；图 9-28（b）为 B、D 分区油缸推力变化情况，纠偏时油缸推力变化量在第 15 环左右的位置时出现突变，最终纠偏曲线如图 9-28（c）所示。

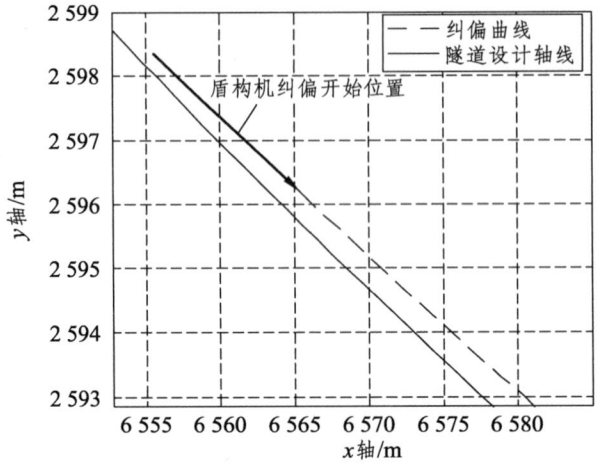

（a）盾构机纠偏开始位置（水平方向）

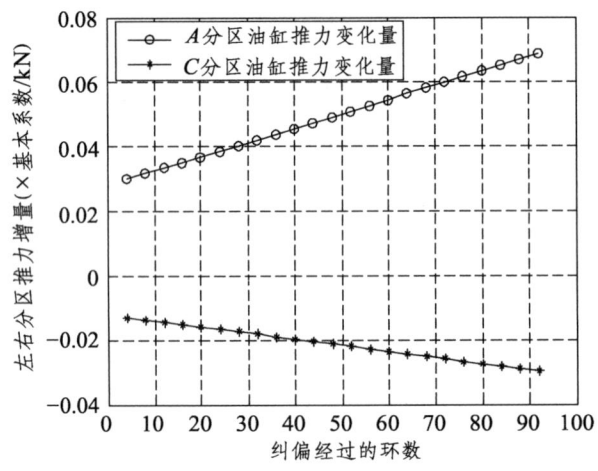

（b）A、C分区推力变化量

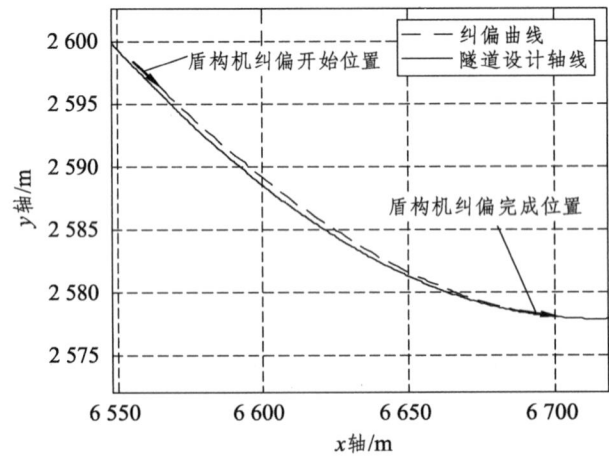

（c）水平方向纠偏曲线

图 9-27　缓和曲线段②的纠偏曲线仿真结果（水平方向）

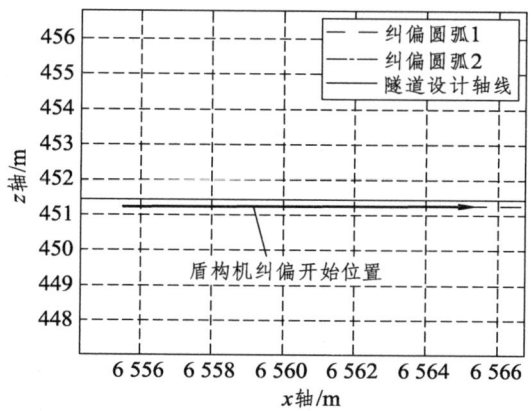

（a）盾构机纠偏开始位置（竖直方向）

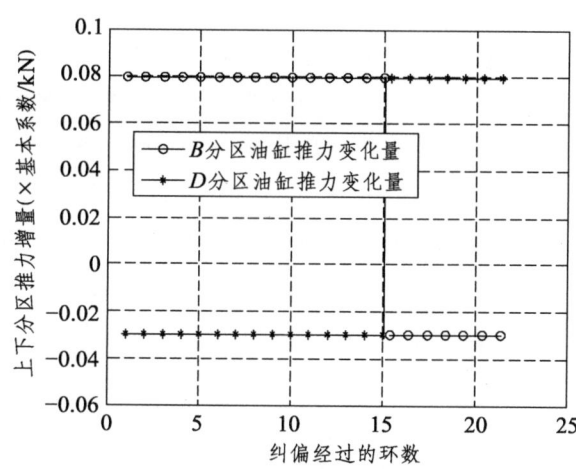

（b）B、D 分区推力变化量

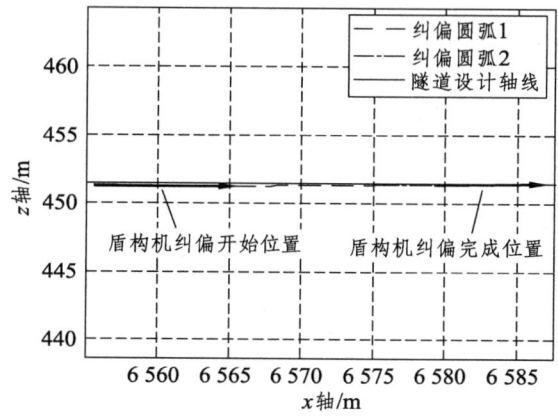

（c）竖直方向纠偏曲线

图 9-28　缓和曲线段②处的纠偏曲线仿真结果（竖直方向）

3）圆弧曲线段③处的纠偏曲线仿真

圆弧曲线段③处的纠偏曲线仿真结果见表 9-5。

表 9-5　圆弧曲线段③处盾构机仿真结果

盾构机的初始位置	激光靶坐标	（6987.712，2645.02，435.617）
	刀盘中心坐标	（6993.274，2646.649，432.894）
	盾尾中心坐标	（6984.398，2642.216，434.148）
	盾构机姿态角	$\omega=0.8°$、$\beta=-6.2°$、$\gamma=26.54°$
	刀盘中心偏差	$d_O=322.5$ mm、$d_m=-329.6$ mm
水平方向仿真结果	仿真结果如图 9-29 所示，纠偏曲线长度：320 m（214 环）	
竖直方向仿真结果	仿真结果如图 9-30 所示，纠偏曲线长度：60 m（40 环）	

对于水平方向纠偏曲线仿真结果：如图 9-29（a）所示，盾构机初始时处于 A24 模式姿态问题，且盾构机轴线位于隧道设计轴线外侧；图 9-29（b）显示 ΔF_A 逐渐减小，而 ΔF_C 也逐渐减小，ΔF_A 与 ΔF_C 之间的差值逐渐减小，表明纠偏曲线的纠偏半径原先较小后来逐渐增大，最终纠偏曲线如图 9-29（c）所示。由于此时盾构机处于圆弧曲线段③的位置，纠偏曲线长度较长，原因是盾构机呈现出驶离设计轴线的状态，加之允许的最小纠偏半径为 500 m，与圆弧曲线段③的半径 600 m 相差不大，造成纠偏转向时较难"赶上"隧道设计轴线，因此需要更长的纠偏路径，故在实际的施工中应特别注意避免出现此类姿态问题；另外，参看表 9-1 可知，纠偏时盾构机已逐渐驶出了圆弧曲线段③进入缓和曲线段④，而缓和曲线段④是圆弧曲线段③与直线段④的过渡段，其曲率半径逐渐增大，而仿真得到的纠偏曲线的曲率半径也逐渐增大，表明仿真结果合理。

对于竖直方向纠偏曲线仿真结果：如图 9-30（a）所示，在竖直方向上，盾构机同样出现了 B12 模式的栽头问题，仿真结果情况与图 9-26 类似。

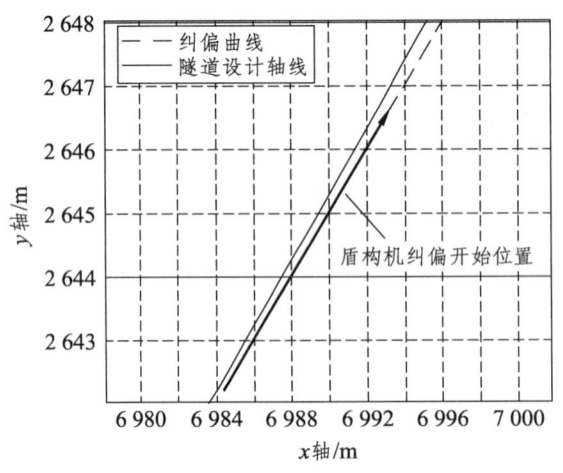

（a）盾构机纠偏开始位置（水平方向）

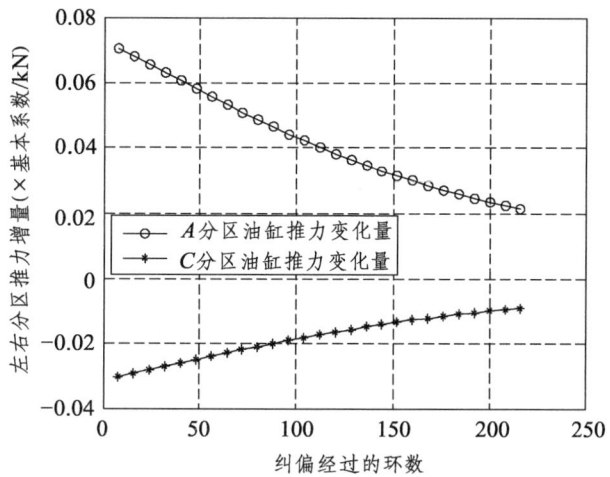

（b）A、C 分区推力变化量

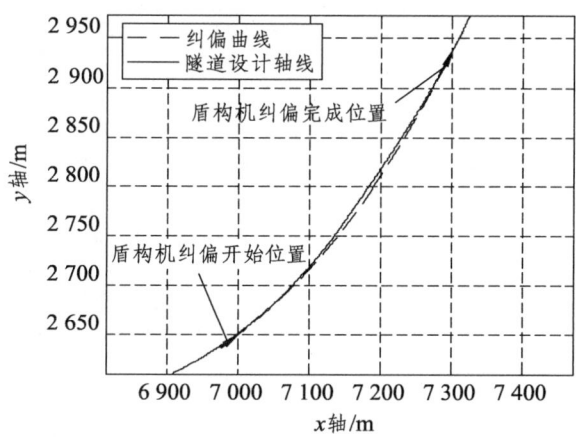

（c）水平方向纠偏曲线

图 9-29　圆弧曲线段③处的纠偏曲线仿真结果（水平方向）

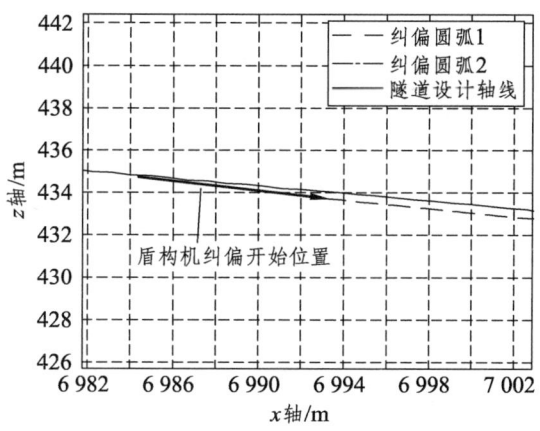

（a）盾构机纠偏开始位置（竖直方向）

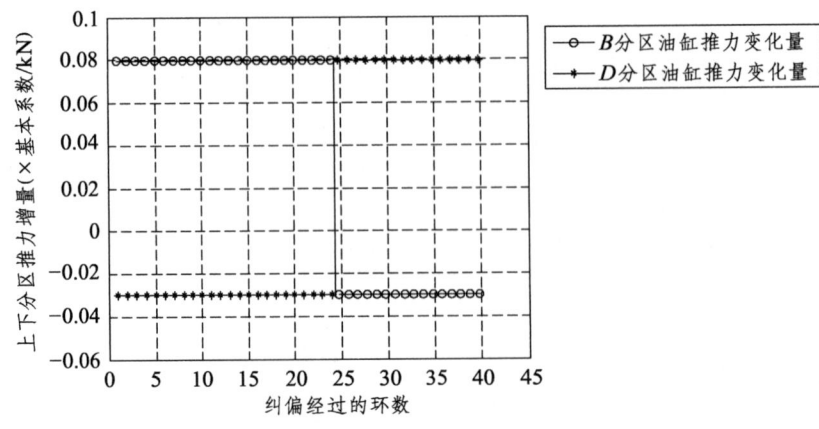

(b)B、D分区推力变化量

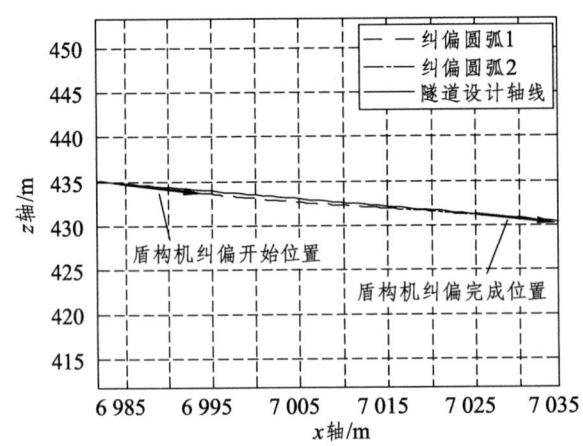

(c)竖直方向纠偏曲线

图 9-30 圆弧曲线段③处的纠偏曲线仿真结果（竖直方向）

参考文献

[1] 成璐. 成都地铁1、2号线工程主要水文地质问题分析[D]. 成都：成都理工大学，2008.

[2] 涂鹏. 成都泥岩地层盾构施工控制技术研究[D]. 成都：西南交通大学，2017.

[3] 张毅. 城市轨道交通线网规划中的岩土工程分析——以成都地铁2号线一期工程东段为例[J]. 工程科学与技术，2013，45（4）：55-61.

[4] 陈馈，洪开荣，焦胜军. 盾构施工技术[M]. 北京：人民交通出版社股份有限公司，2016.

[5] 杨书江，孙谋，洪开荣. 富水砂卵石地层盾构施工技术[M]. 北京：人民交通出版社，2011.

[6] 牟迪. 成都地铁四号线砂卵石层分布规律及工程特性研究[D]. 成都：西南交通大学，2015.

[7] 江华. 北京典型砂卵石地层土压平衡盾构适应性研究[D]. 北京：中国矿业大学，2012.

[8] 王振飞. 北京砂卵石地层大直径泥水加压平衡盾构适应性研究[D]. 北京：北京交通大学，2014.

[9] 章龙管，陈馈. 成都地铁富水砂卵石地层盾构适应性分析[J]. 建筑机械化，2010，31（4）：74-76.

[10] 姚乐. 复合地层土压平衡盾构掘进适应性评价[D]. 北京：北京交通大学，2015.

[11] 杨书江. 富水砂卵石地层泥水平衡盾构适应性研究[J]. 都市快轨交通，2009，22（5）：60-64.

[12] 孙翠华. 盾构刀盘改造及应用[D]. 石家庄：石家庄铁道大学，2017.

[13] 宋天田. 砂卵石地层土压平衡盾构的适应性研究[D]. 上海：同济大学，2008.

[14] 宋天田. 深圳地铁土压平衡盾构适应性研究[J]. 现代城市轨道交通，2010（4）：47-49.

[15] 程池浩，廖少明，彭少杰，等. 沈阳富水砂卵石地层泥水盾构适应性研究[J]. 地下空间与工程学报，2017，13（1）：190-196.

[16] 吴和北，管会生，张珮. 成都地铁7号线火神区间盾构选型与关键参数计算分析[J]. 隧道建设，2015（2）：191-196.

[17] 曹智，李剑祥. 成都地铁盾构选型设计及实用性比较[J]. 隧道建设，2014，34（10）：1005-1010.

[18] 徐前卫. 盾构施工参数的地层适应性模型试验及其理论研究[D]. 上海：同济大学，2006.

[19] 黄清飞. 砂卵石地层盾构刀盘刀具与土相互作用及其选型设计研究[D]. 北京：北京交通大学，2010.

[20] 李潮. 砂卵石地层土压平衡盾构关键参数计算模型研究[D]. 北京：中国矿业大学，2013.

[21] 李正. 深圳复合地层Φ7 m盾构掘进参数与地层相关性研究[D]. 北京：北京交通大学，2016.

[22] 李俊伟，李丽琴，吕培印. 复合地层条件下盾构选型的风险分析[J]. 地下空间与工程学报，2007，3（增刊1）：1241-1244.

[23] 晏启祥，郑代靖，何川，等. 富水砂卵石地层地铁盾构施工若干问题及对策[J]. 地下空间与工程学报，2015，11（3）：713-719.

[24] 陈东海. 砂卵石地层区间隧道盾构施工数值模拟及盾构选型研究[D]. 长沙：中南大学，2013.

[25] 戴文浩，管会生. 新街煤矿斜井隧道双模式盾构选型分析[J]. 矿山机械，2015（10）：28-33.

[26] 杨书江. 成都地铁泥水平衡及土压平衡盾构法施工对比[J]. 建筑机械化，2011，32（6）：24-27.

[27] 丁志诚，张志勇，白云. 广州地铁隧道施工中的盾构选型及盾构改进应用[J]. 岩石力学与工程学报，2002，21（12）：1820-1823.

[28] 何其平. 南京地铁盾构选型研究[D]. 成都：西南交通大学，2004.

[29] 宋克志，王梦恕. 浅谈隧道施工盾构机的选型[J]. 铁道建筑，2004（8）：39-41.

[30] 王为乐. 长沙地铁复合地层盾构选型与掘进参数研究[D]. 长沙：中南大学，2012.

[31] 吴煊鹏. 盾构工程投标中的盾构机选型原则[J]. 铁道建筑技术，2003（1）：36-38.

[32] 梁兴生. 盾构机铰接密封承载能力试验研究[J]. 铁道建筑技术，2016（10）：40-42.

[33] 葛兵，赵怀辉，刘兵. 盾构机泡沫系统改进[J]. 科技传播，2012（8）：97，102.

[34] 赵婷婷. 盾构机同步注浆控制系统设计[D]. 沈阳：沈阳理工大学，2011.

[35] 熊燕，陈丹莲，梁永钊. 盾构铰接系统在掘进中的动作机理研究[J]. 房地产导刊，2014（15）.

[36] 温法庆，赵红专，张立泉，等. 盾构密封的结构原理与维护[C]//智慧城市与轨道交通2015年中国城市科学研究会数字城市专业委员会轨道交通学组年会论文集. 2015.

[37] 张景昇，赵婷婷. 盾构同步注浆系统研究[J]. 液压与气动，2011（9）：22-24.

[38] 郑志敏. 盾构推进系统设计[J]. 隧道建设，2006，26（4）：84-87.

[39] 王杜娟，陈馈. 复合式土压平衡盾构泡沫系统的研制[J]. 建筑机械化，2009，30（2）：66-68.

[40] 郑培营. 富水砂砾地层盾构洞内二次注浆技术例析[J]. 建筑，2015（12）.

[41] 郑鹏，吴琳. 土压平衡盾构机盾壳的应力分析及改进[J]. 一重技术，2015（1）：70-74.

[42] 黄志影，戎青青，等. 土压平衡盾构机盾壳荷载的计算分析[J]. 一重技术，2016（3）：34-38.

[43] 陈桥，周建军，李凤远，等. 压紧环唇形密封圈优化设计研究[J]. 液压气动与密封，2015（3）：56-61.

[44] 刘永强. 砂卵石地层土压平衡式盾构机的刀盘设计[D]. 天津：天津大学，2010.

[45] 宋云. 盾构机刀盘选型及设计理论研究[D]. 成都：西南交通大学，2009.

[46] 吕志峰，刘玉海，刘学红. 盾构刀具简介[J]. 凿岩机械气动工具，2013（03）：53-56.

[47] 宋克志. 泥岩砂岩交互地层越江隧道盾构掘进效能研究[D]. 北京：北京交通大学，2005：

42-43.

[48] 张士龙. 卵砾石地层隧道盾构刀具选型研究[J]. 铁道建筑, 2013（04）: 91-93.

[49] 蒲毅, 刘建琴, 郭伟, 等. 土压平衡盾构机刀盘刀具布置方法研究[J]. 机械工程学报, 2011, 47（15）: 161-168.

[50] 郑丽堃. 盾构机刀具布置规律研究[D]. 石家庄: 石家庄铁道大学, 2016.

[51] 何其平. 土压平衡盾构刀盘结构探讨[J]. 工程机械, 2003（11）: 10-16, 85.

[52] 宋天田, 周顺华. 复合地层条件下盾构刀盘设计研究[J]. 地下空间与工程学报, 2007（3）: 479-482.

[53] 张家年, 胡玉娟. 成都富水砂卵石地层盾构刀盘设计及应用[J]. 隧道建设, 2014, 34（12）: 1202-1206.

[54] 黄清飞, 林巍, 李塔. 砂卵石地层盾构刀盘选型探讨[J]. 中国水运（下半月）, 2012, 12（8）: 168-169.

[55] 秋三藤三郎. 盘形滚刀破岩理论[J]. 小松技报, 1970, 16（3）: 43-51.

[56] ROSTAMI J. Hard Rock TBM Cutterhead Modeling for Design and Performance Prediction[J]. Geomechanics & Tunnelling, 2008, 1（1）: 18-28.

[57] 张照煌, 叶定海, 袁昕. 岩石在盘形滚刀作用下的性能研究[J]. 水利学报, 2011, 42（10）: 1247-1251.

[58] 张照煌, 袁昕, 叶定海. 破岩机械垂直破岩力的设定理论研究[J]. 水利学报, 2003（6）: 61-64, 71.

[59] 张照煌, 户秀妹, 孟亮, 等. 盘形滚刀破岩效能理论分析[J]. 应用基础与工程科学学报, 2012, 20（增刊1）: 199-206.

[60] 屠昌锋. 盾构机盘形滚刀垂直力和侧向力预测模型研究[D]. 长沙: 中南大学, 2009.

[61] HASSANPOUR J, ROSTAMI J, ZHAO J, et al. TBM performance and disc cutter wear prediction based on ten years experience of TBM tunnelling in Iran[J]. Geomechanics & Tunnelling, 2015, 8（3）: 239-247.

[62] 吴元, 夏毅敏, 郭金成, 等. TBM边缘滚刀关键参数对破岩效率影响规律研究[J]. 现代隧道技术, 2015, 52（1）: 119-126.

[63] 沈斌. TBM边缘滚刀组合优化布置研究[D]. 长沙: 中南大学, 2014.

[64] 朱兆峰. 基于ABAQUS单刃盘形滚刀破岩影响因素的数值模拟分析[D]. 淮南: 安徽理工大学, 2014.

[65] 穆伟涛. 盾构组合刀具工作机理及其切削效率影响因素研究[D]. 成都: 西南石油大学, 2016.

[66] 张照煌, 曹雷, 孙飞, 等. 全断面岩石掘进机盘形滚刀螺旋线布置理论及应用分析[J]. 工程机械, 2015, 46（4）: 22-31, 6.

[67] 张照煌. 掘进机刀盘上盘刀布置规律的探讨[J]. 工程机械, 1996（7）: 24-25, 18-40.

[68] 纪昌明, 张照煌. 全断面岩石掘进机刀盘上刀具布置规律研究[J]. 建设机械技术与管理, 2008（4）: 99-102.

[69] 郑丽堃，刘进志. 全断面掘进机刀具布置方式研究[J]. 石家庄铁道大学学报（自然科学版），2016，29（3）：65-69，75.

[70] 李杰，徐虎城，张增强，等. 基于遗传算法的盾构刀盘滚刀优化布置研究[J]. 煤矿机械，2016，37（7）：184-187.

[71] 郭京波，王旭东，郑丽堃，等. 基于多目标遗传算法的复合式盾构刀盘刀具布置优化[J]. 隧道建设，2017，37（4）：517-521.

[72] 孙斌. TBM刀盘滚刀总体布局优化[D]. 天津：天津大学，2016.

[73] 郭伟，孙红艳，刘建琴，等. 基于TBM刀盘剖面轮廓的滚刀极径优化布置设计[J]. 天津大学学报（自然科学与工程技术版），2016，49（12）：1303-1311.

[74] 江玉生，陈冬，王春河，等. 土压平衡盾构双螺旋输送机力学机理简析[J]. 隧道建设，2007，27（6）：15-18.

[75] 孟庆琳. 盾构螺旋输送机承压输送机理研究及控制中的应用[D]. 大连：大连理工大学. 2012.

[76] 张文. 微型土压平衡盾构螺旋输送机数值分析及优化研究[D]. 沈阳：沈阳工业大学，2014.

[77] 马腾. 基于离散元的砂卵石地层土压平衡盾构施工颗粒流动和地表沉降控制研究[D]. 北京：北京交通大学，2016.

[78] 蔡柳. 煤散料在刮板输送机中部槽内的运输状态与力学行为[D]. 太原：太原理工大学，2016.

[79] 翟晓晨，孟文俊，张晓寒. 基于DEM的散料在垂直螺旋输送机中的运动分析[J]. 起重运输机械，2014（3）：49-52.

[80] 张锐. 基于离散元细观分析的土壤动态行为研究[D]. 长春：吉林大学，2005.

[81] 蒲晓波，王模公，吴文彬. 国内典型砂卵石地层土压平衡盾构设计改进及应用[J]. 隧道建设，2013，33（11）：971-976

[82] 杨志勇，乐贵平，江玉生，等. 北京地区典型地层土压平衡盾构渣土改良技术[J]. 施工技术，2017，46（1）：58-60

[83] 周冠南. 土压平衡盾构螺旋输送机排土及保压作用分析[J]. 隧道建设，2012，32（3）：302-308.

[84] 王建刚，韦丹，续长明，等. 螺旋输送机防喷涌设计介绍及喷涌故障应对措施[J]. 科技与企业，2014（1）：282

[85] 忽慧娟，冯欢欢. 土压平衡盾构新型螺旋输送机设计[J]. 建筑机械化，2013，34（4）：68-70.

[86] 李旭辉，曹金辉. 在隧道内修复盾构螺旋输送机断轴的方法[J]. 工程机械与维修，2016（1）：51-52.

[87] 李文荣. 土压平衡盾构螺旋输送机配置选型研究[J]. 机械，2012，39（10）：29-33.

[88] 贾权. 盾构滚刀磨损寿命预测及破岩仿真研究[D]. 成都：西南交通大学，2016.

[89] 张明富. 土压平衡盾构掘进刀具动态磨损研究[D]. 北京：北京交通大学，2007.

[90] 吴俊，袁大军，李兴高，等. 盾构刀具磨损机理及预测分析[J]. 中国公路学报，2017，

30（8）：109-116+142.

[91] 高超. 全断面掘进机刀盘刀具磨损机理与生命周期预测研究[D]. 沈阳：沈阳工业大学，2016.

[92] 桂长林. Archard 的磨损设计计算模型及其应用方法[J]. 润滑与密封，1990（1）：12-21.

[93] 杨延栋，陈馈，张兵，等. 基于宏观能量理论与微观磨损机制的滚刀磨损量预测[J]. 隧道建设，2015，35（12）：1356-1360.

[94] 袁大军，胡显鹏，李兴高，等. 砂卵石地层盾构刀具磨损测试分析[J]. 城市轨道交通研究，2009，12（5）：48-51.

[95] 王振飞，张成平，张顶立，等. 富水砂卵石地层大直径盾构刀具的磨损与适应性[J]. 北京交通大学学报，2013，37（3）：62-67.

[96] 郭家庆. 砂卵石地层盾构掘进的刀具磨损和改善措施[J]. 城市轨道交通研究，2010，13（8）：87-90.

[97] 李云丽. 盾构隧道施工过程管片结构受力特征研究[D]. 北京：北京交通大学，2008.

[98] 赵晋. 盾构隧道管片位移因素分析及控制措施研究[D]. 成都：西南交通大学，2015.

[99] 肖瑞传. 盾构到达施工技术[J]. 西部探矿工程，2006，18（4）：157-158.

[100] 张军. 成都地铁火科区间盾构到达施工技术研究[J]. 中国高新技术企业，2016（1）：99-100.

[101] 宋祥林，车凯. 大粒径漂石地层盾构机刀盘及刀具选型研究[J]. 铁道建筑技术，2011（增刊2）：33-35.

[102] 张颖. 盾构法施工大漂石处理技术[J]. 隧道建设（中英文），2011，31（4）：500-503.

[103] 管会生. 盾构选型中大漂石的影响及处理[J]. 建筑机械化，2008（4）：57-59.

[104] 宋祥林，车凯. 用于大粒径漂石地层的盾构机刀盘及刀具选型研究[C]//2011 中国盾构技术学术研讨会. 2011.

[105] 祝超. 土压平衡盾构脱困技术的探讨[J]. 科技与企业，2013（9）：186-186.

[106] 姚艺. 砂卵石地层中泥水盾构机脱困技术方案分析[J]. 城市轨道交通研究，2017，20（10）：98-101.

[107] 李振东. 土压平衡盾构在砂卵石地层中穿越城市河流施工关键技术[J]. 隧道建设，2012，32（6）：854-859.

[108] 任权. 盾构施工在砂卵石地层中穿越河流的施工关键技术[J]. 华东科技（学术版），2017（8）：97-98.

[109] 王博. 富水弱胶结大粒径砂卵石地层盾构施工技术[J]. 都市快轨交通，2014（2）.

[110] 北京市规划委员会. 地铁设计规范：GB 50157—2013[S]. 中国建筑工业出版社，2014.

[111] 袁晏仁，徐长胜，王科伟，等. 上软下硬地层盾构法分区填仓常压换刀施工[J]. 建筑机械化，2018，39（2）：38-41.

[112] 权伟. 复杂地层中盾构施工进仓技术探讨[J]. 水利水电施工，2017（3）：100-104.

[113] 马瑞升. 岩溶地层中盾构填仓常压换刀技术研究[J]. 城市建设理论研究（电子版），2017（18）：129-130.

[114] 牟亚洲. 砂卵石地层盾构施工地表沉降分析及对策[J]. 铁道建筑技术, 2012（4）: 65-68.

[115] 徐永福, 孙钧. 隧道盾构掘进施工对周围土体的影响[J]. 隧道与轨道交通, 1999（2）: 9-13.

[116] 宋建伟. 某地铁区间段盾尾注浆对地表沉降影响研究[D]. 武汉: 华中科技大学, 2012.

[117] 梁精华. 盾构隧道壁后注浆材料配比优化及浆体变形特性研究[D]. 南京: 河海大学, 2006.

[118] 王晓锋. 超大直径盾构下穿地下管线的变形及其安全控制研究[J]. 水利与建筑工程学报, 2014（1）: 169-173.

[119] 刘恕全, 关丽娟. 盾构超近距下穿大型污水管线施工技术[J]. 隧道建设（中英文）, 2011, 31（6）: 722-727.

[120] 万俊峰. 盾构在富水粉细砂层中长距离平行下穿有压敏感管线施工控制技术[J]. 隧道建设, 2016, 36（4）: 439-443.

[121] MHI. Manufaeturing Record on Shield Maehine[M]. Mitsubishi Heavy Industry Ltd, 1988.

[122] 邵涛. 用于盾构姿态测量的激光标靶关键技术[D]. 武汉: 华中科技大学, 2012.

[123] 毕小伟. 盾构机位姿测量系统的关键技术研究[D]. 上海: 上海交通大学, 2010.

[124] 康明. 地铁区间隧道三维坐标计算[J]. 测绘通报, 1999（2）: 29-31, 35.

[125] 贺泊宁. 隧道掘进机自动导向系统的开发与应用[D]. 长沙: 中南大学, 2013.

[126] KOYAMA Y. Present status and technology of shield tunneling method in Japan[J]. Tunnelling and Underground Space Technology, 2003, 18（2）: 145-159.

[127] 郭正刚. 基于机器学习的盾构姿态调整决策方法研究[D]. 大连: 大连理工大学, 2013

[128] 任福松, 金建俊. 地铁施工中的盾构机姿态控制研究[J]. 交通标准化, 2009（17）: 134-137.

[129] 彭涌涛. 盾构掘进姿态控制技术研究[J]. 森林工程, 2013（6）: 106-110

[130] 段小明. 盾构掘进过程中的自动轨迹跟踪控制技术研究[D]. 杭州: 浙江大学, 2012

[131] 王晖, 竺维彬, 李大勇. 复合地层中盾构掘进的姿态控制[J]. 施工技术, 2011, 40（19）: 67-69.

[132] 马会良. 盾构纠偏的线路设计研究[J]. 科技创新与应用, 2016（6）: 53.

[133] 李彦辉. 盾构极限坡度极限半径连续穿越建筑物施工技术[J]. 太原城市职业技术学院学报, 2016（1）: 153-155.

[134] 王升阳, 高俊强, 刘伟诚. 地铁盾构施工中盾构姿态的控制方法[J]. 测绘地理信息, 2013（1）: 39-42.

[135] 徐俊. 盾构法施工最小曲线半径取值的研究[D]. 北京: 北京交通大学, 2008.

[136] 黄业平. 隧道掘进装备铰接与管片拼装机构设计研究[D]. 上海: 上海交通大学, 2010

[137] 凌研方. 盾构掘进过程中轨迹规划问题的研究[D]. 大连: 大连理工大学, 2009

[138] 王林涛. 盾构掘进姿态控制关键技术研究[D]. 杭州: 浙江大学, 2014.

[139] JOHN J C. 机器人学导论[M]. 负超, 等, 译. 北京: 机械工业出版社, 2006.

[140] 罗松, 张浩然. 成都富水砂卵石地层盾构施工滞后沉降防控措施探讨[J]. 隧道建设, 2010, 30（3）: 317-319, 335.

后 记

中铁二十局集团有限公司不忘初心，牢记"建精品工程，创优秀团队"的企业使命，响应国家"走出去"的战略，完成了国内外多项重大工程项目，也遇到了很多难题，如国外陌生政治环境、社会环境和经济环境等，国内高原、高寒和富水富砂等极端地质条件。问题的解决是以无数人艰辛、努力和汗水为代价换来的，更是宝贵的经验和财富。

至此，中铁二十局集团有限公司为进一步提升自身整体施工技术和工程管理水平，由董事长、党委书记邓勇（教授级高工）总策划，科技开发部与相关单位共同组织对近几年施工的国内外重难点工程的施工与管理进行了系统总结，组织编撰了系列图书，旨在总结经验、铭记历史、启迪未来，本书《成都特殊地质条件下地铁盾构选型与施工关键技术》即为该系列图书之一。

在组织策划出版过程中，由于涉及时间和地域跨度大，不同工程项目和科研组织，协作组织难度大，不能尽善尽美。但通过该系列图书的组织、编写与出版，团队协作和创作能力得到了提高，技术与管理经验得到了沉淀，有助于集团的发展。最后，希望该系列图书的出版，能为正在建设和即将建设的、国内和国外的工程项目提供参考和借鉴。